교육의 대전환,
권리·평화·화목·우정으로
초등교육 확 바꾸기

교실,
평화를 말하다

교육의 대전환,
권리·평화·화복·우정으로
초등교육 확 바꾸기

교실,
평화를 말하다

초판 1쇄 인쇄 2018년 11월 28일
초판 1쇄 발행 2018년 12월 12일

지은이 따돌림사회연구모임
펴낸이 김승희
펴낸곳 도서출판 살림터

기획 정광일
편집 조현주
북디자인 꼬리별

인쇄·제본 (주)현문
종이 월드페이퍼(주)

주소 서울시 양천구 목동동로 293, 22층 2215-1호
전화 02-3141-6553
팩스 02-3141-6555
출판등록 2008년 3월 18일 제313-1990-12호
이메일 gwang80@hanmail.net
블로그 http://blog.naver.com/dkffk1020

ISBN 979-11-5930-083-7 03370

교육의 대전환,
권리·평화·화목·우정으로
초등교육 확 바꾸기

교실,
평화를 말하다

따돌림사회연구모임 초등우정팀 지음

살림터

학교교육을 바라보는 관점의 전환

따돌림사회연구모임 대표 김경욱

학교폭력 문제 해결과 평화로운 교실을 만드는 것을 교육의 핵심 과제로 놓고 학교교육을 고민하는 따돌림사회연구모임(이하 따사모)의 중등 교사들의 모임은 2001년에 일찌감치 조직되었지만, 초등 교사들의 모임은 조직되지 못했습니다. 초등 교사들은 중등 교사들에 비해 하루 종일 학교폭력의 긴장이 감도는 교실에서 엄청난 고통을 겪고 있을 것이 분명한데도 연구 실천할 초등 교사들을 만나기가 어려웠습니다. 한두 명씩 모임에 왔다가도 되돌아가곤 했습니다.

초등학교에서 제대로 평화 역량을 키우지 못한 아이들이 폭력을 습관화, 내면화, 신념화한 상태에서 중등학교에 올라오게 되면 중등 교사들은 그 학생들을 평화의 세계로 지도하고 지원할 수 있는 방법을 찾기가 어려워집니다. 우리는 초등학교부터 고등학교까지 일관성 있는 평화교육을 구현해야 하기 때문에 초등 교사 모임이 반드시 있어야 한다고 생각했습니다. 사실 학교폭력 예방교육은 고학년보다는 저학년에서 이루어져야 더 효과가 있습니다. 또한 초중고에 평화교육이 확고하게 자리 잡을 수 있다면 군대, 직장 나아가 사회와 가정에서의 폭력도 최소화하는 길이 열릴 것이라고 생각합니다.

　그러다가 2015년에야 초등모임이 구성되었습니다. 고통을 겪거나 난관에 부딪혔던 초등 교사들이 하나둘 모이면서 초등모임인 초등우정팀이 안정되어 갔습니다. 따사모가 결성될 때부터 유일한 초등 교사 회원이었던 이혜미 선생님을 중심으로 교육현장에서 상처와 한계를 실감하던 초등 교사들이 모인 것입니다. 이혜미 선생님은 부문별로 나뉘어 있던 따사모식 학급 운영 방법을 '이야기 학급 운영'이라는 큰 틀에 유기적으로 묶어서 체계화, 구체화할 과제를 안고 있었습니다. 인성교육에 관심이 많았던 전소연 선생님은 기존의 교수법에서 탈피하려는 욕망이 매우 강했습니다. 이은영 선생님은 기존의 교수법 전체에 대한 불신이 있었고, 이선미 선생님은 학교폭력 문제 때문에 한 치 앞을 내다볼 수 없는 상황이었습니다. 오은정 선생님은 자신의 전공이라 할 수 있는 교육연극이 학교폭력 문제에 별로 효과적이지 않아서 새로운 돌파구를 찾는 중이었습니다.

　첫 번째 작업은 따사모의 중등 교사들이 주로 계발했던 것을 초등 상황에 맞게 더욱 풍부하게 창조적으로 발전시키고, 중등 담임교사들이 다루지 못했던 우정, 음악, 놀이, 교육연극 등 새로운 영역들을 개척하는 일이었습니다. 먼저 중등 교사들 중심으로 시작되어 중등 교사들이 다수인 따사모에 초등 교사들의 모임이 만들어지자 따사모의 실천 내용이 새롭게 개척되고 증폭되었습니다. 초등 교사들은 교육과정 운영이 중등 교사들보다 자유롭고 모든 교육 활동에 관심이 있었기 때문입니다. 초등 교사들의 참여는 따사모의 중등 교사들에게도 커다란 용기를 주었고, 중등 교사들도 초등 교사들의 실천 사례를 중등 교실에 적용하게 되었습니다. 그로 인해 따사모의 내용이 점차 더욱 풍부해졌고, 중등과 초등은 상생하면서 성장의 가속도를 낼 수 있었습니다. 따사모의 이론과 실천이 질적으로 비약했고 양적으로 확대되었습니다.

이런 풍부한 실천을 바탕으로 초등우정팀은 2017년 1월 참교육실천보고대회에서 발표를 하였습니다. 여기에 실린 평화교육 실천 사례와 자료들은 2017년 전교조 참교육실천보고대회에서 발표된 것을 기본으로 해서 수정한 것입니다.

그런데 초등학교 교사들은 중등학교 교사들보다 프로그램 나열식의 교수법이나 유행하는 교육 담론에 좌우되는 경우가 많다는 것을 모임을 운영하면서 알게 되었습니다. 즉, 중등학교 교사들에게는 교육부의 처방이 별로 영향을 주지 못한 채 침체와 혼란이 계속되고 있었다면, 초등학교 교사들에게는 해마다 교육부에서 내리는 새로운 처방들을 정신없이 따라 하느라 갈피를 잡지 못하는 경향이 있었습니다. 따라서 중등 교사들 모임에서는 크게 중요하지 않았던 기존의 교육 담론과 따사모의 평화교육론을 하나하나 비교하고 비판하면서 나아가야 했습니다. 그것이 가장 어려운 과정이었습니다. 그러면서 초등 교육현장에서 익숙하고 당연시되었던 기존의 교수법을 비판해야 따사모가 전달하려는 평화교육론이 초등 교사들의 마음속에 들어설 수 있다는 것도 알게 되었습니다.

우리는 이 책의 2부에서 이런 문제를 주로 다루었고, 1부의 글들에서는 기존 교수법의 한계와 오류를 자각하고 그로부터 벗어나는 과정에 집중했습니다.

따사모식의 학급 운영은 다른 프로그램과 함께 부분적으로 끼워 넣어도 되는 프로그램이 아닙니다. 따사모식 학급 운영이 이루어지려면 평화교육을 유일한 핵심적 목표에 놓아야 하고, 다른 개별적인 교수법이나 프로그램들을 가장 포괄적인 형식인 이야기 학급 운영 속에 녹여야 합니다. 그러기 위해서는 기존의 교수법이나 프로그램을 과감하게 취사선택하거나 변형시켜야 합니다. 그래서 우리의 책 제목도 『교실, 평화를 말하다-교육의 대전환, 권리·평화·화목·우정으로 초등교육 확 바꾸기』라고 붙이게 된 것입니다. 일반적으로 교육현장에서는 각각의 프로그램이 나오게 된 전체적인 체계나 철학에 대한 이해 없이 그냥 프로그램을 낱개로 수용하는 경향이 있습니다. 대전환이라는 것은 관점을 바꾸자는 것이고, 교육철학과 교육심리학, 교수법에 대한 관점을 바꾸자는 것이기도 합니다. 따사모의 이야기도 그저 많은 프로그램 가운데 하나로 받아들이는 교사들이 있을 것입니다. 그렇게 하게 되면 따사모식 학급 운영은 정착될 수 없고, 그 효과를 십분 발휘할 수 없을 것입니다. 따사모식 학급 운영을 하려면 평화인성을 기르는 것을 교육의 중심에 놓고, 다른 교육 목표들을 보완적인 것으로 배치해야 합니다.

학생들은 권리, 평화, 화목, 우정을 통해서 삶에 대한 관점 전환을 해야 합니다. 또 자신들의 삶에 대한 새로운 통찰을 통해서 권리, 평화, 화목, 우정의 삶을 지향할 수 있어야 합니다. 인간관계를 폭력에서 평화로, 지배에서 비지배로 만드는 것이야말로 공교육의 최우선적 목적이자 존재의 이유가 되어야 합니다. 그러기 위해서는 교사들이 먼저 관점 전환을 해야 합니다. 교사들의 관점 전환 없이 아이들의 관점 전환을 이끌어 내기는 어렵습니다. 따사모 초등 교사들은 무엇보다 기존의 프로그램들에서 벗어나고 새로운 교육철학과 심리학을 정립하는 데 많은 시간이 걸렸습니다.

교사들은 새로운 인간관을 마주해야 했습니다. 즉, "모든 인간은 서사적 존재이고 성찰적 존재로서 자신과 벗이 되어야 하고, 모든 인간은 시인이고, 모든 인간은 이야기꾼이며, 모든 인간은 누구나 역할연기를 하고 있다는 것, 모든 인간은 음악가라는 것, 모든 인간은 화목놀이꾼"임을 깨닫는 과정이 필요했습니다.

그런데 관점 전환은 유사 전환을 몇 번 거쳐야 전환에 이를 수 있고, 몇 단계를 거쳐야 전환에 이를 수 있으며, 크게 보면 한 번의 전환임에도 불구하고 그 안에서도 질적 비약이 있을 수 있습니다. 교사들의 관점 전환 과정은 오직 실천과 연구, 연구와 실천을 반복해 가면서 이루어질 수밖에 없습니다. 왜냐하면 교육학이란 실천과학이기 때문입니다. 이 책이 말하고자 하는 것은 학생들의 관점 전환 학습을 도와주기 위해 교사가 끊임없이 관점 전환을 하면서 성숙해야 한다는 것입니다. 그러기 위해서 기존의 유행하는 교육이론과 방법을 주체적, 비판적으로 고찰하는 과정에서 교사들의 관점이 단계적으로 전환되고 성장해야 합니다.

교육의 대전환이란 그 무엇보다 교육에 대한 관점을 전환하자는 것입니다. 교육적 인간상, 교육 목표를 바꿔 보자는 뜻입니다. 기존의 권위주의와 자유주의, 개인주의와 집단주의의 논리를 벗어나서 새로운 틀로 보자는 뜻입니다. 이것은 교육의 대전환이며 교직관의 대전환이고, 사상의 대전환이며 문명의 대전환을 뜻합니다. 따사모의 교사들은 이러한 대전환의 시대에 능동적으로 당당하게 대처하고자 합니다.

이 책의 제목이 왜『교실, 평화를 말하다-교육의 대전환, 권리·평화·화목·우정으로 초등교육 확 바꾸기』인지를 드러내려 하다 보니 교육에 대한 이론적인 고찰이 필요했고, 그래서 내용이 좀 어려워지고 현학적인 글이 되기도 했습니다. 불가피하게 이 책은 따사모식 학급 운영의 입문서가 되었습니다. 다만 대개의 개론이나 입문서들이 추상적인 개념의 나열로 이루어진 데 비해, 이 책은 이론과 실천, 추상적인 개념과 구체적인 실천을 동시에 신기 위한 노력의 산물입니다.

우리는 가장 좋은 형태의 글은 사례 보고서이면서도 각자의 고민과 개성이 잘 드러나는 고백의 글이어야 한다고 보았습니다. 결국 이 책은 에세이 형식의 글 모음집이 되었습니다. 교사들이 프로그램 나열식에서 벗어나 관점을 정립하는 것, 그리고 교사들이 어떻게 변해 갔는지를 각각의 글을 통해서 보여 주려 했습니다. 교사는 아이들과 함께 변화하고, 자신의 교육적 고민과 함께 변화합니다. 우리가 제시하는 관점 전환의 구체적인 사례를 통해서 여러 교사들이 스스로 관점 전환의 필요성을 공유하게 되고, 더 나아가 관점 전환의 방법을 파악하게 될 것입니다.

전소연 선생님은 우리와 함께 연구 실천하는 과정에서 심리 치유를 넘어선 자기우정-우정교육의 길을 개척하게 되었습니다. 이은영 선생님은 여러 가지 교육 프로그램을 아무리 투입해도 아이들과 공감대를 형성하지 못했습니다. 그런데 함께 연구 실천하는 과정에서 전통과 놀이에 대한 관심을 살려 전통을 기반으로 한 현대화 놀이 창조를 통해 한계상황을 돌파할 수 있었습니다. 이선미 선생님은 학생들의 폭력문제로 인해 진퇴양난의 처지에 빠져 출구를 찾지 못하는 상황에서 우리를 만났습니다. 이선미 선생님은 우리와 함께 연구 실천하는 과정에서 시 교육을 개척해서 폭력문제 해결의 단초도 찾고 시 교육의 이론적 체계화와 실천 심화로 평화교육의 새로운 길을 열어젖혔습니다. 오은정 선생님은 학교폭력 책임교사가 되면서 감당하기 어려운 아이들을 대면하게 되어서 갈피를 잡을 수 없는 상황에 봉착했습니다. 오은정 선생님은 우리와 함께 연구 실천하는 과정에서 기존 교육연극의 프레임을 고쳐서 교육연극의 새로운 가능성을 개척하게 되었습니다. 따사모 창립 회원인 이혜미 선생님은 설명하기 무척 어려운 '이야기 학급 운영'을 깊이 이해하고 타인들이 이해할 수 있는 논리로 만들어 갔습니다. 이렇게 5인의 교사들은 용감하게 기존의 것에 얽매이지 않으면서 무에서 유를 창조하는 난해한 작업을 꾸준히 이어 나감으로써 창조적으로 실천 연구하는 새로운 교사상을 보여 주었습니다.

다음에 선보일 책에서는 이론적인 것보다는 풍부한 교육 자료 특히 교사들이 쉽게 쓸 수 있는 형태로 양식화된 매개들을 풍부하게 만들어 내고 싶습니다. 그래서 교사들이 쉽게 학교현장에서 활용하는 데 도움을 주고자 합니다.

이 책 2부에 실려 있는 시는 평화로운 세상을 꿈꾸며 제가 창작한 것들입니다. 초등우정팀의 두 번째 책 『학급혁명 10일의 기록』에서는 더 많은 시와, 시로 만든 노래들을 선보일 예정입니다.

경계성지능, 아스퍼거 증후군, 주의력결핍장애, 애착장애 등으로 인한 고립아(가해자, 피해자) 문제가 심각합니다. 어디서도 도움을 받을 수 없는 상황에서 교사들은 이와 같은 학생들로 인해 무기력감과 혼란에 빠지곤 합니다. 사실 지금 어디에서부터 어디까지가 정상이고 비정상인지, 장애이고 비장애인지 판단하기도 쉽지 않습니다. 이런저런 이유로 교육의 일반론을 먼저 수립하고 통합교육과 개별 지도에 집중한 실천 연구는 나중에 하는 것으로 미뤄놓았습니다.

이 한 권의 책이 혼란과 좌절로 점철된 우리나라 '교육 대전환'의 시발점이 되기를 바라면서 따사모의 책을 흔쾌히 출판해 주신 살림터에 감사를 드립니다.

차례

1부

평화교육 에세이

평화로운 학급 운영과 자기우정 교육

전소연

초임 시절, 막연하게 '좋은 선생님'이 되고 싶었다

처음 교단에 선 나는 세상을 위해 굉장한 일을 할 수 있을 줄 알았다. 문제 학생의 종아리를 때리고 서로 부둥켜 안고 우는 장면, 게으르고 냄새 나던 고립아가 아이들과의 관계를 극적으로 회복하는 장면, 부진아가 감동을 받아 머리에 빨간 띠를 매고 일등을 사수하는 장면 등을 상상했다. 그리고 각진 주름의 빳빳한 정장을 입고 교단에 섰다. 그러나 그저 막연한 이상주의자에 지나지 않았다.

이상과 현실은 전혀 달랐다. 처음 맡은 학년은 1학년. 아이들은 정말 인형 같고 사랑스러워 보였다. 그러나 전혀 내 말을 들어주지 않았다. 내가 한마디 하면 아이들은 집단으로 독백을 시작하였다. 대부분은 나의 질문이나 현재의 상황과 전혀 상관없는 이야기들이었다. "화장실 가도 돼요?", "화장실 가려면 몇 분 남았어요?", "쉬해도 돼요?", "쉬어도 돼요?" 아침부터 쏟아지는 끊임없는 동종의 질문들에 대답해 주는 것만으로 나는 에너지가 방전되었다. 다른 사람의 대소변을 통제하는 유일한 직업은 오직 교사뿐이다. "5분만 참아요!", "쉬는 시간에 미리 누었어야지요!", "공부 시간에 화장실 가는 것이 벌써 일곱 번째네요. 빈뇨가 의심되니 병원에 가야겠어요. 안 그래요?" 꿈꾸던 나의 위대한 교직은 정말 하찮게 보였다. 1학년 교실은 마치 작은 게들을 모아 놓은 바구니 같았다. 나는 오전 내내 그 조그만 게들이 바구니에서 사방으로 뛰쳐나오는 것을 정신 없이 주워 담다가 하루를 마쳤다. 아이들이 가고 나면 정신이 돌아왔다. '아! 영수가 참 예뻤지, 영희가 참 잘했지. 어머나! 안내장을 못 주었네.' 그제야 한 명 한 명 얼굴이 떠올랐다. 내일은 잘해야겠다고 굳은 다짐을 해 보았지만 매일 똑같은 생활이 반복되었고, 늘어나는 교직 경력과 함께 나는 성대 결절이 되어 갔다.

'좋은 선생님'은 그저 친절한 선생님이라고 생각했다

가르침에 대한 뚜렷한 철학은 없었다. 오가며 본 TV의 어린이 프로그램 진행자처럼 목소리를 귀엽게 내고 방글방글 웃으며 아이들을 즐겁게 해 주는 것이 교사라고 생각했던 것이 아닐까? 그저 좋은 교사란 친절하고 어떤 일이 있어도 절대 화내지 않는 사람일 것이라 생각했다. 나는 어린 시절부터 크게 싸워 본 적이 없고 딱히 화를 내 본 경험도 없었다. 갈등상황이 생기면 그냥 양보해 버리거나 회피하는 등의 소극적인 행동을 택하며 살았다. 위장병에 자주 시달리기는 했으나, 큰 문제없이 지내 왔다고 생각했기에 그러한 삶의 양식을 고수해 왔다. 언제부터 그러한 생각을 가지게 되었는지는 모르지만 '화를 낸다는 것은 미성숙한 것이다'라는 비합리적인 신념을 가지고 있었던 것 같다. 따라서 '성숙한 교사'가 되기 위해서는 굉장한 에너지를 투자하면서라도 화를 참아야만 하는 것이었다. 그러나 교사 생활을 하면서 이러한 신념을 지키는 것은 불가능했다.

수업을 위해 박수 치기, 노래하기, 손 유희, 새로운 교구 보여 주기 등을 해 보았지만 학생들은 잠깐 집중할 뿐 다시 시끄러워졌다. 준비한 레시피가 떨어지면 나는 어찌할 바를 몰라 뒤돌아서서 진심으로 기도했다. 아이들이 제발 조용히 하게 해 달라고 말이다. 그러나 아이들의 입이 닫히는 기적은 일어나지 않았다. 알아들을 수 없을 정도로 목이 쉬어 수업용 마이크까지 사용해 봤으나, 교실은 더욱 아수라장이 되어 갔다. 좋은 선생님이 되고 싶었기 때문에 화도 낼 수 없었다. 그렇게 하루하루 버티며 그래도 식지 않은 가슴으로 5월의 운동회를 마쳤다. 운동회를 마치고 한 부모님께서 고생하셨다는 인사를 꾸벅하고 가시면서 말씀하셨다. "우리 반 찾기가 쉬웠어요. 아이들이 제일 줄을 안 서고 장난쳐서 눈에 딱 띄네요. 호호호." 같이 웃는 나는 웃어도 웃는 게 아니었다.

화내지 않는 친절한 좋은 교사가 되는 데 실패하다

운동회 다음 날 아침, 다른 반은 모두 조용히 책을 읽고 있었다. 우리 반에 오니 게 두 마리는 지각이고 나머지 게들은 열심히 기어 다니고 있었다. 그동안 꾹꾹 눌러 놓았던 분노가 폭발하였다. "너희들 도대체 뭐 하는 거야!" 처음 듣는 내 큰 목소리에 게들도 놀라고, 소리 지른 나도 놀랐다. 아이들은 3초간 멈췄고, 재빨리 제자리로 돌아갔다. 나는 3월부터 참았던 이야기를 더듬더듬 늘어놓으며 급기야는 눈물을 뚝뚝 흘리고 말았다. 나는 화가 나서 말을 할 때, 평소의 명석함이 사라진 듯 더듬는 경향이 있다. 우스꽝스럽고 끔찍한 상황이었다. 그렇게 화를 내고 난 후, 죄책감과 수치심에 쌓였다. '이렇게 화를 내다니 너무 아름답지 않아. 나는 좋은 교사가 될 수 없나 봐.' 후회하며 다시는 이런 일이 없을 것이라고 스스로 재차 다짐했다. 그러나 다짐은 오래가지 않았다. 우리 반 아이들이 다른 반에 비해 지나치게 질서가 없고, 심지어 학력까지 떨어진다는 말을 들었을 때에는 그동안 쌓아 놓았던 화가 폭발하고 말았다. 아이들이 곧 나 자신인 것 같은 심리적 동일시 현상이 일어난 것이다. 아이들의 잘못은 내 잘못이요, 아이들의 성적은 나의 성적 같았다. 반 학생이 교장, 교감 선생님께 꾸중을 들으면 마치 내가 혼난 것 같아 자존심이 흔들렸다. 오랜 시간 동안 경쟁적으로 사는 것에 익숙했던 나는 스스로 비교하고 평가하며 패배감에 젖었다. 그러다가 엄청나게 화를 내게 되는 날 밤에는 후회와 자학을 거듭하며 아이들에게 사과 편지를 썼고, 그다음 날 편지에 사탕까지 붙여 주며 더욱 따뜻하게 대해 주었다. 그러면 안심한 게들은 다시 신나게 기어 나왔고, 나는 또다시 화를 내고, 사과하기를 반복했다. 어느 때는 내가 미친 것이 아닐까 의심했다. 그러나 미친 사람이 스스로를 자가 진단할 수는 없는 법이라며 나를 위로했다. '괜찮아. 아직 완전히 미친 건 아니야.'

* '화'는 내는 것이 아니라 표현하고 전달하는 것!

'화'라는 것은 못마땅하거나 언짢아서 생기는 노엽고 답답한 감정이다. 이것은 인간이 가질 수 있는 보편적 감정 중 하나이다. 사람들은 '화'라는 감정을 바탕으로 이루어지는 폭력, 복수, 단절, 화병 등의 강렬한 사례로 인해 '화'에 대한 부정적인 견해를 갖기도 한다. 그러나 '화'라는 감정은 스스로를 지키기도 하고, 서로를 이해하는 기회를 제공하기도 하며 심지어 잘못된 역사를 바꾸기도 한다.

우리는 이분법적(All or Nothing) 사고를 벗어나, 화에 대해 스펙트럼 있게 생각해야 한다. 먼저 다양한 종류와 강도의 화를 알아차리도록 해야 한다. 또 '화내는 것'이 아니라 '화를 표현하고 전달'하도록 지도해야 한다. 약한 강도의 화를 전달하지 않고 지속적으로 억압하는 학생은 결국 스스로 원하지 않는 방식으로 분출하여 교실의 평화를 깨뜨릴 수도 있다. 또한 화를 재빨리 다른 감정으로 전환해 버리거나, 상대가 아닌 다른 사람이나 사물에게 퍼붓는 등의 방법은 근본적인 문제를 해결할 수 없다.

아이들을 어떻게 대해야 하는지 배울 곳이 없었다

우리 반을 제외한 다른 반은 정말 마법처럼 조용했다. 3반은 선생님이 바쁘셔서 가끔 교실을 비우시는데도 무척 조용했다. 너무나 부러웠고 심지어 신비롭게 느껴졌다. 이상한 점은 3반 남자아이 한두 명이 가끔씩 돌아가며 교실 앞문에 얼굴을 빼꼼히 내밀고 있다는 것이다. 아마도 선생님이 오는지 안 오는지 확인하는 것 같았다. 어느 날, 그중 한 아이를 복도에서 만나 물었다. "아침마다 목을 빼고 누구를 기다리는 거예요?" 아이는 말했다. "춘향이 칼도 몰라요? 춘향이가 옥에서 목에 칼 차고 있는 거요. 그것처럼 앞문에 목을 대고 있는 거예요. 그러면 다른 선생님들이 제 머리를 때리고 가요." 그것이 벌의 일종이라는 말에 난 너무나 깜짝 놀라고 말았다. 내가 당황하는 표정을 하자 아이는 신나게 말을 이어 갔다. "그래도 그건 오토바이 벌보다는 나아요." 아이는 강도에 따라 다양한 벌들을 나에게 상세히 설명하였다. 그는 집중하는 나를 보며 굉장한 성취감을 느끼는 듯하더니, 흐뭇한 미소와 함께 사라졌다. 나는 생각했다. '이건 정말 아니다. 이것은 공포를 이용한 통제야.'

초임 시절, 지나가는 학생에게 배워야만 할 정도로 학급 운영에 관하여 마땅히 배울 사람이 없었다. 담당업무 요령, 복사기 활용법, 사랑받는 신규 교사의 올바른 자세 등은 지도해 주셨지만 정작 아이들을 어떻게 대해야 하는지는 스스로 깨달아야 했다. 방법이 없지는 않았다. 동학년 연구실에서 사적으로 오가는 대화를 통해서 우연교육은 이루어졌다. 본보기로 한 놈 잡기, 멍이 안 보이는 곳 때리기, 3월 내내 웃지 않기, 교실 CCTV가 있다고 협박하여 절도범 잡기 등이었다. 교육적이지도, 과학적이지도 않은 이러한 노하우들은 검증이나 반성 없이 공유되었다.

위태로운 아이들, 무너진 교실, 무능한 교사

이삼 년의 경력이 쌓이자 약간의 노하우를 갖게 되었다. 그것은 동기유발을 잘하는 것이었다. 인터넷을 찾아보니 포도송이 보상판, 누가누가 잘하나 계단식 보상판, 모둠별 독서 오름판 등 다양한 스티커 판이 있었다. 우리 반 교실 벽과 사물함은 다양한 보상 게시물로 가득 찼다. 또 아이들의 입맛과 유행에 따라 사탕, 비타민, 멸치에 고추장, 과자, 학용품 선물, 사탕 뽑기 기계까지 점점 더 다양하고 화려한 보상이 생겨났다. 스티커는 나의 주의집중 박수보다 훨씬 강력했다. 한두 명을 빼고는 스티커 모으기에 혈안이 되었다. 숙제도 잘하고, 수업에 집중도 잘했다. 그렇지만 시간이 지나니 그나마도 시들해졌다. 또 정해 놓은 규칙과 보상체계가 하도 많아 교사인 나마저도 규칙을 잊어버리게 되었다. 일관성 없이 스티커를 남발하는 교사와 점점 누더기가 되어 가는 교실에서 학생들은 세상의 혼란함을 경험했으리라. 나는 이러한 문제를 인식하고는 있었다. 그러나 다른 방법을 찾지 못했다.

그러던 어느 해, 학교를 옮기고 6학년을 처음 맞게 되었다. 3월 첫날, 교실에 들어갈 때, 문을 발로 차고 카리스마 있게 들어가야 한다고 들었으나 나는 자신이 없었다. 그래서 조금은 차가운 분위기를 보이며 6학년 담임을 오래한 전문 교사인 듯 속이려고 애썼다. 아이들은 경계하는 눈치였다. 교실 인사가 끝나고 1학년 입학식 진행을 돕기 위해 운동장에 내려갔다. 그런데 여기서 실수를 하고 말았다. "여러분, 신발주머니를 이쪽에 예쁘게 놓으세요"라고 말해 버린 것이다. 예쁘게! 이게 아니었다. 나의 저학년 교사 말투에 아까부터 껄렁하던 민혁이가 말한다. "얘들아! 예쁘게 놓으라신다. 하트 모양으로 놓을까? 나비 모양으로 놓을까?" 난 너무 당황스럽고 두려운 나머지 어쩔 줄 몰라 못 들은 척 지나가 버렸다.

3교시 자리 배치를 하는데 또 민혁이가 말한다. "선생님, 저는 눈이 안 좋아서 앞에 앉아야 합니다!" 애초에는 말하지 않고 있다가 사이가 좋지 않은 여학생이 앉으니 그제서야 한 말이다. 기세에 밀리면 안 된다는 생각에 나는 용기를 내어 말했다. "그래요? 눈 때문에 불편하겠군요. 그렇지만 일단 앉으세요. 그리고 안과에 가 보는 것이 좋겠어요. 안경을 쓰면 도움이 될 거예요. 검진 후에 다시 얘기해 줄래요?"라고 말했다. 가슴이 두근거렸다. 왠지 잘한 것 같았다. '이제는 나를 우습게 생각하지 않겠지?'라고 생각하는 그때, 그 학생이 벽을 주먹으로 치며 말했다. "씨발!"

하늘이 노래졌다. 머릿속은 텅 비어 버렸다. 나는 너무 당황해서 순간 어떻게 할까 생각하다가 또 못 들은 척했다. 그러나 얼굴은 뜨거워지고, 10분간 횡설수설하며 더듬거렸다. 그렇게 시작된 악연은 늘 이렇게 돌아왔다. "이런 거 왜 해요? 꼭 해야 해요? 5학년 때 다 해 봤어요. 재미없어요!" 모든 것이 다 시시하다는 말년 병장 같은 민혁이, 그를 어쩌지 못하는 나를 알아차린 학생들, 교실 평화는 무너지기 시작했고 싸움과 갈등을 어쩌지 못하는 상황이 되고 말았다.

보상도 소용이 없었다. 저학년 아이들이 서로 하고 싶어 했던 사탕 뽑기 기계는 험한 남자아이들로 인해 20일 만에 망가졌고, 기계를 거꾸로 탈탈 털어서 훔쳐 가는 아이들을 혼내지도 못했다. 급기야는 여학생들이 항의를 했다. "선생님이 너무 착하니까 남자 애들이 저희들을 괴롭히는 거예요." 나는 충격에 휩싸였다. 나만 알고 있다고 생각했던 '교사의 무능'을 아이들이 다 알고 있었던 것이다. 나는 학교 가는 것이 너무 무섭고 괴로워서 몇 달간 몰래 울었다. "엄마, 저 학교 가기 싫어요. 아이들이 절 싫어해요." 이러한 고백은 학생들만의 것이 아니었다. "배부른 소리 하지 마라. 인생 사는 게 쉬운 줄 아니? 월급도 꼬박꼬박 나오고 방학도 있으면서!" 아무도 나의 마음을 알아주지 않았다.

무능해지느니 차라리 무서운 교사가 되기로 결심하다

교실은 점점 복잡한 문제에 휘말렸다. 소용돌이 한가운데는 언제나 민혁이가 있었다. 민혁이가 성적인 농담을 던져서 여학생 부모님이 쫓아오기도 하고, 반 대항 축구대회를 하다가 민혁이 때문에 단체로 몸싸움이

나기도 했다. 급기야는 복도에서 다리를 걸어 한 아이의 영구치가 깨지는 사건도 일어났다. 모든 것은 무능한 나의 탓 같았다. 교사를 그만두고 싶다는 생각이 지속되고 깊어지자 왜 살아야 하는가 하는 우울감이 찾아왔다.

남편 역시 초등학교 교사로 6학년을 오랫동안 전담해 왔다. 남편은 한 학기가 다 지나도록 힘들어하는 나에게 조심스럽게 조언했다. "아이들이 당신 말을 안 듣고 힘들면, 내가 시키는 대로 해 봐." 평소 진중하고 학부모와 학생들의 존경을 받고 있는 남편이라 뒷이야기가 매우 궁금했다. "나한테 화내듯이 화를 내 봐." 상상하던 것과 전혀 다른 조언이었다. 나는 의심스러운 눈초리로 물었다. "아이들한테 너무 심하지 않아?" 남편은 확신에 찬 어조로 말했다. "한번 해 봐. 그렇게 화내면 분명히 잡힐 거야. 정신이 바짝 나." 웃지 못할 대화이다.

나는 무능한 교사가 되느니 차라리 무서운 교사가 되기로 결심하며, 회색빛 스모키 화장을 하고 집을 나섰다. 그날 아침도 민혁이는 다리 한쪽을 책상 밖으로 빼고 덜덜 떨며 껄렁한 모습으로 떠들고 있었다. "여러분, 음악실에 갔다가 바로 운동장으로 오세요. 오늘 체육 시간에는 뜀틀 수행평가가 있어요." 민혁이가 바로 말했다. "뭐예요. 지난번에 1반이랑 축구한다고 했잖아요." 나는 냉정하게 말했다. "오늘 한다고는 안 했죠. 시합은 다음에! 음악시간 늦지 않도록 지금 전담실로 이동하세요." 민혁이가 음악책을 들고 일어서면서 의자를 발로 걷어찼다. 그리고 모두 다 들리게 혼잣말을 하였다. "뭐야, 씨! 맨날 지 맘대로야!" 드디어 결전의 순간이 왔다. 가슴이 두근거렸다. 나는 숨을 크게 들이쉬고 있는 힘껏 괴성을 질렀다. "최! 민! 혁!" 학생들은 놀라서 전담실로 도망가듯 뛰어가고 민혁이와 나만 남았다. 그 이후로 기억이 안 난다. 옆 반 선생님이 무슨 일인지 나와 보셨고, 민혁이가 눈물을 뚝뚝 흘렸던 기억만 난다. 물론 나는 말을 더듬었을 것이다.

이렇게 나의 통제식 학급 운영은 시작되었다. 그 효과는 생각보다 컸다. 민혁이에게 화를 내고 난 다음 날, 학급 아이들이 과제를 100퍼센트 제출했다. 이럴 수가! 지나가는 6학년 학생들의 인사 각도가 달라졌으며, 심지어 학생들의 글씨마저 반듯해졌다. 쉬는 시간에 서로 부딪히면 저학년처럼 "미안해, 친구야!"라고 어깨를 쓰다듬는 예쁜 학생들이 보였고 수업 전에 교과서를 펴놓는 학생마저 여럿 생겼다.

*제1시기(통제식 학급 운영)

공교육이 지금 학교의 형태로 확대된 것은 산업사회 이후이다. 대량생산을 위해서 문자 해독이 가능한 노동 인구가 필요했고, 이를 위해 의무교육이 시작되었다. 당시 모든 사람들이 단위 시간 동안 일정한 분량의 일을 완수할 수 있도록 하기 위해 관리하고 감독하는 방식의 운영이 이루어졌다. 이러한 통제식 학급 운영은 서양의 영향으로 세워진 각종 소학교, 상공학교 등을 시작으로, 일제강점기와 군부독재 시절을 통하여 더욱 강화되었으며, 지금까지 계속 이어지고 있다. 교육의 목적은 더 이상 노동자 교육이나 의식화 교육에 있지 않다. 그러나 '비용 대비 산출'의 극대화라는 경제적 원리를 바탕으로 한 교육방법은 아직도 교실에 남아 있다.

이러한 통제식 학급의 교육은 교사 머릿속 폴더의 지식을 학생에게 그대로 복사하여 전달하는 방식으로 이루어진다. 학생들이 그 지식을 있는 그대로 암기한다면 좋은 점수를 얻을 수 있다. 이

때 학생들의 다양한 감정이나 창의적인 생각을 출력하는 것은 중요하지 않다. 학기 초 담임교사가 학급 운영 방식과 생활규칙을 일방적으로 제시하고 학생들은 그것을 따른다. 학급 임원들은 교사 다음의 권력을 가지고, 학급 학생들이 규칙에 따르는지 감시하며 담임교사의 통제를 돕는다. 이러한 담임교사의 교실 장악은 학생 간의 표면적인 갈등 횟수를 줄이고 성적을 높이는 듯 보일 수 있다. 그러나 학생들은 폭력적인 서열 구조를 1년간 철저하게 학습하게 되고, 그것을 내면화하는 단계를 거쳐, 결국 폭력 사회의 구성원이 되는 것으로 귀결되고 만다. 또한 일방적 지시와 통제에 길들여진 학생들은 사회적 알람에 쫓겨 좋은 대학이나 사회적 위치를 가질 수 있을지는 모르지만, 삶의 주체로서 자신만의 인생각본을 꿈꾸는 데 한계점을 갖게 된다.

행동 저변에 깔린 거대한 내면의 세계를 보다

학급은 정리되고 표면적인 갈등은 사라져 보였지만 나의 마음은 편치 않았다. 나의 분노는 정당한 것일까? 교실의 문제는 아이들에게 원인이 있는 것이 아니라 내게 있는 것이 아닐까? 나는 교사를 계속할 자격이 있는 사람일까? 통제식 학급 운영은 학생을 변화시키고 성장시키는가? 눈을 감지 않고도 떠오르는 복잡한 생각들로 고민하다가 상담을 받게 되었다.

나는 대부분의 여학생들과 사이가 좋았다. 그러나 유독 남학생들과 좋은 관계를 맺지 못했다. 다른 교사에게는 괜찮은 남학생들의 행동이 나에게는 힘들었다. 특히 여학생들을 괴롭히는 남학생들을 보면 화가 치밀어 올라서 지나치게 꾸중을 하고 말았다. 그러한 문제를 성찰하는 과정에서 어릴 적 아버지에 대한 경험과 감정이 원인이 된다는 것을 알게 되었다. 아버지는 내면에 남아 있는 미해결 과제들과 많은 관련이 있었다. 아버지로 인해 겪어야 했던 부정적인 경험들은 나의 인생 곳곳에서 제한점이 되었다. 한동안은 과거의 경험으로 인해 생겨난 문제들을 완벽하게 해결하여 제거하고자 노력하였다. 그러나 이러한 내면의 손상은 나 자신을 성찰해야만 하는 계기를 만들어 주었고, 인간의 보편적 고통을 이해하는 창이 되었다. 굽은 나무에 새들이 쉴 곳이 많듯이, 타인의 마음을 이해하고 그들에게 건너가는 연민의 다리가 되기도 했다. 나는 나의 마음뿐 아니라, 학생들의 내면의 세계에 관심을 갖기 시작했다. 교사가 정신분석이나 심층상담은 못 한다고 할지라도 학생들의 방어기제나 비합리적 신념 등을 알아차리고 개인 상담이나 교과 활동을 통해 지도한다면 학급의 문제들이 해결될 것이라고 생각했다.

문제 행동을 보이는 아이들의 마음에 관심을 갖다

나를 괴롭히던 민혁이는 할아버지와 아버지, 세 가족이 함께 산다. 어머니는 아버지와 성격 차이로 이혼했으나 민혁이와 자주 연락하고, 일 년에 한두 번 정도 만난다. 민혁이는 미국에 있는 어머니와 살고 싶었지만 어머니는 박사학위 과정을 밟으시느라 바빠 아이를 돌볼 수 없다고 하셨단다. 그러던 어느 날, 민혁이가 인터넷에서 어머니의 홈페이지를 발견했다. 그곳에는 어머니가 새 남편과 자녀 둘을 데리고 행복하게 찍은 사진이 가득했다. 민혁이는 그 사진을 보고 큰 배신감을 느꼈다. 아마도 그 순간 "여자들은 절대 믿을 수 없는 존재다"라는 인생각본을 쓰기 시작했던 것 같다. 물론 어린 시절, 어머니와 헤어진 경험 하나만으로도 이미 회복하기 힘든 큰 상처가 되었을 것이다.

그는 나도 싫어했지만, 여학생을 자주 괴롭혔다. 좋아하는 여학생에게 조차 못되게 굴었다. 나는 민혁이의 문제 행동들이 깊은 곳에서부터 자동적으로 반응하는 것일 수 있다는 생각을 하게 되었다. 그러한 개인의 심리적 문제를 고려하지 않는다면 학생들을 이해할 수 없다. 나는 민혁이가 저지르는 숱한 문제 행동을 어느 정도는 어쩔 수 없는 것으로 생각하기로 하였다. 때마다 혼내기보다는 적절한 성찰을 할 수 있도록 지도하고 새로운 깨달음과 변화로 이끌어 주려고 노력하였다. 그리고 물심양면 지원해 주고 정성을 다했다. '이 세상에 믿을 수 있는 여자가 단 한 사람 정도는 있구나'라는 생각을 갖도록 하기 위해서 말이다.

* 에릭번의 교류분석 각본이론

에릭번의 교류분석에는 각본이론이라는 것이 있다. 각본이론이란 사람은 누구나 7세 이전에 스스로 인생각본을 완성하였고 그러한 각본대로 인생을 살아간다는 것이다. 만약, '나는 인생의 패배자다'라는 각본을 세운 사람은 남들은 쉽게 하지 않는 실수를 하여 사업, 결혼 등에서 실패하게 된다는 것이다. 즉, 어떤 일에서 결정적 실수를 하여 일을 실패했다는 것이 아니라 스스로 세운 '나는 패배자다'라는 각본을 증명하기 위해 사업에서 실패한다는 심리학적 이론이다.

만약 규철이라는 학생이 '나는 쓰레기다'라는 각본을 세웠다면 규철이는 이를 증명하기 위해 나쁜 짓을 골라 하게 되고 교사로부터 여러 번 혼이 나며 최종적으로 "야! 이 쓰레기 같은 놈아!"라는 말을 듣고야 만다는 것이다. 즉, 규철이가 친구를 괴롭혔을 때, 규철이가 잘못했다고 혼을 내는 것은 규철이의 각본을 변화시키는 데 도움이 되지 않는다. 오히려 규철이는 혼이 남으로써 자신의 각본을 더욱 공고히 한다는 것이다. 어떠한 사건의 해결을 넘어 규철이의 사고방식 변화를 위해서는 규철이가 어떤 인생각본을 정했는지 살펴본 후 인생 태도를 재결단할 수 있도록 도와야 한다.

에릭번의 교류분석 각본이론(각본의 강화)

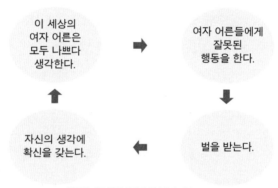

박권태, 학교폭력 사례의 심리학적 접근, 2015

"너는 소중하단다." 자존감 교육에 관심을 갖다

민혁이의 마음을 여는 것은 생각보다 쉽지 않은 일이었다. 칭찬도 아첨도 소용이 없었다. 민혁이가 지나가는 아주머니에게 우유곽을 던진 일이 있었다. 우유에 젖어 화가 나신 아주머니께서 민혁이를 끌고 학교로 찾아오셨다. 그리고 전후 사정 이야기도 없이 생전 들어 보지도 못한 다양한 욕을 퍼부으셨다. 담임인 나는 그 쓴소리들을 모두 들어야만 했다. 자기 대신 고개를 조아리며 사과하는 나를 보며 민혁이도 조금은 미안해하겠지 싶었다. 그런 마음으로 녀석의 얼굴을 살짝 보았는데, 피식 웃으며 오히려 고소해하는 얼굴이었다. 정말 소름이 끼쳤다. '믿을 수 있는 여자 어른 되기 프로젝트'를 포기하고 싶을 정도였다.

민혁이는 내가 상상하는 것 이상으로 나를 싫어했다. 그러던 어느 날, 민혁이가 복통을 호소하며 이곳저곳에 구토를 하는 일이 생겼다. 얼굴은 하얗게 질려 있고 급체한 것인지, 급성 장염인지 알 수는 없었다. 민혁이는 아픈 중에도 여자 보건 선생님이 싫다며 집으로 갔다. 민혁이의 할아버지는 치매고, 아버지도 출장 중이며, 형제도 없어 스스로를 돌봐야 하는 상황이었다. '평소 아침도 못 먹고 점심 급식을 두 그릇씩 비우는 아이가 무얼 먹기나 할까? 얼마나 외롭게 누워 있을까?' 하는 생각이 들었다. 나는 같은 동네 사는 친구 편에 편지와 죽을 보냈다. 지나친 친절이 아닐까 스스로 고민이 되기는 했으나 정말 걱정이 되었기 때문이다. 그러자 늦은 저녁에 문자가 왔다. 민혁이에게 5개월 만에 처음 받은 문자이다. "내일숙제없나요?이제안아플게요." 호칭도 없고 띄어쓰기도 없는 문자에 나는 눈물이 왈칵 쏟아졌다.

녀석은 그렇게 조금씩 마음을 열더니 숙제도 하고, 아침에 다리를 모으고 책도 읽고, 심지어는 발표까지 했다. 내가 출장을 갔을 때는 임원도 아니면서 나서서 아이들을 조용히 시키기도 하며 나의 인정을 받으려는 모습을 보였다. 교사의 끝없는 두드림이 아이의 닫힌 마음을 연 것이다. 이대로 계속 교사가 정성을 다한다면 민혁이는 스스로를 소중하게 여길 것이다. 그리고 자존감이 높아진 학생의 특징, 즉 대인관계 능력 향상을 기대할 수 있을 것이다. 이런 기대감을 가지고 자판기에 꾸준히 동전을 넣었다. 그런데 넣어도 넣어도 원하는 제품은 나오지 않았다. 민혁이와 나와의 관계만 조금 나아졌을 뿐, 친구와의 관계는 여전했고, 문제 행동은 쉽게 해결되지 않았다. 언제까지, 얼마만큼 퍼주어야 한단 말인가?

심리적 접근만으로는 평화로운 학급을 만들 수 없다

민혁이는 여자아이들을 꾸준히 괴롭혔고, 주먹 싸움도 여전했다. 힘이 센 편은 아닌데, 자신이 다치는 것을 상관하지 않고 달려든다는 데 문제가 있었다. 나는 그때마다 엄하게 훈육하기가 힘들었다. 그렇게 행동하는 그가 이해되고 안타깝게 여겨지기도 하고, 모든 것을 덮어 주는 따뜻한 어머니의 사랑을 주고 싶었기 때문이었다. 어쩌면 아이와 관계가 끊어질까 봐 무서웠는지도 모른다. 이유야 어떻든 민혁이는 내가 자신을 인정하고 받아 주고 있다는 것을 알고 있었다. 여기서 다른 문제가 발생했다.

민혁이를 특별하게 대해 주는 과정에서 나도 모르는 사이에 민혁이에게 권력이 부여되었다. 우리 반 아이들도 선생님이 민혁이를 눈 감아 주고 있다는 사실을 느끼고 있었고 나와 민혁이 두 사람의 눈치를 살폈다. 민주적이고 평화로운 학급 구조가 깨어지고 만 것이다. 민혁이는 점점 보스가 되어 갔다. 체육 시간에 축구 포지션도 자기가 정하고, 학예회 장기자랑도 자기가 원하는 것을 고집했다. 그리고 그가 원하는 대로 이루어졌다. 언제나 불만으로 가득 찼던 민혁이가 만족해하니 학급의 갈등은 없는 것처럼 보였다. 나는 사랑과 인정을 받은 민혁이가 더 넓어진 마음으로 친구들과 잘 지내고 있다고 생각했으나, 그것은 착각이었다.

중학교에 간 민혁이는 예전과 비교할 수 없을 정도로 훨씬 더 나빠졌다. 자신을 받아 주지 않은 친구들과 교사에게 완전히 등을 돌렸기 때문이다. 6학년 때 같은 반이었던 친구들조차도 더 이상 권력자가 아닌 민혁이에게 잘 대해 주지 않았다. 민혁이는 자주 폭력 사건에 휘말렸고, 결국 중학교를 옮겨야만 했다. 떠나며 한마디를 남겼다고 한다. "전소연 선생님에게 나 전학 갔다고 말하면 너희들 다 죽어!"

나는 나의 인기를 바란 것인가?

체계적이고 과학적인 인성 프로그램이 필요하다

왜 변하지 않는 걸까? 물론 민혁이에게 퍼부어 준 진심과 사랑이 아무런 의미가 없다고 말하는 것은 아니다. 아이의 인생 어느 순간에는 나에 대한 기억이 작지 않은 힘이 될 것이다. 그러나 그가 친구들과 평화로운 관계를 맺는 데는 큰 힘이 되지 못했다. 나는 그동안 자존감과 사회성 향상에 관한 수많은 논문과 책을 읽었다. 훌륭한 인성 프로그램 연수에 참여하기도 하고 배운 것을 열심히 적용해 왔다. 숱한 상담과 인성 지도를 하고 어느 때는 내 자녀보다 학생들의 이야기를 더 정성껏 들어 주고 받아 주었는데 무엇이 문제인가? 얼마나 더 어떻게 지도해야 싸움과 폭력이 사라질까? 일회적이고 산발적인 교육이 문제였을까?

나는 학생들이 배운 것을 내면화하고 문제 행동을 바꾸며, 근본적인 자기 개혁을 이루기 위해서는 무언가 더욱 체계적이고 과학적인 프로그램이 있어야겠다고 결론 내렸다. 이러한 인성 교육이 교육과정 밖에서 이루어지지 않도록 하기 위해서 동학년 선생님들과 힘을 모았다. 교과별 핵심성취 기준을 분석하고 인성 주제별로 교육과정을 재구성하고, 각 주제에 따라 프로젝트를 실시하였다. 인성 덕목을 내면화하기까지 최소 60일 이상이 걸린다는 이론에 따라 주제별 8주의 시간을 확보하였다. 단계별로 내용을 구성하고 배운 것을 장기적으로 기억하게 하기 위한 주제곡도 만들었다. 인성 주제를 정하고 자료를 찾아보니 다양한 활동과 자료들을 쉽게 접할 수 있었다. 식물 키우기, 동물 초대하기, 캠페인 하기, 악기 배우기, 인성 게임 만들기, 위인전 읽고 마음 다지기, 우리 고장 견학하기, TV 인기 프로그램 바꾸어 따라 하기 등 다양하고 그럴듯한 활동들이 많았다. 이러한 인성 프로그램을 계속 발전시켜 표창을 받기도 하고 연수를 부탁받기도 하였다.

그러나 프로그램 보급을 할 수가 없었다. 프로그램을 만든 나 자신은 잘 알고 있었기 때문이다. 이것은 빛 좋은 개살구라는 것을 말이다. 외부의 평가는 좋았다. 프로그램 사전 사후 검사 결과 평화 감수성도 향상되었다. 아이들도 학부모님들도 매우 좋아했다. 그러나 감사 프로젝트를 즐겁게 배운 학생들은 서로 욕을 했고, 배려 프로젝트를 우수한 성적으로 수료한 아이들은 서로 편을 가르고 친구를 따돌렸다. 아이들에게 남은 것은 프로젝트를 하는 동안 매우 재미있었고 즐거웠었다는 기억뿐이다. 그것도 의미가 없지는 않을 테지만 왜 교실은 화목하지 않는 것일까? 나의 고민은 깊어갔다.

훌륭하다고 하는 천 가지 만 가지 프로그램들

나는 한동안 좋은 프로그램들을 찾아다녔다. 다른 학교 사례도 찾아보고, 사비를 털어 연수도 많이 들었다. 연수는 끝이 없었다. 기본을 들으면, 심화를 들어야 하고, 심화가 끝나면 지도자 과정이 기다리고 있었다. 통장도 바닥이 났지만 마음과 몸도 바닥이 났다. 그렇게 열심히 배우고 퍼 담아 쇼핑 카트는 가득 찼는데, 지나가는 다른 선생님의 카트를 보면 불안했다. '내 것과 똑같은데 리본 하나 더 달린 저 프로그램은 뭐지? 무언가 새로운 것이 있는 것 아닐까? 나는 이제 이렇게 뒤처지는 것은 아닐까?' 옆 반 벽에 새로운 것이 붙어 있으면 내가 모르는 무언가가 있나 싶어 꼭 물어봐야만 했다. 나는 조금씩 지쳐 갔다. 배워도 배워도 제대로 모른다는 열등감만 쌓여 가는 교육 프로그램들. 열린교육, ICT 교육, NIE 교육, 협동학습, 배움의 공동체, 마을 공동체, 감정 코칭, 비폭력 대화, 미술 치료, 회복적 생활교육, 평화교육, 렛츠 탭탭, 마음 톡톡, 스팀 교육, 스마트 교육, 두드림, 다가감… 한 가지를 다 배우기도 전에 새로운 교육방법이 나왔고, 어느 때는 배워 보기도 전에 이미 유행이 지나갔다.

중등과 달리 여러 개의 과목을 다 가르쳐야만 하는 초등 교사, 몇십 가지로 쪼개진 창의적 체험활동, 모르면 안 될 것 같은 인성 프로그램들, 매해 새로 맡는 업무들, 교사들은 빡빡한 스케줄에 저글링하며 소진되어 가고 있다. 또한 심리학자, 경영가, 레크레이션 지도사 등의 직업관과 교사관을 혼동하며 정체성을 잃고 있다. 그 모든 것을 다 잘하는 것이 가능할까? 혹여 다 잘해 낸다면 그것이 잘한 일일까?

*제2시기(프로그램 나열식 학급 운영)

　프로그램 나열식 학급 운영은 통제식 학급 운영을 비판하며 나타난 방식으로, 학생의 즐거움, 행복 등의 다양한 기준을 가지고 여러 가지 놀이와 프로그램을 교육과정에 배치한 것이다. 이러한 학급 운영을 하는 교사들은 학급을 권력으로 쉽게 장악하지 않고, 상당한 준비와 에너지를 소모하며 헌신하고 있기 때문에 스스로 잘하고 있다는 착각을 하게 된다. 고갈되고 소진되어 가면서도 이것이 모두가 만족하는 대안적 교육이라고 생각하며 스스로를 독려한다. 그러나 백화점 상품을 나열한 것과 같은 각각의 프로그램들은 쉽게 가져온 만큼 평가와 반성 없이 사라져 가고, 또한 서로 유기적으로 연결되지 않아 학생들의 변화를 가져오기엔 역부족이다. 프로그램 나열식 학급 운영은 학습자들의 창의적 사고, 확산적 사고를 촉진하고 학습 참여도와 학습효과를 높임을 표방한다. 그러나 적절한 가이드 없이 자기가 하고 싶은 것, 흥미와 행복만을 추구하는 것은 결국 에고와 본능에 충실한 편협하고 협소한 자아를 갖게 할 수 있다는 위험성도 있다.

　최근 각기 다른 포장을 하고 있는 각종 교육 프로그램들은 온갖 과학적, 심리학적 기반이라는 설득력을 가지고 교실로 밀려 들어오고 있다. 그러나 이렇게 끼어드는 각종 프로그램들로 인해 교육과정은 누더기가 되고 있다. 또한 더욱 촘촘해진 교육과정 운영으로 학생들은 정신없이 바쁘다. 학생들은 자신이 동의하지도 않은 프로그램과 일정에 떠밀려 수동적일 수밖에 없다. 이것은 또 다른 의미의 통제가 되고 있다.

학생중심 수업과 학생 자치를 표방한 학생 방치

제7차 교육과정의 기본 방안으로서 주입식 교육을 배제한 학습자 스스로의 학습이 강조되기 시작하였다. 이는 학습자가 자신의 학습에 대하여 애착을 가지고 자기 주도적 학습을 할 수 있도록 하는 것이다. 결과를 중요시했던 기존의 교육방식은 학생의 문제해결력, 비판력, 창의성, 통합적 사고력 등의 고등정신을 개발하지 못했다. 이러한 한계점을 극복하기 위하여 학습자 중심 수업과 더불어 학생 자치가 강조된 것이다. 이는 학생 소외를 극복한다는 면에서 매우 의미가 있다.

그러나 '학생 자치'라는 것을 각급 학교와 교육의 각 영역에 일괄 적용하게 되면서 소소한 문제가 발생하기 시작하였다. 어려움은 나에게도 찾아왔다. 나는 배움중심 수업 연수와 훌륭하다는 선생님들의 수업 시연에서 보고 배운대로 수업 목표를 학생들이 찾게 하고 싶었다. 그러나 잘되지 않았다. 내가 할 수업은 이미 정해져 있고 준비되어 있는데, 아이들이 다른 것을 하자고 하면 어쩌나 염려가 되었다. "오늘 어떤 것을 공부하고 싶나요?"라고 묻고 내가 원하는 것을 대답할 때까지 스무고개를 계속해야 하는 상황은 참으로 우스꽝스러웠다. 아이들은 '원하는 대로 할 거면서 뭘 물어보나?' 하는 눈치였지만 공개수업 때마다 거짓말에 동참해 주었다.

고민 끝에 선배 선생님을 찾아가서 이러한 난관을 어떻게 극복하시냐고 물었더니, 비법을 알려 주셨다. 어떤 것을 공부하고 싶냐고 전체적으로 물은 뒤, 마치 누군가 그렇게 대답한 것처럼 미리 준비된 목표를 '떡!' 붙인다는 것이다. 나만 어려운 것은 아니었나 보다. 학생 자치, 배움중심, 학습공동체, 맞는 말이긴 한데 참 쉽지 않았다. 어떤 지역, 어떤 학급과

학년에서는 가능하기도 했다. 학생들 스스로 조사하고 발표를 통해 서로 토론하며 폭발적인 배움을 만들어 냈다. 그러나 어떤 해에는 전혀 되지 않았다. 어떤 학생들은 기초 학력 및 기본 습관을 기르는 것이 급선무이기도 했다. 학급은 교사와 학생과 환경과 여건 등이 각기 다른 유기적 공동체이기 때문이다.

나는 이렇게 쏟아지는 교육정책과 교육방법들을 따라가려 노력하기도 하고, 때로는 그냥 뒤처진 생계형 교사로 살자고 자포자기하기도 하며 조금씩 투덜거림이 많은 교사가 되어 갔다. 나의 유일한 힘은 동학년 교사들이었다. 밀려오는 새로운 과제들과 여전히 참담한 현실, 드세진 아이들과 학부모의 무리한 요구들에 지쳐도 선생님들의 위로를 받으며 나만 힘든 게 아니니 괜찮다고 채념했다. 가끔은 훌륭한 교사 같기도 하고, 어느 날은 자괴감을 느끼면서 버티었고 2월 말이 되면 어김없이 달력에 X표시를 하는 나 자신을 발견했다.

'올해는 망쳤다. 내년 아이들은 잘해 봐야지…'

*제3시기(학습공동체식 학급 운영)

통제식 학급 운영과 프로그램 나열식 학급 운영이 교육 주체인 학생을 소외시켰다는 한계점을 극복하기 위하여 학생 자치와 공동체 교육을 표방하는 학습공동체식 학급 운영이 실천되었다. 교사의 일방적인 실천을 지양하고 학생의 주체성을 살린다는 측면에서 자치라는 원칙을 강조하며, 그 원칙을 학급 운영에 적용하였다. 그러나 학생 인권과 학생 자치, 공동체를 중시하는 이러한 편향은 자유주의와 맞물려 교육현장에서의 교사 역할을 축소시켰다. 이는 구성주의를 얕게 이해하면서, '지도'라는 교육의 핵심을 파시즘 정도로 오인하였기 때문이다. 이렇게 교사의 권한이 배제된 상태에서 적극적인 몇몇 학생이 발표한 것이 학급의 일 년 목표가 되기도 했다. 이와 같이 학습공동체식 학급 운영은 체계적이고 과학적인 운영 방법을 제시하지 못하였다. 자치와 방치가 혼재한 교실 상황과 학교폭력이 일반화되는 심각한 현실 속에서 교사들은 어디서 어떻게 해야 할지 모르는 상황이 되었다.

현실에 대한 철저한 인식으로부터 교육은 시작된다

어릴 적 살던 집에는 신발을 신고 내려가야 하는 부엌이 있었다. 부엌에는 남들이 부러워하는 최신식 쌀통이 있었는데, 다섯 개의 버튼에 따라서 원하는 만큼의 쌀이 나왔다. 쌀이 싸라락 쏟아지는 소리가 좋아서 이 심부름은 늘 즐거웠다. 어느 날, 평소 버튼 1이나 2를 누르라고 하시던 어머니께서 버튼 5를 눌러서 쌀을 가져오라고 하셨다. 손님이 오신다는 것이다. 나는 무척 신나게 쌀통으로 달려갔다. 버튼은 조금 힘겹게 눌러졌고, 쌀은 쏴악! 소리를 내며 급하게 쏟아졌다. 그릇에 수북하게 담긴 쌀, 나는 그것을 보고 그대로 멈추었다. 온몸이 얼어붙어 주변의 소리도 들리지 않았다. 하얀 쌀 위에 쥐 머리가 댕강 잘려서 나온 것이다. '지금 죽은 것일까? 진작 죽은 것일까? 언제부터 쌀통에 있었을까? 그전까지는 빨리 달려서 피한 걸까? 쌀통 안에는 분리된 몸이 있을까? 혹시 한 마리가 아닌 건 아닐까?' 혼란스러웠다. 그 이후 어떤 일이 일어났는지 모른다. 어머니께서 놀란 나를 데리고 가셨고, 쌀통은 다시 볼 수 없었다. 평소 1, 2를 누르고 지낼 때는 괜찮았다. 그저 잘 지내는 줄로만 알았다. 그러나 5를 누르자 쌀통 안의 끔찍한 세상이 드러나 버렸다. 나의 교육도 그랬다. 매일 정신없이 저글링하는 듯했지만, 주어진 학생과 업무들을 그럭저럭 놓치지 않고 지냈기 때문에 크게 나쁘지 않다고 생각했고, 어느 때는 스스로 열정 있는 좋은 교사라고 여기기도 했다. 버튼 5가 눌러지기 전까지 말이다. 그것은 바로 세월호 참사였다.

당시 나는 연구년 기간을 보내고 있었고, 안산에 살고 있었기 때문에 단원고 지원을 자원할 수 있었다. 참사 직후, 단원고등학교에서 새벽부터 저녁까지 장례 지원, 노제 진행, 콜센터 등을 도우며 세월호의 아픔을 가까이서 겪었다. 장례를 치르고 장지로 가기 전에 희생자 아이들이 마지막으로 학교에 왔다. 2학년 교실의 수많은 책상 위에 국화꽃와 유품함이 놓여 있었다. 희생자 부모님들께서는 아이들의 책, 공책, 슬리퍼, 줄넘기, 양치컵 등의 유품을 챙기시며 오열하였고, 노제를 지내다가 자녀의 영정 사진 앞에서 실신하기도 하였다. 아버지들은 어머니들을 챙기며 한 번도 들어 본 적이 없는 깊은 한숨을 쉬었다. 대여섯 살 꼬마 아이는 누나의 이름을 연신 부르며 영정 사진을 울며 쫓아갔다.

그 모든 처참한 상황들이 마치 전쟁 영화처럼 현실감 없이 다가왔다. 아니 그것은 범죄 영화였다. 자녀를 잃은 부모들이 진실을 알려 달라고 머리를 깎고 밥을 굶고 눈물을 흘려도, 이들 때문에 경제가 위축된다 하고, 물대포를 쏘아 대고 비난하는 사람들이 있었다. 의심하지 않고 보던 방송과 기사는 현실과 전혀 다른 보도를 했다. 거짓과 기만, 갑질이 난무한 시대, 이것이 내가 만족하며 잘하고 있다고 자부하며 살아왔던 세상이었다. 나는 마치 노예제도가 폐지되지 않는 불평등한 사회에서 나에게

맡겨진 노예들에게 친절하게 대하며 거기에 만족하고 살았던 것과 같다. 잘하고 있다고 착각하면서 말이다.

스스로 물었다. '난 무엇을 하며 살았는가? 내가 배 안의 교사라면 달랐을까? 내가 가르친 학생들은 주체적으로 판단하고 자리를 박차고 나왔을까?' 존재가 해체되는 느낌이었다. '살아 있는 어린이들을 주체적으로 키워야 한다. 비판력을 가지고 스스로 지킬 수 있고, 불의에 대응하고 싸울 수 있도록 교육해야 한다. 안전하고 평화로운 세상이 되기 위해 나는 무엇을 할 수 있는가?' 나는 답을 찾아 짐을 쌌고 연고도 없는 혁신학교와 따돌림사회연구모임을 찾아가게 되었다. 혼자서는 아무것도 할 수 없었고 무언가는 해야만 했기 때문이다.

따돌림 사회를 연구하며 교육의 프레임을 바꾸다

해답을 얻고자 찾아온 연구모임에서 나의 괴로움은 오히려 증폭되고 말았다. 닫힌 교실에서 스스로 옳다고 믿었던 기라성 같은 신념들과 연구들을 모두 부정해야 했기 때문이다. 옳다고 여겼으나 잘못된 신념, 불감증에 걸려 있던 습관적 교육방법들, 심지어 폭력적이기까지 했던 나의 모습들을 되돌아보는 것은 쉬운 일은 아니며, 단번에 이루어지는 것도 아니었다. 그것은 지금도 계속되고 있고 앞으로도 그러할 것이다. 그러나 혼자가 아니라 여럿이 함께이기 때문에 칼이 칼을 날카롭게 하듯 우리들의 생각들은 더욱 깊어지고 분명해질 것이라는 믿음이 생겨 갔다.

'신자유주의'에서 '평화적 공화주의'로, '자존감 교육'에서 '자기우정 교육'으로 패러다임을 전환하며 나의 교실은 조금씩 변하기 시작했다. 그리고 마지막 인사를 하던 학기 말, 이런 이야기를 들었다. 한 친구가 울면서 말했다. "저는 그동안 좋은 선생님들을 많이 만났어요. 전소연 선생님처럼 좋은 선생님들은 많이 계셨어요. 하지만 우리 반 아이들이 이렇게 똘똘 뭉쳐서 한 명도 빠뜨리지 않고 사이좋게 지낸 것은 정말 처음이에요. 저는 우리 반이 너무 그리울 거예요." 나는 내가 좋은 선생님이라고 말할 줄 알았다. 사실 그런 고백은 많이 들어 왔다. 그런데 아이의 고백은 다른 내용이었다.

화목한 교실에 대한 학생과 학부모들의 피드백은 나에게 너무나 새로운 것이었다. 20평 남짓한 교실이라는 작은 세상, 나는 이 축소된 세상에서 미래를 보게 되었다. "혼자 꾸면 그저 꿈일 뿐이지만 여럿이 함께 꾸면 그것은 현실이 된다." 가톨릭 대주교가 남긴 말이다. 교사 한 사람의 영향력은 작지만 내 교실 밖을 넘어 동학년, 전 교직원, 학교, 이 땅의 모든 꿈꾸는 사람들과 점진적으로 연대할 때 세상을 바꿀 수 있을 것이라 확신하게 되었다.

신자유주의에서 평화적 공화주의(적극적 민주주의)로

학급에는 늘 상처 입은 민혁이가 여러 명 존재한다. 그들은 "수업이 재미없어서 자는데 무슨 피해를 줬어요?", "걔가 찌질해서 놀기 싫은데 제 자유 아니에요?" 이렇게 눈을 부릅뜨고 묻는다. 맞는 말도 같아 할 말이 없다. 나 역시 그동안 그렇게 말하는 민혁이 개인의 사정과 아픔을 먼저 생각했다. 그리고 다른 사람에게 큰 피해가 가지 않는다면 눈감아주고 끊임없이 기다려 주었다. 이렇게 나는 부지불식 중에 자유주의 속에 물들어 살아왔던 것이다. 실제로 다른 교사들도 "남에게 피해 주지 않는 사람이 되세요"라고 자주 말하곤 한다. 그러나 다른 사람에게 피해를 끼치지만 않으면 무엇이든 해도 된다는 자유주의적 세계관은 사람들을 자유롭게 만드는 것이 아니라 더욱 고립시켰다. 또한 개인의 욕심을 끝없이 채우기 위해 권력과 자본을 이용하는 상황을 만들어 냈다. 기존의 자유민주주의(신자유주의)는 현대의 문제들을 해결하는 데 한계에 봉착했다.

따라서 교육현장에서 요구되는 대안으로 '평화적 공화주의'가 거론되고 있다. 이는 전체주의자들이 국익을 위해서 권력을 남용하고 개인을 희생시켰던 것과 달리 개인의 권리와 집단의 권리를 모두 중요하게 여긴다. 그리고 공공의 선을 추구하며 조화와 균형을 이루어 가는 민주시민을 만드는 것을 교육 목표로 한다. 즉 개개인의 권리가 충돌할 때, 우리가 공동체를 위해 가장 크게 합의해야 할 것이 무엇인지 항상 생각하게 하는 것이다.

자유주의 철학 속의 나의 교실은 개인의 행복과 자아실현이 가장 중요했었다. 그러나 평화적 공화주의 철학 속의 나의 교실은 서로 화목하게 잘 지낼 수 있는 민주시민(공화민)을 만드는 것을 목표로 하게 되었다. 교육 목표가 다른 두 교실은 정말 다른 세상이었다. 교육철학과 목표를 바꾸니 나의 마음도 바뀌었다. 죄책감과 불안한 마음은 편안해졌다. 가끔 엄격하게 통제식 학급 운영을 하기도 하였으나 나의 편의성이 아니라 교실의 질서와 평화를 위한 것이라면 스스로 인정하게 되었다. 흥미와 재미를 위한 프로그램 쇼핑 중독증이 사라지니 몸도 편안해졌다. 또 학생 자치 회의에서 아이들의 뜻을 받아주는 척 연극을 하면서 내 뜻을 펼치려는 얄팍한 수를 쓰지 않으니 학생들도 편안해졌다. 학생들은 혼자 있는 친구가 있으면 다가갔고, 자신의 마음을 생각하면서 다른 친구들과 학급 전체를 고려했다. 피해를 주는 것도 나쁘지만 아무것도 하지 않는 것도 마찬가지라고 생각했다. 그렇게 대화하고 어울려 만나며 서로서로 우정을 키워 가는 교실은 평화로웠다. 물론 평화가 깨어지는 순간이 많이 있었으나, 화목한 공동체라는 지향점을 바라보고 있었기 때문에 크게 흔들리지 않았다. 남에게 피해만 주지 않으면서 서로 경쟁하고 각자도생하여 성공한다면 진짜 행복할까? 그러한 세상이 행복하지 않다는 것을 우리는 너무도 잘 알고 있다. 다만 남들이 뛰니 뒤처지지 않기 위해 어쩔 수 없이 뛰는 중이다.

경쟁 속에 살아남아 자아실현을 하고 행복과 안정을 차지하려는 교육은 각 가정과 사교육 기관에서 너무나 잘하고 있다. 따라서 공교육 기관인 학교는 달라져야 한다. 우리는 평화적 공화주의의 관점으로 교실의 민혁이에게 다시 물어야 한다. "수업 시간에 자는 것이 평화로운 우리 학급을 만드는 최선의 방법일까?", "화목한 우리 반이 되기 위해서 너는 어떤 것을 할 수 있을까?"라고 말이다.

＊제4시기(지향해야 할 학급 운영)

제4시기는 각각의 교육 주체 간 관계를 중요하게 생각한다. 관계 중에서도 학생과 학생 간의 평화로운 관계를 유지하는 것이 학급 운영의 목표이다. 이것은 1~3시기에서 교사, 학생 등 각각의 교육 주체를 중요하게 생각했던 것과는 다른 새로운 프레임이다. 우리는 이 시기를 예술 지휘식 학급 운영이라고 명명하겠다.

평화로운 교실을 만들기 위하여 필요하다면 통제도 할 수 있고, 프로그램을 도입할 수도 있으며, 자치를 강조할 수도 있다. 여기서 교사는 예술적 지휘자의 역할을 하며, 공화주의적 관점을 가지고 평화로운 학급 만들기에 주력한다. 즉, 학급의 학생들이 각자의 고유한 소리를 분명히 내게 하고, 서로 어우러져 화음을 만들도록 하며, 그 모든 소리가 한데 모여 평화로운 교향곡, 감동이 있는 평화 이야기가 되도록 지휘하고, 연출하는 것이다.

1980년대 이후 우리나라 주도적 교육정책의 변화과정

구분	제1시기	제2시기	제3시기	제4시기
시기	1981~1992	1992~1997	1997~현재	대안
교육과정	4, 5차 교육과정	6차 교육과정	7차 교육과정 이후	현재 이후
교육론	훈련 (주입식 교육)	개방 (열린교육)	학습 공동체 (수요자 중심 교육)	관계 중심
수업을 지배하는 힘	교육관료	다양한 프로그램	수요자의 필요	학생 상호 인정, 평화, 의미 욕망
슬로건 (교육 목표)	학교 성적	수학능력	행복, 성공	가치(권리, 평화, 화목, 우정)
교사의 덕목	복종, 성실	책임, 사랑	책무, 이해, 형식적 소통	평화 역량과 통찰
학교에 대한 비유	공장	회사	종합 엔터테인먼트	인생극장(만남과 대화의 장)
교사의 역할	통제	경영	감독과 조력	지휘와 연출

자존감 교육에서 자기우정 교육으로

사람들은 보통 친구 관계를 잘 맺으려면 먼저 자존감이 우선시되어야 한다고 말한다. 자존감이라는 말은 자기 중요, 자기 존경, 자부심, 자긍심, 자기 인정 등의 여러 가지 용어들과 함께 혼용되고 있다. 이런 말들의 기본은 '자기애'이다. 자존감은 자기 인정과 사랑에서 시작되는 것이다.

1980년대와 1990년대 초에 자존감 프로그램은 큰 인기를 누렸다. 자신이 실제로 정말 소중하고 가치가 있는가에 대한 객관적인 근거 없이 그저 스스로 소중하다고 느끼는 것만이 강조되기도 하였다. 마치 스스로를 존중하는 것 자체가 목적인 것처럼 말이다. 나 또한 문제 행동을 일으키는 학생들의 자존감이 매우 낮은 것을 보면서 자존감 향상을 위해 수년간 노력해 보았다.

사람들은 자존감의 구성요소에 대하여 여러 가지로 말한다. 혹자는 자존감이 자아 가치감, 자신감, 태도의 세 가지로 구성되어 있다고 하고, 또 다른 사람은 자기 효능감과 자기 조절감, 자기 안정감이라고 말한다. 나는 자존감을 자아 가치감과 자아 효능감이라는 두 개의 축으로 보았다. 자아 가치감은 자기 자신이 타인으로부터 사랑받을 가치가 있다고 믿는 것이고, 자아 효능감은 어떤 상황에서 자신이 그 일을 할 수 있다고 믿는 것이라고 할 수 있다. 교실에서 자존감 교육은 자아 효능감 신장에는 의미가 있었다. 학생들이 잘하는 부분들을 찾아서 키워 주고 칭찬해 주면 스스로 자기 자신을 높게 평가하였다. 그러한 성공의 경험은 또 다른 도전을 할 수 있는 힘을 가져다주었다. 또한 친구들도 그 친구의 다른 모습을 인정해 주었고, 그것은 관계 회복의 단서가 되기도 하였다. 그렇게 아이들의 강점을 세워 주는 일은 어렵지 않았다. 그러나 무언가를 잘하니까 인정해 주는 것 이면에는 잘하는 것이 없거나 쓸모가 없으면 칭찬을 받지 못하거나 비난받을 수 있다는 공식이 숨어 있기도 하였다.

인간은 무엇을 잘하든, 못하든 존중받을 만한 가치가 있다. 또한 능력과 조건이 어떠하든 간에 어느 누구도 무시해서는 안 된다. 나는 자아 가치감을 키워 주고 싶어 다양한 방법을 시도해 보았다. 그러나 잘 되지 않았다. 누구나 소중한 존재라고 지도해 보지만 그저 허공에 울리는 소리와 같았다. 그들은 당위적인 말보다는 중요한 타자, 즉 부모나 교사와 같은 중요한 존재에게 오랫동안 소중하게 대해지는 경험을 통해 자신의 가치를 깨달았다. 그것은 굉장한 시간이 걸리는 일이었다. 자아 가치감을 심어 주기 전에 먼저 개인의 이야기를 소중히 들어 주는 것조차 당해 연도에 끝나지 않았다. "내가 사랑을 못 받아서 좀 자존감이 낮아." 개인 상담을 통해 스스로를 성찰하게 하고 위로해 주었더니 끝없이 자신의 문제를 과거의 상처 때문이라고 합리화하기도 하는 학생들도 생겨났다. 내가 아프니 너희들이 이해하라고 말하며 점점 두꺼운 갑옷을 입는 아이들에게 나는 점점 지쳐 가고 있었다.

그렇다면 친구들과 화목하게 지낼 수 있을 만큼의 충분한 자존감은 어디까지일까? 우리는 어디까지 교육하고 언제까지 기다려 주어야 하는가? 나 자신을 위해 눈물을 흘리기도 하지만 징징거리며 마냥 주저앉아 있지 않고 다른 사람의 눈물을 닦아 주기 위해 내 눈물을 훔치고 일어나야 한다. 나 자신을 무조건적으로 받아 주는 것뿐 아니라, 바른 길을 택할 수 있도록 스스로 반성하고 채찍질해야 한다.

나는 평화적 공화주의의 관점으로 자존감 교육을 다시 생각하게 되었다. 그리고 자존감이 안 되면 무엇이든 안 될 것 같은 불안함과 패배감을 버렸다. 자! 이제는 '자존감 교육'이 아니라 '자기우정self-friendship 교육'이다.

자기우정의 개념과 요소

우정友情을 나누는 좋은 친구란 어떤 친구일까? 친밀감을 바탕으로 즐거울 때 함께 웃고, 슬플 때 위로하며, 때로는 아픈 충고도 할 수 있는 친구가 좋은 친구일 것이다. 자기우정이란 자기 자신과 친구가 되어 우정을 나누는 것이다. '자기애'와 '자기우정'은 다른 개념이다. '자기애'란 자신을 연민의 마음으로 무조건적으로 수용하고 사랑하는 것이라고 한다면, '자기우정'이라는 것은 자신을 존중하고 사랑하되, 자신의 친구가 되어 객관적으로 바라보고 때로는 충고할 수도 있는 것이다.

나 자신이라는 친구는 어떤 면에서 훌륭한가? 나라는 존재는 가장 솔직하게 말할 수 있는 비밀 친구이다. 인간은 의식이 있는 한 억압이라는 기제를 사용한다. '참 못생겼다'라고 말하고 싶은 사람에게 그 말을 하지 않는 것, 지겨운 수업 시간에 지겹다고 말하지 않는 것 등이 억압의 예이다. 억압이 심한 경우 자신의 욕구와 감정을 감지하지 못하는 지경에 이르는 경우도 있지만, 사회를 살아가는 데 자신과 다른 사람의 권리를 위해 어느 정도의 억압을 사용하는 것은 당연한 일이며 바람직하다. 심리적으로 가까운 사람일수록 억압은 줄어들어 더 솔직한 마음과 이야기를 나눌 수 있겠지만, 탈억압의 상태로 대할 수 있는 존재는 이 세상에 거의 없다고 보아야 한다. 아니 없다. 술을 마시고 뇌기능 장애로 인해 기억이 나지 않거나, 잠을 자는 순간이 아니고서는 인간의 억압 시스템은 365일 가동한다. 그러나 이 세상에 탈억압의 상태로 무장해제하고 대할 수 있는 존재가 하나 있다. 그것은 나 자신이다. 꾸미거나 숨길 필요가 없다. 나 자신과의 대화는 거의 완벽히 안전하기 때문에 어떠한 내용도 수용이 가능하다.

또한 나라는 존재는 양심을 가지고 있는 훌륭한 친구이다. 정상적인 인간에게는 도덕적인 자아, 바르고 훌륭한 사람이 되고 싶어 하는 한 부분이 있다. 이것은 내면의 가장 깊은 곳에서 진실한 목소리를 낸다. 이러한 자아는 옳은 일을 하도록 용기를 주며, 위기의 순간에 긍정적인 생각과 위로를 준다. 또한 우리 문화가 정의하는 효율적 방식으로 살아가는 것이 아니라 가치 있는 것을 추구하라고 우리 자신을 촉구하고 고무한다. 우리가 인정욕구에만 매달려 살아갈 때 '나 자신'이라는 친구는 다른 누구도 알 수 없는 깊은 동기를 파악하고 비판하고 직언할 수 있다. 따라서 객관적 비교와 경쟁에서 오는 우월감과 열등감에서 벗어날 수 있다. 이는 외부의 불협화음에 대응하는 최후의 안전망이 되어 주며 자신만의 교향곡을 완성하도록 돕는다.

우리는 자기우정 교육을 통해 두 가지를 극복할 수 있다. 한 가지는 자존감인지 자존심인지 모를 자기애에 집중하며 자신을 향해서만 웅크린 마음을 열 수 있다. 둘째는 주변 사람들과 관계를 유지하기 위하여 많은 에너지를 사용하면서 자기 자신에게는 정작 관심을 주지 않아 타인의 말과 철학에 치우치는 것을 막을 수 있다. 이렇게 자기 자신과 좋은 관계를 맺고 우정을 쌓아 가는 것은 모든 관계의 바탕이 된다. 바탕이 된다는 것은 선행되어야 한다는 뜻은 아니다. 때로는 친구를 위로하다가 스스로를 위로하는 방법을 배우기도 하며, 다른 사람에게 예의를 갖추어 대하다가 스스로 존중하는 방법과 태도를 깨달을 수 있기 때문이다.

더욱 성숙하고 넓은 사람이 되기 위해서 배우고 닦아야 할 덕목은 끝이 없다. 그 많은 덕목 중에서도 평화롭고 화목한 관계를 만들기 위해서 필요한 자기우정 덕목과 타인 우정 덕목을 각각 20가지로 정리했다. 자기우정 덕목은 타인과의 우정을 키우기 위해서 필요한 덕목과 연결되어 있다. 이들은 독립적이기도 하고 서로 중첩되기도 한다. 학생들은 각 덕목들을 배우고 키워 가면서 스스로를 알아 가고 재발견하기도 하며, 분석과 해석, 실천과 내면화 등의 과정을 거쳐 자부심을 갖게 된다. 자부심은 자신감과는 다르다. 자부심은 그저 자기 스스로 소중하다고 여기는 믿음으로만 생기는 것이 아니다. 각고의 의지와 실천을 통한 성장이 있을 때 가능하다. 자신을 벗으로 삼아 비판하고 격려하며, 새로운 모습을 발견하고 인내와 의지를 가지고 수정하고 성장하며 평화로운 세상을 살아가는 화목인이 되어 갈 때 비로소 느낄 수 있는 것이다.

자기우정과 우정 한눈에 보기

자기개방 자신에게 솔직하기	**정직** 타인에게 솔직하기	**자기위로** 자신의 슬픔을 받아 주고 달래 주기	**위로** 타인의 슬픔을 받아 주고 달래 주기
자기신뢰 자신을 믿어 주고 의지하기	**신뢰** 타인을 쉽게 의심하지 않고 믿어 주기	**자기사과** 수고하는 자신에게 미안해하기	**사과** 자신의 잘못에 대하여 용서를 구하기
자기감사 자신에게 고마워하기	**보은** 은혜를 말이나 행동으로 갚기	**자기극복** 자신의 부족함이나 악조건 이겨 내기	**겸손** 자신을 내세우지 않고 타인을 존중하기
자기비판 자신의 잘못된 행동과 생각을 살피기	**공정** 공평하고 올바르게 생각하고 행동하기	**자기격려** 자신에게 용기를 주고 응원하기	**연대** 타인을 격려하며 서로 힘을 모으기
자기돌봄 자신의 부족한 점을 스스로 채우기	**돌봄** 타인에게 관심을 가지고 보살피기	**자기인내** 괴로움이나 어려움을 참고 견디기	**관대** 타인을 너그럽게 받아 주고 기다려 주기
자기숙고 자신을 객관적으로 자세히 바라보기	**경청** 타인의 말을 귀 기울여 듣기	**자기해학** 재치 있는 생각으로 자신에게 웃음 주기	**유머** 재치 있는 생각으로 타인에게 웃음 주기
자기축하 스스로 축하하고 행복을 빌어 주기	**동락** 타인과 어울려 서로 축하하고 즐기기	**자기비움** 생각과 과업을 일시적으로 보류하기	**포용** 타인의 생각과 마음을 받아들이기
자기약속 스스로 정한 일을 완수하려고 노력하기	**의뢰** 타인과의 약속과 믿음을 지키기	**자기예의** 바른 말과 몸가짐으로 자신을 존중하기	**예의** 바른 말과 몸가짐으로 타인을 존중하기
자기환대 자신에게 친절한 미소로 대하기	**환대** 타인을 반갑게 맞이하여 친절하게 대하기	**자기평등** 자신과 타인을 비교하지 않기	**평등** 우열을 가리지 않고 차별 없이 대하기
자기애도 슬픈 기억을 딛고 다시 일어서기	**연민** 타인의 처지를 돌아보고 가엽게 생각하기	**자기순화** 스스로를 평화롭고 순수하게 만들기	**화목** 타인에게 순수함과 평화로움 깨우쳐 주기

자기우정과 우정의 관계

자기개방(자신에게 솔직하기)　　　⇨　정직(타인에게 솔직하기)
자기 자신에게 솔직할 수 있어야 다른 사람에게 거짓말하지 않고 정직하게 말할 수 있다.

자기위로(자신의 슬픔을 받아 주고 달래 주기)　⇨　위로(타인의 슬픔을 받아 주고 달래 주기)
자기 자신을 위로할 줄 아는 사람은 타인의 슬픔을 이해하고 위로할 수 있게 된다.

자기신뢰(자신을 믿어주고 의지하기)　　⇨　신뢰(타인을 쉽게 의심하지 않고 믿어 주기)
자기 자신을 신뢰하는 사람들은 타인을 근거 없이 쉽게 의심하거나 험담하지 않는다.

자기사과(수고하는 자신에게 미안해하기)　⇨　사과(자신의 잘못에 대하여 용서를 구하기)
스스로를 돌아보고 미안하다는 생각과 마음을 가질 수 있는 사람은 타인에게도 사과할 수 있다.

자기감사(자신에게 고마워하기)　　　⇨　보은(은혜를 말이나 행동으로 갚기)
자기 자신에게 고마워할 줄 아는 사람은 타인에게 은혜를 말이나 행동으로 갚을 줄 안다.

자기극복(자신의 부족함이나 악조건 이겨 내기)　⇨　겸손(자신을 내세우지 않고 타인을 존중하기)
자기 자신의 부족함을 인정하고 극복하기 위해 노력하는 사람은 자신의 부족함을 알기 때문에 겸손하다.

자기비판(자신의 잘못된 행동과 생각을 살피기)　⇨　공정(공평하고 올바르게 생각하고 행동하기)
자기비판을 통해 자신을 살피는 사람은 타인에 대해서도 바르게 판단할 수 있는 공정함을 가질 수 있다.

자기격려(자신에게 용기를 주고 응원하기)　　⇨　연대(타인을 격려하며 서로 힘을 모으기)
자기 자신을 응원할 줄 아는 사람은 타인을 격려할 수 있으며, 말과 행동으로 힘을 보태고 협동한다.

자기돌봄(자신의 부족한 점을 스스로 채우기)　⇨　돌봄(타인에게 관심을 가지고 보살피기)
자기 자신을 돌볼 줄 아는 사람은 다른 사람에게 관심을 가지고 도움을 주거나 보살필 수 있다.

자기인내(괴로움이나 어려움을 참고 견디기)　⇨　관대(타인을 너그럽게 받아 주고 기다려 주기)
쉽게 포기하지 않고 참고 견디는 사람은 다른 사람에 대해서도 쉽게 판단하지 않고 믿고 기다린다.

자기숙고(자신을 객관적으로 자세히 바라보기)　⇨　경청(타인의 말을 귀 기울여 듣기)
나 자신에 대하여 깊이 생각할 수 있는 사람은 다른 사람의 말에 대해서도 깊이 생각하며 귀 기울인다.

자기해학(재치 있는 생각으로 자신에게 웃음 주기)⇨　유머(재치 있는 생각으로 타인에게 웃음 주기)
어두운 현실에 대한 새로운 생각으로 여유롭게 웃을 줄 아는 사람은 타인에게도 재치 있는 웃음을 준다.

자기축하(스스로 축하하고 행복을 빌어 주기)　⇨　동락(타인과 어울려 서로 축하하고 즐기기)
자신을 위해 축하의 말이나 선물을 건넬 수 있는 사람은 다른 사람들과 어울려 즐거움을 나눌 수 있다.

자기비움(자신의 생각, 과업을 일시적으로 보류하기)⇨　포용(타인의 생각과 마음을 받아들이기)
자신의 생각과 할 일들을 잠시 내려놓을 수 있는 사람은 타인을 수용할 마음의 공간이 가지게 된다.

자기약속(스스로 정한 일을 완수하려고 노력하기)⇨　의리(타인과의 약속과 믿음을 지키기)
스스로에게 한 약속을 잘 지키는 사람은 다른 사람과의 약속과 신뢰를 책임감 있게 지켜 나간다.

자기예의(바른 말과 몸가짐으로 자신을 존중하기)⇨　예의(바른 말과 몸가짐으로 타인을 존중하기)
바른 말투나 몸가짐으로 스스로 예의를 갖추어 대하는 사람은 다른 사람에 대한 예의를 지킨다.

자기환대(자신에게 친절한 미소로 대하기)　　⇨　환대(타인을 반갑게 맞이하여 친절하게 대하기)
어떤 순간에도 스스로를 반겨 주는 사람은 환대받는 마음을 이해하고 다른 사람도 친절하게 대한다.

자기평등(자신과 타인과 비교하지 않기)　　⇨　평등(우열을 가리지 않고 차별 없이 대하기)
자기 자신을 다른 사람과 비교하지 않는 사람이 다른 사람도 비교하지 않고 차별하지 않는다.

자기애도(슬픈 기억을 딛고 다시 일어서기)　⇨　연민(타인의 처지를 돌아보고 가엾게 생각하기)
자신의 고통스러운 기억과 슬픈 감정을 이겨 내는 사람은 다른 사람들의 아픔에 함께할 수 있다.

자기순화(스스로를 평화롭고 순수하게 만들기)　⇨　화목(타인에게 순수함과 평화로움 깨우쳐 주기)
스스로를 항상 순수하게 하려고 노력하는 사람은 타인을 정성껏 감화하여 화목하고 평화롭게 만든다.

자기개방과 정직을 배워 가는 아이들 이야기

첫 번째 덕목에 대한 이야기를 나누 려고 한다. 자기우정 덕목인 '자기개방' 은 타인과의 관계 속에서 '정직'할 수 있도록 돕는다. 솔직하지 않거나 속마 음을 숨기는 사람, 듣기에 좋은 소리로 아첨하거나 거짓말하는 사람들과는 깊 은 관계를 유지하기 힘들다. 이렇게 진 실을 꾸미고 자기를 숨기는 사람들은 어떤 목적을 가지고 있을까? 교활한 마 음을 가지고 거짓말을 해서 자신의 이 익을 챙기려는 사람들도 있을 것이고,

자기개방 카드

심리학자 에크먼이 말했듯이 속이는 기쁨과 거짓말로 다른 사람을 통제 하고 있다는 우월감을 느끼려는 사람도 있을 것이다. 사람마다 상황마다 매우 다양한 이유를 가지고 있다.

스스로 속이는 이유는 여러 가지가 있다. 첫째, 자기개방을 하고 싶어 도 스스로 개방을 못하는 경우이다. 나는 자기개방을 못 하는 사람의 대 표적 사례로 살아왔다. 지난 날, 당위적인 생각을 많이 했었는데, 그중 하 나는 항상 긍정적으로 생각해야 하고, 매사에 감사해야 한다는 잘못된 신념이었다. 비가 와서 기분이 무지 찝찝한 날, 나는 연구실 문을 열면서 콧노래를 불렀다. 한 선생님께서 좋은 일이 있냐고 물으셨다.

"저는 비 오는 날이 좋아요. 화장도 잘되고요."

모든 교직원들이 힘들어하는 관리자가 있었다. 나는 또 말했다.

"저분은 참 성실하고 훌륭하셔. 저렇게 수시로 학교를 순시하시니까 학교의 안전사고가 없는 거야."

내 깊은 속마음과 다른 터무니없는 말들이다. 나는 왜 이런 거짓말을 했을까? 부정적인 감정을 직면하기가 두려웠던 것 같다. 싫다고 말하면 정말 더 싫어질 것 같고, 힘들다고 말하면 힘이 빠질 것 같아서 차라리 "충분히 할 수 있다"고 외치는 것이 안심되었나 보다. 또 대외적으로 아주 착하고 긍정적인 사람처럼 보이고 싶었던 것 같기도 하다. 그렇게 오랜 기간 습관적으로 생각하다 보니 내가 스스로 속이고 있다는 사실도 인지하지 못하고 있었다. 이러한 습관적 생각 패턴이 어디에서부터 왔는가를 따지자면 너무나 기나긴 스토리이다.

이렇게 자신의 생각과 감정을 쉽게 회피하거나 다른 감정으로 전환해 버리는 사람은 어느 순간 본인도 의식하지 못하는 상태에서 거짓 웃음을 짓고 감정을 숨기게 된다. 그것이 다른 사람에게 큰 피해를 주지 않는다고 하여도 개인의 성장과 관계의 발전에는 전혀 도움이 되지 못한다는 것은 분명한 사실이다. 또한 숨겨 놓은 감정들이 어느 순간 다른 방식으로 폭발하는 등 또 다른 문제들을 야기할 수 있다. 자신의 심리상태를 의식적으로 바라보고 스스로 솔직하게 받아들이고 인정하는 것이 '자기개방'이다. 지금 나의 감정이 무엇인지 알 수 있어야 그 감정을 다룰 수 있다. 나아가 그 솔직한 마음을 다른 사람에게 전달할 수 있는 것이다.

둘째, 자기개방을 하고 싶은데 감정이 세분화되지 않아서 표현을 못 하는 경우가 있다.

"오늘 기분이 어때?"

"짜증 나요."

"무엇 때문에 화가 났어?"

"짜증 나서요."

"친구를 왜 때렸니?"

"아! 짜증나게 하잖아요!"

무엇을 물어도 백문일답이다. 어떤 버튼을 눌러도 똑같은 제품이 나온다. 특히 태어나 세 번 울도록 프로그래밍된 남학생들에게서 많이 찾아볼 수 있는 현상이다. 이 경우는 감정을 억압하여 모르는 것이 아니라 알지만 세분화되지 못한 경우이다.

교실에 들어서는 태민의 얼굴 표정을 보면 감정을 물을 것도 없다. 어느 때는 그를 보는 나도 짜증이 난다. 태민이는 학교에 오기 전부터 이미 마이너스의 상태로 하루를 시작한다. 이렇게 마음의 날씨가 흐리고 비가 오는 이유는 여러 가지가 있지만 대부분의 이유는 '그냥'이다. '그냥'과 '짜증'은 태민이의 애용 단어이다. 그는 그냥 매일 짜증이 난단다. 그런 태민이 주변에서는 하루 종일 크고 작은 싸움이 일어난다. 소소한 일들이 큰 싸움으로 바뀌기도 한다. 마음의 그릇에 이미 부정적인 감정을 아슬아슬하게 가득 채워 놓은 상태이기 때문에 기분 나쁜 말 한마디만 더해져도 분노가 쏟아지는 것이다. 그렇게 퍼부어 버린 말과 행동들은 다른 사람들에게 상처를 주고 관계를 망치고 만다. 이것이 태민이가 오랜 기간 반복해 온 인생각본이다. 이러한 학생들에게 자신의 감정을 적절하게 인식하고 표현하게 하는 훈련이 필요하다. 자존심이 상한 것인지, 속상한 것인지, 슬픈 것인지, 부끄러운 것인지 제대로 알아야지만 감정을 다룰 수 있기 때문이다.

나는 자기개방을 지도하기 위해 자기대화를 가르쳤고, 안네 일기처럼 또 다른 나 자신과 편지를 주고받도록 하였다. 태민이와 같은 학생들을 위해 다양한 감정 단어들을 배우고 표현해 보기도 하였다. 또 자기우정 카드를 이용하여 자기우정과 우정의 관계를 알아보기도 하고, 다양한 놀이 활동을 접목하여 부족한 덕목을 더욱 키울 수 있도록 하였다. 그리고 간단한 우화를 만들어 학습을 촉진시키기도 하였는데 자기개방과 관련된 이야기는 '여우와 신포도 2.0'이었다. 이야기를 들려주며 학생들에게 여우처럼 스스로 속여 본 경험을 물어보았다. "친구와 절교하고 잘 됐다며 스스로 속였는데 어느 날 혼자 엄청 울었어요. 밤에 심부름 가는데 무서우면서 안 무섭다고 속였어요. 친구들이 소영이를 욕할 때 나도 짜증나서 같이 욕했는데, 사실은 원래 그렇게 소영이를 싫어하는 것도 아니었어요. 안 된다는 걸 알고 찔리기는 했는데 이 정도는 괜찮다고 속으로 생각하면서 엄마 돈을 훔쳤어요. 우리 할아버지 99세라고 친구들한테 거짓말했는데 나중엔 저도 우리 할아버지가 99세 같아서 헷갈렸어요. 저도 저를 속였나 봐요." 다양한 이야기들이 나왔다. 나도 나의 경험들을 솔직하게 나누었다. 스스로의 마음을 살펴보고 정직하게 말하기 위해서는 무엇이든 이야기해도 좋은 수용적 학급 분위기가 필요하기 때문이다.

이렇게 자기개방을 통해 자신의 감정을 잘 살피는 사람은 그 진심을 상대방에게 전달할 수 있을 것이다.

그러나 다른 사람에게 정직하게 말한다는 것은 굉장한 용기가 필요하기 때문에 또 다른 훈습이 필요하다.

정직 카드

지성이라는 4학년 학생이 있었다. 너무나 모범적이고 성실하여 친구들이 좋아하고 부러워하는 친구였다. 조용한 편이지만 발표를 잘했고, 남자, 여자 친구 가리지 않고 사이좋게 지내며 다툼이 없었다. 어머니께서도 지극 정성이시고 학교에 매우 협조적이라 담임인 나는 아무런 걱정이 없었다. 지성이 같은 학생들만 있다면 한 학급이 100명이어도 감당할 수 있을 듯했다.

그런데 10월의 어느 날 저녁, 어머니께서 장문의 문자를 보내셨다. 아이가 집단 따돌림을 받고 있고 너무 속상해서 밤마다 가슴을 치며 울고 있다고 했다. 급기야 오늘은 전학을 보내 달라고 떼를 쓰면서 학교에 가지 않겠다고 선언했다고 한다. 나는 정말 뒤통수를 얻어맞은 기분이었다. 다른 누구도 아닌 총애하는 제자 지성이기 때문이다. 또 그중 제일 나쁜 가해자로 지목된 학생이 바로 우리 반 반장 순둥이 수진이였기 때문이다.

다음 날, 지성이는 학교에 정말 오지 않았다. 나는 수진이를 포함해 친한 친구들 세 명을 불렀다. 이들은 유치원 때부터 친했고 지금도 같은 학원을 다니며 같은 아파트에 살기 때문에 부모님들도 서로 잘 아는 사이라고 한다. 그들은 지성이가 왜 학교에 안 왔는지 잘 몰랐다. 어제도 놀이터에서 잘 놀고 집에 갔다면서 갑자기 아픈 것인지 걱정을 했다. 이삼 일에 걸쳐 사건을 파악한 결과는 이렇다. 여자인 수진이가 남자인 지성이보다 달리기를 잘한다고 몇 번 자랑했고, 놀이터에서 탈출놀이를 하면 꼭 몸이 둔한 지성이를 먼저 잡았다고 한다. 또 반장 선거에서 큰 차이로 지성이를 이겼다고 자랑하기도 했고, 무엇보다 지성이라고 부르지 않고 지렁이라고 불러서 너무나 속이 상했다고 했다. 몰려다니던 친구들도 지렁이라고 부르곤 했는데, 그때마다 지성이도 웃으며 수박바(박수진), 백세주(백세진), 도라이몽 주인공 진구(김진규) 등으로 맞받아쳤다고 한다. 그러나 놀고 웃으면서도 지성이는 이들의 장난이 너무나 분하고 싫었다고 했다.

지성이가 교실로 돌아오자 나는 아이들을 연구실로 불러 모았다. 수진이와 친구들은 누군가를 괴롭게 했다는 이유로 태어나 처음 불려 온 상태였다. 그들은 놀란 토끼 눈을 하고 오들오들 떨며 지성이의 힘든 마음을 몰라줘서 미안하다고 말했고, 지성이가 사과를 받아 주자 마치 나라를 잃은 것처럼 엉엉 울었다. 그리고 친구가 싫다고 하는 말에 조금 더 귀 기울여 주어야겠다고 다짐했다. 지성이는 이 일을 통해 표정으로만 표현하거나, 웃으며 싫다고 말하는 것으로는 감정 전달이 잘 되지 않는다는 것을 알게 되었다. 또 화가 난 것을 숨겨 놓으면 어느 순간 폭풍이 된다는 것도 알게 되었다. 그는 크게 화를 내면 안 놀아 줄까 봐 두려웠다고 속마음을 털어놓기도 하였다.

그들은 다시 서로 사이좋게 놀고, 즐겁게 지냈다. 지성이는 화가 날 때 아직은 어설프고 경직된 얼굴로 기분이 나쁘다고 표현했다. 아이들은 그 표정과 말투가 어떤 강도인지 알아차렸고 조심하며 아슬아슬하게 한 학년을 마쳤다. 작은 마음을 표현하지 않으면 산들바람이 폭풍이 되고 만다.

구석진 방 청소하기 학습지(자기개방)는 자타공인 일짱 영준이가 있는 학급을 위해서 만들었다. 영준이 반 선생님은 영준이와 그를 따르는 남학생들이 너무 힘든 나머지 병가를 내셨고 새로운 선생님이 부임하셨다. 어느 정도 이야기를 전해 들은 선생님께서 학급 아이들에게 영준이가 괴롭히는지 물었다. 그랬더니 다들 고개를 좌우로 흔들었다. 영준이와 친하게 지내는 한 학생은 오히려 영준이는 착한 친구라고 표현하였다.

마음의 구석진 서랍 청소하기(자기개방)

이것은 비밀 유지를 위하여 이름을 쓰지 않아요

비밀의 무게를 아시나요? 누구에게도 말하지 않은 말, 누구에게도 꺼내지 않은 생각, 말로 하면 다른 사람이 뭐라고 할까? 누가 들으면 소문을 내지 않을까 하는 생각에 입 밖으로 꺼내지 않은 마음들… 이것들은 우리 마음의 서랍에 쌓여 곰팡이를 만들거나 가슴을 답답하게 합니다. 마음의 먼지를 다른 누구도 아닌 나에게 털어놓으세요. '나 자신'이라는 존재는 입이 무거운 단짝 친구가 되기도 합니다.

▶ 나 요즘 이런 것들이 힘들어. 이런 고민이 있어.
(예) 순미가 가끔 장난으로 툭툭 치는데 화가 나도 말을 못 하겠어.

_____

▶ 나 사실 이 친구 이런 점이 부러워.
(예) 미영이는 너무 예쁘고 공부도 잘하는데, 나는 그렇지 못한 것 같아서
　　 샘도 나고 부러워.

_____

▶ 나 사실 이 친구 이런 점이 정말 싫어.
(예) 말하기는 조금 그래서 말하지 못했는데, 나는 민수가 자기 맘대로 하는
　　 게 싫어.

_____

▶ 우리 반의 평화와 화목함을 깨는 친구, 이런 점을 고쳐야 해.
(예) 순희는 자기가 힘이 제일 세다고 생각해서 마음대로 하는 생각과 습관
　　 을 버려야 해.

_____

영준이가 없을 때 물어도 같은 대답이었다. 친구 크레파스 부러뜨리고 다른 사람 자전거 그냥 타고 가고 남이 먹는 것을 허락 없이 뺏어 먹어도 아이들은 전혀 문제가 아니라고 말했다. 학생들이 문제가 없다고 하니 아무것도 도울 수가 없었다.

당시 도덕 전담 교사였던 내가 개입하기로 하였다.

"임금님 귀는 당나귀 귀라고 들어 보았나요? 신라 시대에 의관을 만드는 복두장僕頭匠이 있었어요. 복두장이 의관을 만들려고 임금님의 귀를 보았는데 글쎄 당나귀 귀 모양인 거예요. 그 사실을 말하면 벌을 받을 수도 있기 때문에 그 비밀을 꾹꾹 누르면서 간직해야만 했지요. 말하고 싶은 것을 말 못하는 마음이 어땠을까요?"

(학생들과 충분히 이야기 나누었다.)

"복두장은 마음이 답답하여 결국 도림사의 대밭에 가서 그 사실을 소리치고 말았어요. 그런데 바람이 불 때마다 대나무 숲에서 '임금님 귀는 당나귀 귀다'라는 말이 되돌아왔답니다. 이 이야기는 비밀이 없다는 내용이기도 하지만, 비밀을 가지고 있는 것이 얼마나 어렵고 힘든지를 말해 주기도 합니다. 오늘 선생님이 여러분의 비밀의 무게를 덜어 주기 위하여 대나무 숲보다 더 안전한 종이 한 장을 가져왔습니다. 비밀을 지키기 위해서 이름은 쓰지 않을게요. 선생님이 봤을 때 누가 적었는지 몰랐으면 해요."

학생들은 학습지를 두 손으로 가리고 한참 속풀이를 하였다.

'영준이가 힘이 세다고 마음대로 한다. 영준이가 때린다. 영준이가 정말 싫다. 영준이는 맨날 욕을 한다. 영준이가 우리 반의 평화를 깨뜨린다.'

그 속에는 착하다던 영준이의 착하지 않은 이야기가 가득했다.

나는 후속 활동으로 우리 반이 마법에 걸려 모두 물고기가 된다면 어떤 모습일지 그려 보라고 하였다. 다른 친구들의 그림 속에서 영준이는 상어, 칼 든 문어, 깡패 물고기, 친구를 때리는 물고기 등으로 표현되었다. 어떤 친구들은 자기 자신보다 영준이를 먼저 그렸다. 그리고 가운데 크게 그렸다. 그림을 그리는 순서와 위치, 크기 등은 매우 유의미한데, 모든 면에서 영준이는 그 존재를 드러내고 있었다. 학생들은 용기가 없어 정직하게 말할 수 없었지만, 그림과 글을 통해 자신의 마음을 투사하고 표현하였다. 이러한 자기개방은 교실 평화 프로젝트의 시작이었다.

당시 영준이 새 담임선생님께서는 학생들을 살뜰히 살피시는 분이었다. 대충의 전말을 들으신 선생님께서는 그 이후 시 교육을 통해 아이들의 마음을 정화하고 솔직하게 표현하게 하며 지속적으로 지도하셨다. 그리고 연극치료, 원예치료 등 간접적인 활동을 하기도 했고, 학급의 문제를 공개적으로 다루기도 하셨다. 5학년 학기 말, 영준이가 쌓아 온 권력은 깨졌다. 영준이를 무서워하던 친구들은 심지어 수업 중에 영준의 태도를 큰 소리로 지적하기도 하였다. 영준이는 처음 몇 달간 힘이 빠져 보이는 듯 했으나 금세 순한 학생이 되어 수업에 참여했다. 나는 그의 인생각본이 전면적으로 수정되기를 기대하지 않는다. 교육 만능주의는 위험한 생각이다. 그러나 그렇게 1%씩 해마다 화목한 사람으로 변화하고 성장한다면 그것도 의미 있는 성과라고 할 수 있다.

지성이 이야기와 영준이의 학급 이야기는 정직하게 말할 용기가 없었던 경우이다. 또 다른 경우가 있다. 잘못을 하고 오히려 뻔뻔하게 거짓말을 한 후, 그것을 무용담처럼 늘어놓고 웃고 떠드는 사례이다. 그들은 교사와 부모, 혹은 친구를 속이는 것이 대범한 행동이며 하나의 능력이라고 생각한다. 그러나 그런 거짓말은 개인뿐 아니라 공동체의 관계를 망치고 만다. 따라서 선의의 거짓말이라도 너무 쉽게 해서는 안 된다. 잘못을 했다면 잘못을 인정하고 변명하거나 핑계 대지 말아야 한다. 다른 사람의 눈치를 보며 과장하거나, 사건의 크기를 줄이거나 꾸미지 않고, 사실 그 대로를 말할 수 있는 사람은 진실하고 용기 있는 사람이다. 그러한 사람만이 약자의 편에서 정의와 평화를 지킬 수 있다.

자기우정과 우정을 키워 가는 교실 이야기

우리는 누군가로부터 교육을 받기도 하고, 책이나 상황, 여러 자극을 통해 스스로 깨닫기도 한다. 그러한 깨달음들은 우리 삶의 방향을 바꾸기도 하지만, 대부분 잊히고 만다. 학생들도 마찬가지이다. 눈물까지 흘리며 감동 깊게 들었던 이야기들도, 심지어 책상머리에 붙여 놓기까지 했던 다짐들도 시간이 지나면 그 어떠한 영향력도 발휘하지 못할 때가 많이 있다. 좋은 인성 덕목 하나가 습관으로 자리 잡기까지는 60일 이상의 시간이 소요된다고 한다. 내 것이 아닌 것을 내 것으로 만드는 데 걸리는 최소 시간이다.

그러나 자기우정 교육은 달랐다. 그 어느 때보다 바쁜 날을 보내던 어느 해, 학생들에게 학기 초에 배운 자기대화를 상기시키며, 다시 한 번 시도해 보자고 말을 꺼냈다. "아! 그거요. 이제 기억났어요"라고 말할 것이라 예상했다. 그런데 "저는 자기대화, 계속하고 있는데요"라고 당연하다는 말투로 이야기하는 것이다. 씨앗을 던진 것뿐인데, 그것이 심겨 자라고 있다는 것은 놀라운 일이었다. 그렇게 말한 친구들은 주로 돌봄이 필요한 학생들이었다.

나는 언제 자기대화를 했는지 물었다. 엄마가 새벽에 들어오셔서 1학년짜리 남동생을 혼자 돌봐야 하는 미연이가 말한다. "동생이 말 안 듣고 저를 때려서 다쳤을 때, 이불 속에서 울면서 자기대화를 했어요. 동생 흉도 보고요. 그랬더니 시원해졌어요." 다문화 아이가 말한다. "동아리 정할 때, 가위바위보에서 저서 댄스 동아리 못 갔거든요. 잠깐 눈물이 났는데, 저를 위로해 줬어요. 연진아, 넌 다른 것도 잘하잖아. 이렇게요." 부모님이 4년째 이혼 소송을 하고 있는 친구가 말한다. "아무한테도 말 안 하고 밤마다 혼자 울 때가 많은데, 제가 저랑 대화해 줬어요." 어떤 학생은 시험 볼 때 응원을 해 주었다고 말하고, 어떤 학생은 내용은 비밀이라며 단짝 친구의 끈끈함을 몸소 보여 주었다. 밖에 있는 덕목을 가져와서 심으려는 것이 아니라, 내 속에 이미 있던 것이어서 가능했던 것일까?

나는 지금도 더듬더듬 자기우정을 연구하고 있는 중이다. 많은 실천 사례가 없는 까닭에 프로그램 효과를 검증하거나 결과를 해석할 수는 없는 상황이다. 어쩌면 자기우정 교육이 인간 심리에 미치는 영향에 대한 연구는 심리학자들의 과제로 남겨야 할지도 모른다. 교사인 나에게 중요한 것은 고립되기 쉬운 학생들, 마음이 아픈 학생들에게 '나 자신'이라는 친구를 만들어 주었다는 것이다. 또한 외부의 자극에 대하여 학생들이 즉각적인 '반응'을 하지 않고, 충분한 자기대화 후에 합리적 '대응'을 하게 했다는 사실은 학교폭력 예방에 새로운 대안이 될 것이다.

나의 감정 표현하기, 솔직히 말하기, 공감하며 받아 주기 등은 현재의 도덕교육 및 인성교육의 편향이다. 왜곡된 유교적 사상에 억압되어 당위적으로 살아온 한국인들에게 부족했던 부분들이 강조된 것이다. 예전에는 협동, 희생, 화목 등의 가장 높은 수준의 도덕성이 지나치게 강조되어 개인의 욕구를 억압하였다면, 요즘은 반대로 낮은 수준의 덕목이 강조되어 자칫 개인주의로 흐를 수 있다. 개인의 행복과 자아실현, 자기성찰과 치유가 중요하지 않은 것은 아니다. 이것은 모든 미덕의 첫발에 해당한다. 그러나 거기서 그치면 안 된다. 더 높은 가치를 추구할 수 있어야 한다. 우리는 학생들이 자신을 넘어 타인을 바라보는 큰 사람이 되도록 키워야 한다. 이제 우리는 평화적 공화주의의 관점으로 자기우정을 키우고 그 힘으로 타인을 향해 나아가 평화로운 공동체를 만들어 가는 학생과 교실, 사회를 만들어야 한다.

모든 아이들을 시인으로 만들자

이선미

알리바이를 제공하라

3월 첫날 우리 교실에 따돌림을 당하는 준호가 있다. 준호는 이미 몇 년 전부터 따돌림을 당해 왔고 그것은 모두가 알고 있는 공공연한 비밀이다. 반 아이들은 첫날부터 준호를 향한 은밀한 비웃음과 무시를 보인다. 준호와 한 해를 무사히 잘 보내는 것이 나의 가장 중요한 일 년 목표가 되었다.

교사라면 누구도 따돌림당하는 아이를 가만히 두고 보지 않는다. 교사가 학급 경영을 준비할 때 따돌림 해결은 가장 커다란 목표가 된다. 어디서부터 시작된 따돌림인지 어떻게 해결할 수 있는지 정보를 습득하고 아이들과 면담도 실시한다. 학교폭력 예방교육도 강도 높게 실시한다. 어떤 교사는 교사의 권위와 능력으로 아이들을 휘어잡아 학교폭력이 시작되지 않도록 힘쓴다. 어떤 교사는 개인적인 상담과 관심으로 잠재된 학교폭력의 위험을 예방하기도 한다. 그러나 일 년이 지나면 어떻게 될까? 대부분의 교사들은 실패한다.

나 역시 예외는 아니다. 학기 초 보았던 학교폭력의 예감은 그저 예감으로 끝나지 않았다. 그것은 드러나 있는 빙산의 일각을 보고 다가오는 위험을 피하려는 직감이었다. 드러나는 부분 밑에 있는 폭력의 뿌리는 생각보다 깊고 넓었다. 내가 했던 모든 수업과 활동들은 빙산의 일각을 깎아 내고 제거하는 정도의 활동이었다.

한 가지 사건이 터지면 해당되는 학생들을 불러 이야기를 했다. 시시비비를 가리고 재발 방지를 약속하고 사과의 편지를 쓰고 부모님들과 상담을 했다. 반 전체 아이들을 대상으로 학교폭력의 위험에 대해 교육했다. 교육 활동 중에는 아이들의 공동체 의식을 형성하기 위해 다양한 프로그램들을 진행했다. 그러나 좀 지나면 또다시 사건이 벌어졌다. 그 사건들은 준호가 자신의 따돌림을 참다못해 표현한 울분일 때도 있고 준호로 인해 피해를 입었다 주장하는 아이들의 불만일 때도 있었다. 교실은 매일매일이 전쟁이었다. 나는 교사가 아닌 감시자가 되어 있었다. 은근히 드러나는 따돌림은 직접적인 폭력의 형태로 진화되었다. 학교폭력대책자치위원회가 열리고 준호와 폭력의 주동자인 아이들 간의 사건은 각색되어 회자되었다. 준호의 따돌림은 병처럼 퍼져 갔다.

이미 깊어져 버린 따돌림과 무시는 어떻게 해결해야 할까? 학교폭력 예방교육은 답이 아니다. 아이들은 학교폭력이 나쁜 짓이라는 것을 알고 있다. 그리고 어떤 행동이 학교폭력인지도 알고 있다. 그러나 본인이 한 행동은 학교폭력이라고 생각하지 않는다. 자기들은 단순히 준호를 싫어했을 뿐이라고 얘기한다. 심지어는 준호로 인해서 자신들이 피해를 입었다고 생각한다. 자기들이 준호에게 피해를 당했기 때문에 피했고 때렸다고 주장하는 그들에게 어떻게 준호의 아픔에 공감하게 하고 뿌리 깊은 폭력으로부터 벗어나게 할 수 있을까?

내가 생각한 해답은 준호가 스스로 자신의 아픔에 대해 이야기하는 것이었다. 그러나 여러 피해자들이 자신의 아픔을 이야기해도 그것이 공허한 울림이 되는 경우가 얼마나 많이 있는가? 교실에서도 마찬가지이다. 아이들이 자신의 아픔을 나누기 위해서는 그 아이를 지지하는 분위기가 형성되어 있어야 한다. 그러나 이미 준호는 따돌림을 당하는 아이였다. 자신을 향한 폭력의 문화가 만연된 곳에서 자신의 아픔을 드러내고 공감받기란 결코 쉽지 않다. 드러내어 이야기할 때, 따돌림이 공론화될 때 해결의 실마리가 생기지만 늘 배척당하고 무시당한 아이가 자신에게 적대적인 분위기의 환경에서 아픔을 공론화하기는 거의 불가능에 가깝다. 자신을 안전하게 드러낼 수 있고 자신을 드러내도 상처받지 않을 수 있는 또다른 대안, 간접적인 표현 방법이 필요하다. 즉 숨겨진 자신을 드러내기 위한 안전장치가 필요하다. 자신의 아픔을 이야기할 알리바이가 필요한 것이다.

알리바이란 무엇인가? '범죄가 일어난 때에, 피고인 또는 피의자가 범죄 현장 이외의 장소에 있었다는 사실을 주장함으로써 무죄를 입증하는 방법'을 알리바이라고 한다. 그러나 여기서 쓰이는 알리바이는 사전적인 알리바이와는 약간 다르다. 알리바이는 안전장치이다. 폭력의 피해자가 된 아이가 아픔을 드러낼 수밖에 없는, 어쩔 수 없는 확실한 증거를 만들어 주는 것을 알리바이라고 부른다. 준호는 자신의 아픔과 상처를 드러냈을 때 받을 비난이나 또다시 공감받지 못하고 진심을 짓밟히는 좌절감으로부터 숨을 수 있는 확실한 안전장치가 필요하다. 학교폭력의 피해자는 자신의 아픔을 드러내어 이해받고 싶어 한다. 하지만 그 아픔을 드러냈을 때의 후폭풍을 두려워한다. 교사는 아이가 이 상황을 고백했을 때 받게 될 혹시 모를 비난과 불확실성으로부터 자신의 무죄를 입증할 상황, 즉 알리바이를 제시해야 한다.

또 폭력의 가해자인 학생들에게도 알리바이는 필요하다. 내가 싫어하고 하찮게 여기는, 그래서 무시하고 괴롭혀도 되는 학생의 아픔에 공감한다는 것은 어쩌면 교실의 또 다른 공범인 다른 친구들에게 자신의 약함을 증명하는 일이라고 생각될 수 있다. 교실에서 학교폭력이 벌어졌을 때 많은 아이들이 그 상황에 무관심하거나 동조하는 것은 따돌림당하는 학생과 마찬가지로 자신도 '찌질하다'라는 낙인이 붙을까 두려워하기 때문일 것이다. 이런 두려움을 가진 학생들에게 나를 '찌질하게' 볼지도 모르는 다른 학생들의 시선에도 떳떳할 수 있는 알리바이를 교사는 제공해야 한다.

일 년간 교실에서는 수없이 많은 교육적 시도들이 시작되었다가 싹도 피우지 못하고 사그라들었다. 생활지도에 효과가 있다는 프로그램이나 활동들은 다 가져다 수업에 활용을 해 보았다. 학생들을 하나로 만들어 보기 위해 여러 가지 모둠 활동도 했다. 학급 단합대회도 했다. 준호를 칭찬하여 학생들의 인식을 바꾸기 위해 노력했다. 준호에게도 희망적인 이야기를 하며 사회성 향상을 위해 노력하도록 교육했다. 몇몇 영향력이 있는 학생들을 불러 준호에게 좀 더 호의적으로 대해 줄 것을 부탁했다. 학교폭력에 대해 교육했다. 그러나 특별한 교육적 철학도 없이 무조건적으로 가져다 쓴 프로그램들은 효과가 없었다. 시간이 지나갈수록 교사의 이런 노력을 비웃기라고 한 듯 준호에 대한 따돌림은 더 심해진다. 마치 파도가 밀려오듯 하는 사건에 교사는 하루를 살아가기도 버겁다. 교사가 교실과 아이들을 지휘하고 하나의 방향으로 이끌어 가는 것이 아니라 밀려오는 파도에 이리 밀리고 저리 밀린다는 것을 학생들은 서서히 눈치챘다. 교실에서 교사의 설 자리는 점점 작아진다. 교사의 권위는 땅에 떨어진다. 학생들에게 하는 교사의 말은 전혀 영향력이 없다. 이런 상황에서 교사가 학교폭력 문제를 해결하기 위해 무엇을 할 수 있을까? 아무것도 할 수 없었다. 무엇을 해도 계속 실패할 때, 더 이상 내 능력으로는 이 상황을 헤쳐 나갈 수 없다고 느낄 때, 자신의 힘으로 아무것도 할 수 없다는 무력감을 느낄 때 마지막으로 선택하는 것이 무엇일까? 많은 교사들이 학교폭력 문제로 고통받을 때 명예퇴직을 하거나 휴직을 한다. 또는 담임이 아닌 교과담당으로 생활지도를 포기하고 교과지도에 힘쓰게 된다. 나 역시 마찬가지였다. 병가를 반복했고 휴직과 사표를 꿈꾸었다.

교사도 알리바이가 필요하다. 자신의 아픔을 쏟아 내기 위해 알리바이가 필요한 학생처럼 좌절하고 지친 교사에게도 다시 한 번 힘을 내어 교육적 대화를 하기 위한 수단이 필요하다. 교실이라는 인정투쟁의 장에서 피해자인 학생에게 또 다른 낙인효과와 상처를 주지 않으면서도 공공연한 사실이면서 마치 비밀인 양 감춰지고 있는 폭력 문제를 드러내어 공론화하고 문제 제기하는 계기를 마련해야 한다. 이 일은 교사에게도 두렵다. 특히 자신에게 더 이상 기대도 없고 적대적인 학생들로 가득찬 공간에서 무엇인가를 시작한다는 것은 매우 두려운 일이다. 그러므로 교사에게도 알리바이는 필요하다. 학교폭력을 이야기했다가 직면하게 될 또 다른 실패와 무력감에 나를 보호해 줄 알리바이 말이다.

알리바이

이선미

내가 갈 길 몰랐을 때
돌아서 가게 해 주세요.

돌고 돌아 가도 가면 된다고
얘기해 주세요.

여기선 내 마음 살짝 드러내도
괜찮은 곳이라고

그 눈들이
잠시 감겨 쉬는 곳이라고
돌고 돌아 가도 가면 갈 수 있는
길을 보여 주세요.

교사는 지쳤다

나는 아이들을 이해하고 대화하기 위해 다양한 책을 읽고 연수를 받았다. 아이들의 마음을 읽고 공감하여 문제를 해결하기 위해 노력했다. 그러나 끝없이 이어지는 거짓말과 핑계에 어느 순간 참을성이 바닥나고 당위적인 훈계로 끝나고 만다.

"맞아 안 맞아? 그래 안 그래?"

늘 아이들과의 대화와 상담은 감정적인 찍어 누름으로 끝나며 반성문 몇 장, 벌 청소 며칠 등의 처벌만이 결과로 남았다. 나에게는 아이들을 이해할 수 없다는 좌절감과 무능해서 아이들과 소통이 되지 않는다는 죄책감만 남았다.

생활지도에 교사들이 얼마나 많은 감정적인 에너지를 쏟는가? 반의 문제를 해결하지 못하는 것을 교사의 개인적인 무능으로 치부하는 일이 얼마나 비일비재한가? 학교폭력 문제가 벌어지면 "그 담임은 뭐 했나?"라는 첫 번째 질문부터 나온다. 그렇기에 교사는 늘 무엇인가 자신의 능력이 부족하다는 생각을 갖고 고민을 한다. 상담을 배우면 생활지도의 전문가가 될 수 있나? 비폭력 대화법을 배워 볼까? 감정코칭을 배우면 문제가 해결될까? 교사 역할 훈련을 다 마치면 나도 생활지도의 전문가가 될 수 있을까?

너무 많은 것들을 요구당하는 교사는 지쳤다. 우리는 교사이면서 생활교육의 전문가가 되어야 한다. 그를 위해 아이들과 개별 상담 및 집단 상담을 해야 하고 아이들과 공감하며 대화할 수 있어야 한다. 학부모와 상담도 전문적으로 해내야 한다. 그러면서 교실에서 벌어지는 문제들은 교사 개인의 능력으로 해결해야 하고 어쩔 땐 학부모 간의 갈등도 해결하는 해결사의 역할도 해야 한다. 학생들에게 모범을 보이는 바른 인간이어야 하며 교실에서는 아이들을 책임지는 책임자여야 한다. 한 인간에게 이렇게 많은 역할이 주어지는 직업이 또 있을까?

교사의 정체성과 맞지 않는 것들을 요구당하는 교사는 지쳤다. 교사는 교육을 하는 사람이다. 교사는 삶에 대해 교육하는 사람이다. 교사는 생활 속에서 교육을 해야 한다. 그러므로 학교폭력의 문제 역시 교육으로 풀어 나가야 한다.

학교교육의 큰 두 축인 교과지도와 생활지도 중 교과지도는 교육으로, 생활지도는 상담 등으로 양분하고 분리하여 다른 방식으로 지도하려 하는 요즘의 모습은 교사의 정체성에 대한 혼란을 가져온다. 우리는 교사인가? 상담가인가? 경찰인가? 교사는 교사이다. 생활지도를 상담 등의 영역으로 분리하여 생각할 것이 아니라 넓은 의미의 생활교육으로 생각하고 접근해야 할 것이다. 교사는 교육 안에서 학교폭력 문제를 해결해야 한다. 그것은 교과지도와 생활지도로 양분되어 이루어지는 것이 아니다. 교과에서는 진도를 위한 지식 위주의 수업을 하고 따로 시간 내서 따돌림 없는 평화로운 학급을 위한 생활지도를 하는 것이 아니라는 말이다. 따돌림 없는 평화로운 학급을 만든다는 목표 아래 교과와 생활지도는 함께 이루어져야 한다. 그렇다면 교육(교과와 생활지도가 분리되지 않는) 안에서 학교폭력 문제를 해결할 수 있는 방법은 무엇일까?

알리바이를 위한 시 쓰기

우리 교육은 아이들에게 안전장치를 제공하지 않는다. 모든 감정과 상황을 직면하게 하거나 회피하게 한다. 준비 안 된 직면은 두려움을 주고 결국 문제가 생기면 회피하게 된다. 안전장치 없는 교육은 결국 모든 것에 대한 회피를 가르치고 있는지도 모른다. 두려움과 적대감으로 가득 찬 학교폭력의 상황에서 준호와 나에게 그리고 우리 반 아이들에게 상황을 직면할 수 있는 안전장치, 즉 알리바이를 제공한 것은 '시'였다.

좌절감에 빠져 무기력하게 있을 때 스스로 찾아간 '따돌림사회연구모임'에서 여러 선배 선생님들이 제시하여 준 학교폭력에 대항하기 위한 교사의 무기들은 나에게 너무 힘든 일이었다. 학급의 영향력을 흔들기 위한 여러 방법들은 계속되는 실패로 좌절하고 있는 나에게 두려움만을 주는 방법이었다. 그때 '시'를 쓰는 방법은 나에게 적절한 알리바이를 제공하였다. 혹시 실패한다 해도 나는 '국어 교육을 하였다. 국어 수업 중 시를 쓴 것이고 시제가 학교폭력이었을 뿐이다'라는 알리바이는 학교폭력에 대해 이야기해 볼 수 있겠다는 희망을 주었다.

　마침 그다음 날은 학교 전담 경찰관의 학교폭력 예방교육이 있었다. 학폭위가 열리고 학폭 사건이 지속적으로 일어나고 있는 우리 반의 상황을 알아 특별히 더 신경 써서 예방교육을 해 주셨다. 그러나 그 수업을 마친 경찰관의 소감은 "아이들이 심각하지 않고 장난으로 받아들인다"였다. 수업을 마친 후 아이들에게 무엇을 배웠는지 물었다.

　"촉법소년이요."

　"학교폭력의 종류요."

　"동영상 봤어요."

　"학교폭력 하면 벌 받아요."

　뻔하디 뻔한 아이들의 대답을 들으며 이 학교폭력 예방교육이 아무 효과가 없었다는 것을 새삼 느꼈다. 그리고 그날 국어 시간에 학교폭력을 시제로 '시'를 써 올 것을 숙제로 냈다. 다음 날 아침 아이들의 일기 숙제를 검사해 봤다. 학교폭력에 대한 뻔한 시들 사이에 준호의 시가 눈에 띄었다.

　　단 하루도 제대로 살아 본 적이 없다.
　　매일매일 일어나
　　달라질 거라 희망하지만
　　또 같은 일이 일어난다.
　　(중략)
　　그래도 또다시 나는 일어난다.

　숙제로 써 온 준호의 시에는 자신을 괴롭힌 아이들에 대한 원망도 비난도 없었다. 그저 자신이 또다시 노력하겠다는 각오만이 담겨 있었다. 단 하루도 제대로 살아 본 적 없다는 13살 아이의 시처럼 슬픈 시가 있을까? 긴 괴로움에도 포기하지 않는다는 준호의 시는 아이들에게 깊은 울림을 주었다. 준호의 시를 내가 읽어 주었을 때 교실에는 긴 침묵이 내렸다. 그리고 잠시 후 누가 시킨 것도 아닌데 아이들이 준호에게 박수를 쳐 주었다. 그리고 흰 눈이 내리는 어느 겨울날 준호는 한 시간을 아이들과 운동장에서 땀을 뻘뻘 흘리며 뛰어놀았다. 그 순간 준호는 아이들에게 따돌림을 당하는 아이가 아닌 그저 우리 반의 한 명일 뿐이었다.

시는 교사인 내가 학교폭력을 직면하게 하는 알리바이를 제공하였고 이를 통해 교사인 나는 학교폭력을 학급의 문제로 공론화할 수 있었다. 시는 아이들에게도 알리바이가 되어 주었다. 준호는 단지 국어 숙제로 시제에 맞는 '시'를 썼을 뿐이다. 그 시제가 학교폭력이어서 자신의 경험을 드러냈을 뿐이다. 준호는 '시'를 씀으로써 자신의 이야기를 하는 것이 아닌 시 창작을 하였다. 학교폭력을 당한 자신의 아픔을 이야기했지만 이것은 주제에 맞는 시를 쓰기 위한 어쩔 수 없는 상황이었으므로 자신은 고자질한 것도 아니고 학급 친구들에게 이해해 달라 말한 것도 아니기 때문에 공감받지 못한다 해도 좌절하지 않아도 된다. 시는 준호에게 안전장치, 즉 알리바이를 제공한 것이다. 준호의 시를 들은 우리 반 아이들 역시 시에 공감하였을 뿐이지 준호 자체의 이야기에 마음이 흔들리고 준호를 이해한 '찌질한 짓'을 한 것은 아니라는 알리바이를 통해 준호의 시에 마음 편하게 공감하고 이해할 수 있었다.

물론 시가 모든 문제를 해결한 것은 아니다. 이미 감정의 골이 깊어진 아이들과 준호가 11월 말이라는 늦은 시간에 감정의 골을 해결하고 다시 우정을 쌓기에는 주어진 시간이 짧았다. 서로를 둘러싼 오해들도 너무 많았다. 그러나 적어도 이 시 이후 아이들은 준호가 냄새난다며 피하는 일은 없었다. 준호의 말에 드러나지 않는 비웃음을 짓는 아이들도 없었다. 모둠 활동을 할 때 준호만 남는 일도 없었다. 준호도 우리 반의 일원으로 인정받았다. 그러나 다른 따돌림의 문제는 해결되지 못하고 남았다.

소

박희은

우리 멀어졌소
왜 그런지 모르겠소
후회하고 있소
친하게 지내고 싶소

이 아이의 시는 아이들에게 울림을 주지 못했다. 자신의 감정을 솔직하게 표현하지 못하고 그저 유행을 따라 운율만 맞추는 장난스러운 시를 썼기 때문이다. 똑같이 시를 썼고 자신의 이야기를 하였지만 아이들에게 울림을 주지 못한 아이는 따돌림을 극복하지 못했다. 그러나 따돌림의 강도는 훨씬 약해졌다. 시는 모두가 알고 있지만 감춰져 있던 문제를 안전하게 공론화하였다. 시를 쓴 후에 우리 반은 따돌림 문제에 대해 좀 더 문제의식을 갖게 되었고 따돌림에 대한 자정작용이 생겨났다.

시가 따돌림이라는 벽을 허무는 데 이렇게 효과적이라면 3월 학기 초부터 시를 소통의 수단으로 삼을 수 있지 않을까? 시를 통한 학급 경영으로 평화로운 학급을 만들 수 있지 않을까?

교실에서 이루어지는 시 쓰기는 교류의 수단이다

국어 시간 이루어지는 대부분의 시 교육은 시 창작 교육이다. 자신의 감정과 경험을 시를 통해 형상화하고 창의적으로 표현하는 활동이 주를 이룬다. 그 후의 소통과 교류는 '잘된 점 칭찬하기'나 '누가 가장 시를 잘 썼는지 뽑아 보는 활동' 등의 정리 활동으로 축소되어 있다. 평화로운 학급을 만들기 위한 시 쓰기 교육의 목표는 창작 교육으로의 시 쓰기가 아니다. 소통과 교류의 과정으로의 시 쓰기가 목표이다. 학급의 아이들 간의 교류와 소통, 교사와 아이들 간의 소통의 수단으로 시 쓰기를 생각해야 한다. 사실 모든 글쓰기는 소통의 도구이다. 우리는 글쓰기를 할 때 알게 모르게 독자를 생각하게 된다. 독자를 생각하고 독자와 교류하는 그 과정은 무의식중에 일어나고, 창작된 결과물에 그 대화의 과정이 생략되어 있을 뿐이다. 그러나 평화학급을 위한 시 쓰기는 이 대화의 과정이 가장 중요하다고 할 수 있다.

교실에서 이루어지는 시 쓰기는 교류의 수단이다. 단순히 자기 표현의 수단으로서의 시 쓰기가 아니다. 교류 수단으로서의 시 쓰기는 시작부터 다르다. 독자를 강하게 고려하고 시를 쓴다.

류하진

야! 너 정말 머리와 눈이 크구나!
헤헤 하하

야! 쟤 놀리지 마!
흥! 끼어들지 마!

너는 눈이 커서 세상을 크게 볼 수 있겠다.

좋겠다.

　이 시는 학급에서 일어나는 놀림에 대해 쓴 것이다. 아이들에게 게시될 것을 생각하고 쓰였다. 이 시는 교류의 시작이다. 이에 대한 답시의 형식으로 놀림이라고 하는 학급 문제는 공론화된다. 놀림에 대해 아이들과 충분히 이야기가 된다면 스스로 문제를 해결하기 위한 방법도 이야기될 수 있다. 그 방법으로 언어 사용에 대한 수업이 이루어진다. 시로 시작된 놀림의 이야기가 언어 사용이라 하는 국어 수업과 연결되고 그 국어수업과 생활지도가 연결되며 학급에서 이루어지는 모든 교육 활동은 일관성을 지닐 수 있다.

　　안녕 친구

　　우리 같이 놀자

　　친구 사랑해

　　친구 좋아해

　　친구 예쁘다

　　고마워!

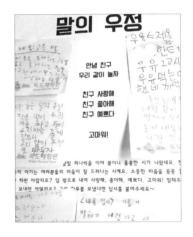

　반 아이들과 함께 지은 집단시의 형식으로 언어생활에 대해 이야기가 풀어진다. 이에 대한 답시들이 쭉 달리며 시는 단순히 자기 표현이 아닌 교류의 수단으로 쓰이게 된다. 교류의 수단으로서 시는 형식에 대한 융통성이 있다. 완성된 시만이 시로 인정되는 것도 아니다. 시를 써 나가는 과정에서 수정되는 과정도 교류의 과정이므로 시로 인정되고 가치를 지닐수 있다. 꼭 혼자 써야 하는 것도 아니다. 교사와 아이들이 함께 만들어가는 집단 창작의 방법 역시 교류의 과정이므로 인정될 수 있다.

자기 표현으로의 시 창작은 언어적 아름다움과 형식의 절제미로 인해쉽게 접근하기 어려웠다. 아이들 역시 시라고 하면 어려운 것, 시인은 특별한 사람이라는 고정관념을 가지고 있다. 그러나 교류의 수단으로 시는표현 수단으로의 시보다는 좀 더 융통성을 가질 수 있다.

시로 교류하는 것이 익숙한 아이들은 시적인 대화를 할 수 있다. 시로교류하는 것이 익숙한 아이들은 문제를 해결하기 위해 시를 짓는다. 상상해 보라. 시적인 언어로 문제를 해결하는 아이들이 가득한 교실을. 그런교실에서는 평화가 아름다운 꽃처럼 피어날 것이다.

국어	
단원: 4. 생각을 전해요.	대상: 2학년

1. 머리와 눈이 큰 아이를 놀리는 상황과, 같은 아이에게 눈이 커서 세상을 크게 볼 수 있겠다고 말하는 상황이 적힌 시를 함께 읽는다.

2. 학급에서 친구들 사이에 일어나는 놀림과 그로 인해 상처받은 경험에 대해 이야기 나눈다.

3. 아네스 드 레스트라드의 '낱말 공장 나라'를 이야기해 주며 세상에서 내가 쓸 수 있는 낱말이 하나밖에 없다면 내가 듣고 싶고 전하고 싶은, 꼭 갖고 싶은 낱말 하나씩을 적어 내게 한다.

   (예) 안녕, 친구(3), 우리, 좋아해, 사랑해(5), 같이 놀자, 돈(2), 고마워(2), 밥(2), 예쁘다.

3. 학생들이 적어 낸 낱말을 이용하여 함께 시를 만든다.
   안녕 친구
   우리 같이 놀자
   친구 사랑해
   친구 좋아해
   친구 예쁘다.
   고마워!

4. 함께 만든 시에 제목을 정한다.

　(예) 말의 우정

5. 함께 만든 시를 읽어 본 후 답시를 쓴다.

　내가 단 하나의 낱말만을 갖게 된다면 꼭 갖고 싶은 낱말을 이어 붙이니 훌륭한 시가 나왔네요. 친구를 소중히 여기는 여러분의 마음이 잘 드러나는 시예요. 말은 소중한 친구에게 내 마음을 아름답게 전달해 줄 수도 있고 친구의 마음을 아프게 하는 날카로운 칼이 될 수도 있어요. 친구들에게 내 마음을 꽁꽁 감추고 놀림과 상처 주는 말을 하는 것이 아니라 내가 아껴 둔 단 하나의 낱말인 '사랑해, 좋아해, 예쁘다, 고마워!' 말해 주는 하루를 보내면 어떨까요? 그런 하루를 보냈다면 답시를 붙여 주세요.

고운 말	용기 내는 나
성미소	김예은
마음을 좋게 하는 고운 말	부끄러운 나
기분을 좋게 하는 고운 말	쑥스러운 나
친구한테 사랑을 주는 고운 말	
사랑하는 고운 말	용기 내는 나
	자신감 있는 나
중간 놀이 시간	
김민수	말해야겠다.
나랑 같이 놀래?	예쁘다.
말하기 쑥스러	고마워~
용기 내 볼래	
나랑 같이 놀래?	

'시 쓰기를 통한 소통' 만병통치약일까?

평화로운 학급 만들기라는 학급의 목표를 공유한 교실은 평화라는 배를 타고 서서히 항해해 나간다. 그러나 개개인의 인정욕망이 얽혀 있는 투쟁의 장인 학급은 평화라는 배를 탔다고 해서 늘 잔잔한 항해를 하는 것은 아니다. 순간순간 자신의 인정욕망을 채우기 위해 학생들은 비평화적인 모습을 드러낸다. 진실과 화해의 시간을 갖고 시 쓰기 활동 등을 하며 평화를 유지하고 강화시키기 위한 여러 시간들을 통해 아이들은 평화 의지를 다진다. 그러나 교실의 모든 상황이 시를 쓰고 대화를 하는 평화적인 방법으로 해결되지 않는다. 사실 평화로운 교실을 만들기 위해 노력하는 학급에서도 많은 경우 '내가 뭔가를 잘못하고 있나?'하고 반문하게 만드는 일들이 자주 일어난다.

가장 흔한 경우는 학급을 투쟁의 장으로 만드는 가장 대표적인 학생이 자신의 잘못에 대해 인정하지 않는 경우일 것이다. 우리 반의 준호는 가장 문제를 많이 일으키는 학생이다. 끊임없이 다른 학생들을 건드리고 큰 목소리로 자신의 의견만을 주장한다. 그러다 갈등이 생기면 자신의 잘못은 인정하지 않고 상대 아이의 잘못만을 이야기한다. 진실과 화해의 시간을 통해 어떻게 느끼는지 물어봐도 대답은 딱 두 가지이다. 모르겠다 하거나 상대 아이 탓이다. 시를 쓰는 시간이 되어도 뭘 써야 할지 모르겠다며 엎드려 있거나 짜증을 부리기 일쑤이다. 따로 불러 지도를 해 봐도 두 눈에 원망과 고집을 달고 조개처럼 입을 꾹 다물고 있어 문제를 해결하기 매우 어려웠던 적이 한두 번이 아니다. 준호와는 진실과 화해의 시간을 갖기도 힘들고 시를 통한 소통을 하기도 힘들었다. 억지로 해 나간다 해도 어마어마한 에너지가 소모되었다. 모르겠다는 아이를 붙잡고 하나하나 물어보며 시를 써 보기도 하고, 시를 안 쓰면 쉬는 시간도 없다는 협박을 하기도 했다. 준호와 얘기하고 문제를 해결하기 위해 시간을 소비하는 동안 우리 반의 다른 아이들은 책을 읽거나 문제를 풀거나 국어 활동을 읽고 있어야 했다. 쉬는 시간과 수업의 반을 한 명에게 할애하는 일들이 매번 반복되면 교사의 참을성은 바닥난다. 진도 압박에 허덕거리며 평화롭지 않는 상황이 반복되는 교실을 보며 시 쓰기를 통한 소통만으로는 해결되지 않는 무언가가 있다는 것을 극명히 깨닫게 되었다.

"아프냐? 나도 아프다"가 통하느냐?

학생들의 행동의 많은 부분은 감정에 의해 영향을 받는다. 특히 교실의 평화를 해치는 많은 행동들은 대부분 부정적이고 억압된 감정에 의해 일어나는 경우가 많다. 그러나 교실의 평화를 해치는 학생들에게 그 일이 벌어지게 된 이유에 대해 물어보거나 그 일에 대해 어떻게 느끼는지 물어보면 대체적으로 대답을 안 하거나 모르겠다고 하거나 남 탓을 한다. 이 아이들은 어쩌면 자기 나름대로 정직하게 대답을 한 것일 수도 있다.

감정표현을 잘하지 못하는 아이들은 대체로 세 가지 부류로 나눌 수 있다. 첫째, 감정이 없는 아이들이다. 특별히 감정이 무디어 다른 아이들과 같은 감정을 느끼지 못하는 아이들이 있을 수 있다. 둘째, 감정은 있으나 자신의 감정이 무엇인지 잘 알지 못하는 아이들이 있다. 친구와의 다툼 상황에서 억울함, 소외감, 두려움, 분노, 답답함 등의 다양한 감정들을 느꼈으나 이런 아이들은 자신의 감정을 그저 '화'와 '짜증'이라는 두루뭉술한 감정으로 표현한다. 셋째, 감정이 무엇인지 알고 있으나 자신의 감정을 표현하는 것을 어려워하는 경우가 있다. 자신이 표현한 감정이 반복적으로 무시되고 받아들여지지 않는 경우 아이들은 자신의 감정을 표현하는 것에 어려움을 느끼게 된다. 일반적으로 교실에서 교사들이 만나는 아이들은 감정이 무엇인지 잘 알지 못하거나 자신의 감정을 표현하기 어려워하는 경우일 것이다.

자신의 감정을 모르는 아이가 다른 아이들의 감정을 공감하고 이해하는 것은 어렵다. 더 나아가 그것을 통해 진정으로 반성하는 것은 불가능한 것일 수도 있다.

우리는 타인의 고통을 느끼고 공감하기 위해서 그 감정을 유추해 내야 한다. 문제는 내가 그런 감정을 인정하지 못하면 그것을 상상하는 것도 어렵다는 것이다. 이 아이들이 선택할 수 있는 한정적인 감정으로는 다른 사람의 감정까지 공감할 수 없다. 자신의 감정에 무딘 아이들, 선택할 감정이 제한적인 아이들은 삶의 많은 부분에서 한정적인 선택을 할 수밖에 없다. 친구가 나를 툭 치고 갔을 때 자신이 가지고 있는 감정 하나를 선택한다. 그것은 짜증, 화, 언짢음일 것이다. 이런 감정을 선택한 아이는 그 화를 상대방에게 표출하는 것으로 행동한다. 반복되는 행동의 패턴은 그 아이의 성격이 되고 정체성이 되어 간다. 아이들은 합리적인 계산상의 이익에 따라 행동하는 것이 아니라 정체성을 보호하는 것을 중심으로 행동한다. 길지 않은 인생이지만 아이들은 이런 방식으로 행동을 해 왔고 이미 어떤 방식으로든 인정받아 살아왔다. 폭력적인 행동에 대해 문제 삼는 교사의 태도는 학생의 정체성을 송두리째 부정하는 것이고 자신의 존재 자체를 흔드는 것일 수도 있다. 이 학생들은 자신의 행동을 반성하고 고쳐 나가기보다 자신의 정체성을 보호하기 위해 더 자신의 감정을 숨기고 반복된 행동 패턴을 보일 것이다.

감정이 위축되어 버린 아이들은 자신의 감정을 표현할 능력이 없다. 부정적이고 강한 감정의 표출 방식이 행동 패턴이 되어 버린 아이들은 그 감정을 이해받은 경험이 별로 없을 것이다. 그러므로 이 아이들은 무엇을 물어봐도 "모르겠다"로 대답한다. 문제 상황을 해결하고 평화로운 교실을 만들기 위해 노력하는 교사는 감정과 직면하지 못하는 아이들에게 스스로 감정을 바라보고 그 감정을 표출할 수 있는 능력을 키워 줘야 한다.

짜증

김준호

짜증난다. 잘 몰라서.

짜증난다. 어려워서.

짜증난다. 뭘 해야 하는지 몰라서.

교실의 문제 상황의 기저에는 감정의 문제가 있다. 무조건 모르겠다고 하는 아이들, 자신의 행동을 반성하지 않고 공감하지 못하는 아이들, 폭력적인 방법으로 화를 표출하는 행동 패턴을 가지고 있는 아이들, 자신의 감정을 말로 표현하지 못하거나 한정된 표현 방법만을 가지고 있는 아이들. 이런 아이들에게 교사는 감정교육을 해야 한다. 감정을 모르는 아이들에게 감정을 알려 주고 한정된 감정을 세분해서 표현하게 하고 억눌린 감정을 적절하게 표출하게 해야 한다. 시 쓰기를 통한 소통과 교류의 과정이 교실 평화라는 싹을 틔우기 위한 비옥한 토지라면 감정교육은 여러 문제 상황을 제거하는 김매기의 방법이라 할 수 있다.

시는 숨어 버린 감정을 찾아내는 탐정이다

여기서 말하는 감정교육은 치료나 상담처럼 특정 학생만을 대상으로 하지 않는다. 문제 상황이 벌어졌을 때 갈등을 해결하기 위해 이루어지는 것만이 아니라 반 전체를 대상으로 수업 시간에 예방적 차원에서 이루어지는 교육 활동을 말한다. 감정교육의 핵심은 교사의 주도적인 교육방법으로 학생들의 교류를 통해 상호 간의 배움이 일어나는 것이다.

교실에서의 감정교육은 감정의 전달이 목적이다. 단순히 감정을 표출하는 것을 감정교육의 목적으로 삼는다면 여러 가지 방법들을 쓸 수 있을 것이다. 그림을 그려 보거나 운동을 하거나 샌드백을 칠 수도 있을 것이다. 그러나 교육으로의 감정교육은 표출이 아닌 전달이 목적이다. 감정교육의 궁극적인 목표는 평화로운 교실을 만드는 것이다. 그를 위해 감정은 바른 방법으로 타인에게 전달될 수 있어야 한다. 잘못된 방식으로 표출되고 전달된 감정들이 교실에서 폭력적인 상황과 갈등을 만든다. 그러므로 감정교육에서는 감정을 순화하여 전달할 수 있는 방법을 써야 한다. 시 쓰기를 통해 학생들은 자신의 감정을 건강하고 예술적인 방법으로 표현할 수 있게 된다. 시적 언어로 표현된 강한 감정은 그 시를 교류하는 과정에서 다른 아이들에게 아름답고 감각적으로 전달된다. 그것이 시라는 문학작품이 가지는 장점일 것이다. 시 쓰기를 통해 자신의 분노가 조금씩 표출되는 아이는 건강한 방법, 예술적인 방법으로 강하고 부정적인 감정의 수위를 조절할 수가 있게 된다.

교실에서의 감정교육은 감정의 변화를 아는 것이다. 감정은 변화하는 것이다. 인간의 감정은 고정불변의 것이 아니다. 친구에게 화가 났다가도 친구의 사과로 화가 풀리기도 하고 먼저 사과해 준 친구에게 고마움을 느끼기도 한다. 사과를 받았는데 화가 안 풀려 더 속상할 수도 있고 먼저 사과하지 않는 친구가 서운하게 느껴져 화가 커질 수도 있다. 막 웃고 떠들다 보니 나도 모르게 화가 풀려 있을 때도 있다. 이 감정의 변화를 아이들이 느끼는 것이 매우 중요하다. 감정의 변화를 아는 것은 아이들이 자신의 감정에 빠지는 것을 막아 준다. 감정에 빠지지 않고 감정에서 벗어나 거리 두기를 하며 감정을 통제할 수 있는 능력을 가진 아이들로 자라날 수 있게 된다. 단순히 감정을 억누르고 통제하는 것이 아니라 감정의 변화를 앎으로써 순간적인 감정에 집착하지 않을 수 있게 된다. 감정의 변화를 시로 표현하는 것 또는 시를 쓰면서 변한 자신의 감정을 알아차리는 것은 시 교육에서 중요하다. 시는 자신의 감정을 타자화하여 객관적으로 바라보는 작업이기 때문이다. 감정은 변화하고 승화하는 것이라는 것을 알게 하는 것이 시 쓰기를 통한 감정교육의 목표이다. 즉 시 쓰기를 통해 감정의 성숙이 이루어져야 한다.

감정교육은 감정을 모르는 아이들에게 학생 간의 교류를 통해 감정을 알려 줄 수 있다. 감정교육은 감정이 세분화되어 있지 않은 아이들에게 자신이 느끼는 감정을 단순한 표현 방법이 아닌 시적으로 다양하게 표현하는 방식을 가르쳐 줄 것이다. 시는 감정을 표현하기 어려워하는 아이들에게는 안도감을 느끼며 감정을 표현할 수 있는 알리바이를 제공해 줄 수 있다. 자신의 감정을 억압하며 살았던 경험이 있는 아이들은 감정의 민낯을 보는 것에 두려움을 느낄 수 있으나, 시를 통해 자신의 감정을 드러내고 이해받는 경험을 하게 된 아이들은 감정을 표현하는 것에 대한 두려움을 떨쳐 버릴 수 있을 것이다. 교실에서 많은 문제를 일으키는 아이들의 감정은 아주 짧은 순간, 아주 작은 단서만을 남기고 사라져 버린

범인과도 같다. 이 범인이 스스로 드러나게 하는 효과적인 방법이 바로 시 쓰기를 통한 감정교육인 것이다.

감정교육으로의 시 쓰기 지도법

1단계: 현재의 감정 표현

시 쓰기를 통한 감정교육에서는 아이들이 현재 자신의 감정에 집중하도록 한다. 현재의 감정을 충분히 확인하고 표출할 수 있는 기회를 준다. 다양한 감정을 표현할 수 있는 그림이나 이야기, 시 등의 다양한 제재를 본 후 느낀 감정을 색깔, 모양, 냄새 등의 오감을 이용하여 상상하고 표현해 볼 수도 있다. 또는 물, 불, 바람 등의 자연물을 이용하여 비유적으로 표현할 수도 있다. 자신의 감정을 표현하는 것을 어려워하는 아이들에게 이미지를 통한 표현 방법은 더 쉽게 감정을 표현할 수 있는 방법이다. 직접적으로 감정을 표현하는 것이 아니라 간접적인 방법으로 표현하기 때문이다. 다양한 비유법을 활용할 수 있도록 한다. 이런 다양한 방법으로 표현한 감정은 다른 아이들과의 교류의 과정을 거친다. 이 집단 교류의 과정을 통해 아이들은 서로 느끼는 감정이 다름을 이해할 수 있고 표현의 방법이 다를 수도 있음을 이해하게 된다. 자신의 감정을 구체적으로 표현하기 어려워하는 아이들은 다른 아이들의 표현을 보며 자신의 감정을 구체화시킬 수 있다.

(예) 지금 내가 느끼는 나의 감정을 잘 살펴보고 물, 불, 바람, 흙 등으로 표현하여 봅시다.

손○○ 나는 불이에요. 아주 작은 불이요. 아침에 아빠가 닌텐도 안
    샀다고 해서 화났어요.
김준호 나는 강물이에요. 강물처럼 평화로워요.

2단계: 새로운 환경 조성에 따른 감정 2차 표현

1단계의 감정을 표현하고 발표하는 과정에서 감정을 표현하는 다양한 방법을 알게 되고 발표와 교류의 과정을 통해 감정의 변화를 느끼게 된다. 자신의 감정을 표현하는 순간 감정은 전환되고 그 전환된 감정을 세밀하게 관찰하고 표현한다.

(예) 발표를 하면서 나의 감정이 어떻게 변화하였는지 말해 봅시다.
손영진 나는 재예요. 아주 작은 불이었는데 ○○가 웃어서 재가 됐
    어요.
김준호 나는 평화롭고 한가한 강물이었는데 (친구가 뭐라 한 후) 누
    가 강물에 돌을 던져 물이 출렁거려요.

3단계: 상호 상생하는 감정 3차 표현

1, 2단계 감정 표현과 교류의 과정을 거치며 서로의 감정을 표현하고 다른 사람들에게 이해받는 과정을 겪게 된다. 부정적인 감정을 가진 아이들도 자신의 감정을 시적 언어로 표현하고 그 감정을 공유하고 이해받는 단계를 거치며 감정을 세밀하고 구체적으로 표현할 수 있게 된다. 매 단계 상호 교류의 과정을 거치며 감정은 좀 더 세밀해지고 구체적으로 표현될 수 있다.

(예) 처음에 여러분들의 감정을 물, 불, 바람, 흙 등으로 다양하게 표현해 봤습니다. 발표를 하던 중 ○○이의 말처럼 여러분들은 자신의 감정이 변해 가는 것을 느꼈습니다. 그리고 그 변한 감정을 다시 한 번 표현해 봤습니다. 이제 여러분이 처음에 느꼈던 것, 발표하고 친구들과 감정을 나누면서 느꼈던 것, 지금 느끼는 것을 시로 표현해 봅시다.[1]

이 과정을 거친 시는 이미지와 자신만의 표현이 가득한 시가 된다. 이런 시를 자주 쓰는 아이들은 자신이 몰랐던 감정을 알 수 있다. 그것을 표현하는 비유적인 방법을 알 수도 있으며 시적으로 승화하여 표현하는 방법도 자연스럽게 익힐 수 있다. 또한 자신의 감정을 시적 언어로 표현하는 과정을 거치고 그 과정에서 자연스럽게 서로 교류하며 감정을 표현하고 전달하는 바른 방법을 체화할 수 있다. 이것이 시 쓰기를 통한 감정 교육의 가장 중요한 점일 것이다.

불만

손영진

아빠 땜에 불만 불만
누가 작은 불씨를 밟네
내가 작은 재가 되네
누구의 웃긴 말이

---

1. 수업 중 아이들이 느끼는 감정과 발표하며 변하는 감정을 교사가 칠판에 기록해 둔다. 칠판에 기록된 감정과 그 표현, 감정의 변화를 보며 아이들은 다시 한 번 상호 교류하고 구체적으로 표현할 수 있게 된다.

나에게 물을 붓네

불이 사라지네

불만이 사라지네

소금쟁이

김준호

나는 강물의 평화로운 소금쟁이예요.

누가 나를 잡았어요.

개구리예요.

갑자기 화가 나서 빠져나가고 싶어요.

신났어요.

나뭇잎을 타고 폭포를 탔기 때문이에요.

시 쓰기를 통한 감정교육이 가져온 변화

교실에서 벌어지는 여러 문제 상황들은 자신의 감정을 나누는 것만으로도 많이 해결될 수 있다. 감정교육을 하기 시작하면서 교사로서 나 자신의 감정을 들여다보기 시작하였다. 나는 지금 어떻게 느끼는가를 생각하고 바르게 감정을 전달하는 방법을 고민하였다. 지금 나를 강하게 지배하고 있는 감정이 절대불변의 것이 아니고 변화하는 것이라는 것을 인지하고 감정에 거리 두기를 할 수 있게 되었다. 감정을 전달하지만 감정에 휘둘리는 것이 아닌 거리 두기를 할 수 있는 교사는 아이들의 감정을 좀 더 쉽게 파악할 수 있을 것이다.

늘 항상 '몰라요'를 입에 달고 살던 준호는 스스로 감정을 표현해 보기 시작했다. 어떤 감정이라도 이해받고 인정받는 경험을 해 본 아이들은 감정교육을 통해 스스로 자기 감정이 무엇인지 들여다보았다. 그 후 "몰라요", "그냥 그래요", "짜증나요", 노려보기, 소리 지르기라는 한정적인 감정 선택지를 가지고 있던 아이가 "아파요", "힘들어요", "(감정이) 여러 가지예요"라며 감정을 들여다보고 스스로 언어화하여 표현하기 시작하였다. 자신의 감정을 드러내는 것에 대한 두터운 보호막을 스스로 벗기 시작한 것이다.

또한 시를 통한 감정교육을 시작한 후 자신의 감정을 말하는 것에 대해 허용적이고 인정받는 반 분위기가 형성되었다. 이를 통해 아이들은 갈등이 생겼을 때, 사과할 때, 갈등을 해결하고자 할 때 등의 상황에서 자연스럽게 자신의 감정을 이야기하기 시작했다. 따로 '나 표현법' 등의 대화법을 가르쳐 주지 않았으나 아이들은 자신의 감정을 바르게 전달하는 것이 평화로운 갈등 해결의 시발점이라는 것을 자연스럽게 습득한 것이다.

화를 내는 것이 아니라 자신의 감정을 이야기하고 원하는 바를 말로 표현하라는 교사의 잔소리가 잔소리가 아닌 실제 언어습관화되어 가는 교실이야말로 교실 평화의 싹을 틔우기 위한 최고의 학급이 아닐까 생각한다.

월간으로 상생 교육의 장 열기

이선미

"선생님, 여기 우진이하고 승민이 좀 보세요."

다 같이 9월 학급 월간을 받고 서로의 작품을 읽는 시간 중 웃음기 섞인 목소리가 들려왔다.

"준호가 그린 학급 어항에 우진이하고 승민이가 싸우고 있어요."

아이들이 너도 나도 그 페이지를 펼치며 읽기 시작했다. 매번 날선 말로 서로를 공격하던 우진이와 승민이가 신경 쓰이던 나는 잘됐다 싶었다.

"선생님, 현진이가 그린 그림에도 있어요."

"말풍선이 웃겨요."

"내가 수학 더 잘해."

"내가 더 잘해."

말풍선에 쓰여 있는 적나라한 싸움의 원인!

"둘이 많이 싸우니?"

"네, 4학년 땐 더 싸웠어요."

"맨날 수학 자기가 더 잘한다고 싸워요."

"그냥 둘 다 잘하는데 잘하는 애들끼리 싸워요."

"과학 시간에도 싸웠어요."

아이들은 한참을 월간에 실린 학급 어항을 보며 이야기를 했다. 아이들은 웃으며 어항 속에 나오는 학급의 문제를 이야기했고 아이들 사이의 권력관계도 은근슬쩍 이야기했다. 숨겨진 학급의 이야기가 모두에게 드러나 공유되었다. 이야기의 주인공이 된 아이들은 멋쩍은 웃음만 지었다. 학급 월간을 함께 보며 이야기를 나눈 후 신기하게도 우진이와 승민이는 다툼을 멈췄다. 자신들도 의식하지 못했지만 서로 경쟁하며 인정투쟁 중이라는 것이 다른 아이들의 눈에 다 보였다는 것, 그리고 그 다툼의 이유를 아이들이 모두 알고 있다는 것이 둘의 행동을 변화시킨 큰 이유라고 생각된다. 한 달여 후 현장학습을 다녀온 후 적은 승민이의 시에는 다음과 같은 구절이 있었다.

'우진이하고 더 친해진 것 같아 기쁘다.'

당연히 이 시는 학급 월간에 실렸다.

우진이는 더 이상 승민이를 향한 불평의 말을 쏟아 내지 않았다. 어느 날 우진이는 승민이가 떨어뜨린 물건을 주워 줬고 승민이는 아주 작은 목소리로 말했다.

"고마워."

이 장면 역시 학급 월간에 짤막하게 실렸다. 교사의 의미부여와 함께 말이다.

학급 월간은 분절적이거나 그 자체로 완결되어지는 학급 문집이나 아이들의 작품모음집과는 다르다. 학급 월간은 아이들의 작품이 단순히 게시되는 것이 아니라 공유되고 답글과 댓글을 받는 과정이 무한이 반복된다는 것이 핵심이다. 위에서 예를 들었듯 우진이와 승민이의 관계는 학급 월간에 실리고 반 아이들과 공유한 뒤 서로 답글을 쓰거나 짧은 대화를 나누면서 조금씩 발전되어 갔다. 그 발전 과정은 다시 학급 월간을 통해 아이들에게 공유되었다.

학급 월간은 이야기 학급 운영의 흐름이 반영되는 중요한 요소이며 학생과 학생, 교사와 학생, 교사와 부모를 이어 주는 상생 교육 실천의 장이 된다. 학급 월간의 형식과 내용은 다양하다. 평화롭고 화목한 교실을 만든다는 교육적 목표 아래 학급 구성원이 상호 교류하고 상생하며 발전할 수 있는 형식과 내용이라면 모두 실릴 수 있을 것이다.

그중 필수적인 내용과 형식은 다음과 같다.

- 교사와 아이들의 교류
- 아이들의 작품
- 아이들의 답시나 댓글 등의 교류
- 학부모의 답글 등을 통한 학부모와 아이들, 교사와의 교류

교육 활동의 결과물로서의 아이들의 작품은 학급 월간의 기본이 된다. 학급 월간에서 아이들의 작품은 단순히 게시되는 것으로 끝나는 것이 아니라 상호 교류라는 필수적인 단계를 거친다. 상호 교류는 다양한 형식으로 이루어질 수 있다. 앞의 학급 장면에서 보듯이 이야기를 나누는 것으로 상호 교류할 수 있다. 또는 친구의 작품에 답시나 댓글을 다는 것으로 교류를 넓혀 나갈 수 있다. 아이들은 다른 아이들이 생각보다 같은 점이 많다는 것을 알게 되고 한편 나와 같다 생각했으나 사실 다르다는 점을 알며 이해의 폭이 넓어져 간다.

공개수업을 소재로 시를 쓰고 자신과 같은 경험을 한 친구의 시나 공개수업을 본 부모님의 입장이 되어 쓴 답시를 학급 월간에 실었다. 말풍

선 등을 이용해 아이들의 시에 대한 다른 아이들의 댓글을 달아 아이들의 교류의 장이 되도록 하였다.

학급에서 있었던 갈등을 해결하기 위해 진실과 화해의 시간을 가진 후 교사의 마음을 시로 표현하여 아이들에게 보냈고 아이들은 답시를 보내왔다. 일반적으로 교사와 아이들과의 교류는 이렇게 끝나는 경우가 많다. 그러나

답시 쓰기 활동

학급 월간에는 우리 반 아이들의 답시들이 모두 실려 있다. 단순히 교사의 일방적인 훈계로 끝나는 것이 아니라 교사와 아이들이 교류하고 자신들의 시를 월간을 통해 다시 읽어 보며 아이들은 그때 상황을 떠올리고 진실과 화해의 시간과 시를 쓰며 느꼈던 감정과 마음을 다시 한 번 다지는 시간을 갖는다. 그리고 아이들의 답시에 대한 교사의 답시 역시 학급 월간에 실어 놓아 평화로운 학급을 만들기 위해 구성원 모두가 유기적으로 교류하고 노력하며 그 과정이 지속적으로 이루어지고 있다는 것을 알게 한다.

학부모가 학생에게

학부모가 교사에게

학부모와 아이들, 학부모와 교사와의 교류도 학급 월간을 통해 이루어질 수 있다. 학급 월간은 한 달간의 학급에서 이루어지는 교육 활동에 대한 정보를 담고 있다. 교사의 교육관도 담고 있다. 부모님에게 말하지 않은 아이들의 생각과 마음도 담고 있다. 그렇기에 학급 월간은 교사와 학부모, 아이들을 연결해 주고 교류할 수 있는 아주 중요하고 효과적인 매체이다.

학급 월간의 제일 첫 장면은 교사의 여는 글로 시작하며, 중간에 아이들의 작품과 교류의 결과물을 싣고, 마지막 부분에 학부모님이 소감을 적을 수 있는 빈 칸을 남겨 둔다. 이것은 교사, 아이들, 학부모 간의 교류가 중요하다는 것을 잘 보여 주는 배치이다. 상생 교육의 성패는 이러한 교류가 얼마나 잘 이루어지는가에 달렸다.

학급 아이들과 함께하는 일 년이라는 시간은 참으로 길고 소중하다. 그러나 너무도 바쁜 우리 교사들은 하루가 어떻게 지나갔는지, 일주일은 어찌 흘러갔는지 모른 채 한 달이 지나고 한 학기가 지나고 한 학년을 보내는 경우가 많다. 교사들이 평화교육의 목표를 매일 반추하지 않으면 갈 곳을 잃고 헤매는 배처럼 떠밀려 다니는 교사가 될 것이다. 떠밀려 다니는 교사들에게 나침반과 같은 존재는 학급 월간이라고 할 수 있다. 학급 월간을 만들기 위해 교사는 매달의 교육 활동을 구상하고 목표 지향적인 활동을 하게 된다. 교사가 평화교육에 대한 확고한 목표의식을 지니고 학급의 활동을 구조화하면서 월간, 격월간 또는 계간 등의 학급 서사집을 발행하고 교사, 학생, 학부모가 공유하며 일 년을 보내게 된다면 교실의 평화가 뿌리내리고 자란 것을 느낄 수 있을 것이다.

교사에게서 시작된 평화의 꽃이 아이들과 함께 교류하며 활짝 퍼질 때 교육의 대전환이 일어나, 경쟁적이고 폭력적인 학교문화가 진정으로 평화로워질 것이라 기대한다.

월간 ○○

글쓴이: ○학년 ○반
펴낸날:20○○년 ○월 ○일
펴낸곳: ○○초등학교

◆ 여는글

꽃피는 봄이 한참 지나고 이젠 여름의 문턱에 다가가는 것 같습니다. 따뜻해지는 날씨만큼 우리 반의 우정도 더 무르익어 가고 있다고 생각됩니다.

4, 5월에는 많은 일들이 있었습니다. 현장체험학습을 다녀왔습니다. 알뜰바자회를 열었고 학부모 공개수업도 있었습니다. 우리 반에서는 우리가 쓰는 말에 대해 많이 생각해 보는 수업들을 하였습니다. 자칼과 기린의 언어에 대해서도 이야기를 나누어 봤습니다. 말의 영향에 대해서도 수업을 했습니다. 대화는 나와 너, 우리가 말을 통해 관계를 맺는 일입니다. 나의 말이 독을 품은 칼이 되어 친구의 마음에 상처를 낼 수도 있고 상처를 치료하고 힘을 주는 위로가 될 수도 있다는 것을 꼭 알았으면 좋겠습니다. 서로 상처 주는 말을 주고받는 관계가 아닌 함께 자라나는(상생하는) 말을 주고받는 우리 반이 되길 바랍니다.

그동안 우리는 많은 일들을 함께 하였습니다. 오해와 갈등도 있었고 다툼도 있었습니다. 그러나 우리는 함께 대화하고 화해하며 서로를 이해하는 마음이 한 뼘 더 자라났습니다. 많은 일들이 있었던 4~5월의 우리 친구들은 어떤 생각을 하였고 어떻게 지냈는지 열려진 창문으로 살짝 들여다보고 서로의 마음을 키워 나갔으면 좋겠습니다.

◆ 공개수업

공개수업은?

김○○

쉬는 시간 우리는 전쟁을 준비한다.
우린 긴장감 속에 살아간다.
왔다! 왔다!
발표라는 먹이를 찾으러 온 하이에나들이!
수업 중에 느껴지는 웃음이
날 아프게 한다.
똑딱똑딱 40분이 사라진다.
사라져 가는 어머니들
아빠는 홀로서기를 하는 것처럼 있다.
끝난 후에는 상쾌한 모습으로
다시 만나리.

매일 슬픈 공개수업

허○○

우리 엄마는
내 학교에 안 온다
한 번도 안 왔다.
일할 때도 일을 안 할 때도
온 적이 없었다.
우리 엄마보다 더 바쁜 아빠는
항상 항상 와 주시는데
그래도
나는 엄마의 마음을 이해할 것이다.

◆ 공개수업 답시 쓰기

　공개수업이라는 같은 주제로 시를 썼지만 아이들마다 다 다른 시가 나왔지요. 서로 다른 생각과 느낌을 갖는 것은 아주 자연스러운 일입니다. 우리는 그 시를 나누며 다른 사람의 생각과 느낌을 이해하고 공감하는 열린 마음을 가져야겠습니다. 그리고 공개수업을 보는 학부모님의 입장을 상상해서 답시를 써 보거나 자신과 같은 경험을 한 친구의 시에 답시 쓰기 활동을 통해 경험과 관점을 더 넓힐 수 있었습니다. 바빠서 오시지 못한 부모님을 이해하는 순수한 아이들의 시는 깊은 울림을 갖습니다.

엄마의 입장

박○○

엄마는 분명 이렇게 생각하실 것이다.
집에서 소리를 크게 지르던 우리 딸이
왜 이렇게 발표를 안 할까?
하지만……엄마
엄마 마음 내가 알아
근데 너무 쑥스러워

괜찮아 괜찮아

허○○

괜찮아. 엄마, 아빠
언젠간 오시겠지
슬퍼하지 마
해달라는 대로 해 줄 순 없어
엄마 아빠 모두다
바빠서 그럴 수도 있지
슬퍼하지 말고 힘!!

자칼의 체육 시간

선생님

작은 선을 둘러싼
자칼의 언어들이 춤춘다.
말은 칼이 되어
우리 반을 찌른다.

작은 선이 좁든 넓든
조금 손해 보면 된다.
나에게 오는 말이 거칠어도
내가 가는 말이 고우면 된다.

잡지 못해 야속하나
내 친구의 죄책감을 키웠다.
이겼다 즐거우나
내 친구의 패배감을 즐겼다.

물어뜯는 그 시간
우리 반의 평화에도 금이 간다.

자칼의 체육 시간엔
소인배의 체육 시간엔
즐거움이 사라진다.
우정이 사라진다.
그 모습에 마음이 아려 온다.

　갈등이 잦았던 체육 시간이었습니다. 지나치게 경쟁적이었습니다. 자주 다투었고 서로에 대한 비난과 원망이 많았습니다. 그 시간을 우정과 평화가 꽃피는 시간을 바꾸기 위해 진실과 화해의 대화 시간을 가졌습니다. 미흡하기도 하고 낯선 반응들도 있었지만 우리 반의 문제가 무엇이었는지 함께 얘기해 보는 뜻깊은 시간이었습니다. 함께 이야기하며 선생님이 느낀 점이 있었습니다. 그것을 시로 적었습니다. 선생님이 여러분에게 보내는 두 번째 시 편지이기도 합니다. 선생님에게 답장을 보내기 바랍니다.

◆ 선생님 시에 답시 쓰기

미안해

배○○

미안해!
이 한마디 하는 게 싫어
서로 말다툼을 하지

미안해!
이 한마디 하는 게 싫어
한 사람은 울지

미안해!
이 한마디 하는 게 싫어
선생님께 고자질하지

이런 나는 부끄럽지

자기 반성과 사과의 글

이○○

나도 때때로 자주 친구들과 싸운다.
체육 시간에도 자리 때문에
신경질을 냈다.
솔직히 나는 놀 때마다
이러는 거 같아
부끄럽다.
미안하다.
사실
그때마다
미안하다 해도
마음이 진실되어 나오지 않는다.

그때 못한 미안함을 이 글에 적는다.

"얘들아, 날카로운 칼로
찌르는 말을 남겨 미안해"

◆ 선생님의 답시

위로의 반창고

선생님

솔직하게
미안하다

그때 우리
이런 잘못

그때 나는
저런 잘못

얘기하니
회복된다.

경쟁하고
이기려니

다툼이고
싸움이다.

경쟁보다
우정이다

내가 이겨
즐기기보다

함께하여
즐겨 보자

승패 떠나
하나 되는

그런 기쁨
느껴 보자

◆ 부모님들의 한 마디

학부모님들께~
지금까지 우리 아이들의 학교생활을
살짝 열린 창문으로 들여다보셨습니다.
아이들답게 싸우기도 웃기도 하면서 몸
과 마음이 조금씩 커 나가고 있습니다.
자신의 잘못을 반성하기도 하고 용기 있
게 사과하기도 하고 문제의 해결책을 찾
기도 하고 다른 아이들의 생각에 공감하
기도 하면서 평화로운 학급을 만들기 위
해 함께 노력하고 있습니다. 또 학급살
이의 한 자락에 부모님에 대한 마음을
조금 펼쳐 보이기도 합니다.
아이들의 마음을 열린 창으로 보셨으
니 아이들에게 한 마디씩 해 주시는 것
이 어떨까요?

• 격려의 대화, 소감이나 답시, 바라는
  점 등을 자유롭게 적어 주세요.

◆ 나의 소감 적기

• 월간을 읽고 든 생각을 표현해 주세요.
  시로
  또는 그림으로
  또는 이야기로
  또는 편지로……

평화로운 학급을 만드는 화목놀이

이은영

학생들의 놀이 욕망

아침에 일찍 등교하여 운동장에서 땀을 흠뻑 흘리고 놀다가 가까스로 수업 시작 전에 교실로 들어오는 아이들, 쉬는 시간에도 복도와 교실을 뛰어다니며 잡기놀이를 하는 아이들. 급식을 입에 꾸역꾸역 밀어 넣은 채 놀러 나가기에 바쁜 아이들. 쉬는 시간, 점심시간, 공부 시간 끊임없이 친구와 수다도 떨고 손 놀이, 몸 놀이 등 한시도 가만히 있지 못한다. 수업 시간에 떠들면 떠들었지 자지도 않는다. 아이들은 틈틈이 논다.

그럼에도 불구하고 아이들은 놀 시간이 없다고 한다. 아이들은 왜 끊임없이 놀려고 하는가? 재미를 찾는 것일까? 스트레스를 푸는 것일까? 좀 더 깊이 들여다보면 아이들은 놀이를 통해 친구들과 교류하고자 하는 것이다. 예나 지금이나 놀이는 인간의 자연스러운 사회적 욕망이다. 인간은 타자와 교류하고자 하는 욕망이 있고 더 나아가 타자와 어울려 평화롭게 살고자 하는 욕망을 가지고 있다. 놀이는 그런 의미에서 꼭 필요한 것으로 단지 에너지 발산이나 스트레스 해소, 재미와 흥미만을 위한 것이라

한정할 수 없다.

요즘 아이들은 함께 모여 각자의 스마트폰으로 게임하거나 '왕따 놀이'나 '쪽팔려 게임' 등 자신의 스트레스를 다른 친구에게 전가시키는 폭력적인 놀이를 하기도 한다. 놀이는 원래 평화롭고 공동체적인 교류를 위한 것인데 요즘 아이들의 놀이에는 그런 어울림이 보이지 않는다.

학급의 계층과 서열이 반영되는 놀이문화

6학년 담임을 했을 때이다. 학급끼리 잘 지내 보자고 시작한 친선 경기는 으레 싸움으로 끝나곤 했다. 승부욕이 강한 학생들은 운동을 못하는 만만한 아이들에게 "빙신새끼 너 때문에 졌어!"라고 책임을 전가하거나, 상대의 흠을 찾아 욕설을 퍼부었다. 마음 여린 학생은 대꾸도 못 하고 고개를 푹 숙이거나 억울해서 눈물을 터뜨리기 일쑤였다. 친선 경기의 애초의 목적은 간데없고 승패의 결과로 희비가 갈리면서 협력은 깨지고 갈등의 골만 깊어졌다. 이런 경우 학생 간의 비난은 종종 교사에게 쏟아진다. 교사의 경기 운영 방식이나 심판을 문제 삼으며 학생들은 집단적으로 교사를 공격하기도 한다.

요즘 아이들의 놀이는 인정투쟁의 장 위에 놓여 있다. 예전에는 잘하든 못하든 함께 어울려 놀았다. 요즘은 잘하는 아이들이 주도하는 놀이에 억지로 참여하거나 자신의 약점이 드러나는 것이 두려워 놀이를 거부한다. 놀이에 서툰 학생이 같은 팀이라 놀이에서 졌다며 놀이에서 진 이유를 그 친구에게 전가시킨다. 오히려 놀이가 친구 간 서열을 만들고 인간관계에 갈등을 조장하는 역효과를 불러온다. 체육 활동을 늘리고 놀이 활동을 강화하면 학생들의 스트레스가 해소되고 그만큼 학교폭력이 예방될 것이라고 하지만 오히려 무분별한 놀이의 양적 투입은 학교폭력을 강화하는 결과를 초래하고 있다.

어떤 이들은 놀이에 목적이 들어가면 이미 그것은 놀이가 아니라고 말한다. 그러나 우리네 옛 전통 놀이는 승패를 넘어서 마을 간의 친교와 화합이라는 목적이 존재한다. 학급의 삶은 놀이에 그대로 반영된다. 학급에서 따돌림당하는 아이들은 놀이에서도 배제를 경험하고, 고립아들은 놀이에 참여하지 않음으로써 스스로 혼자가 되기를 선택한다. 학급의 계층과 서열도 고스란히 놀이문화에 드러나기 마련이다.

평화를 배우고 실습하는 놀이

예전엔 흙으로 된 땅이 많았고 흙바닥이 아이들의 놀이터였다. 자연스럽게 땅에 그림을 그리고 그 위에서 뛰거나 노는 놀이가 많았다. 그러나 요즘은 모든 길에 아스팔트가 깔리고 흙바닥을 찾기가 힘들다. 이러한 물리적 변화가 있을 뿐 아니라 요즘 학생들의 인지 신체 감각 능력의 편차도 크다. 예전에는 학생 간 능력의 차이가 크지 않았다면 오늘날은 사회가 세분화되면서 개인 간 능력 차이는 더욱 커졌다. 한 가지를 잘하는 학생들은 학습, 운동, 음악, 미술, 놀이 등 모든 면에서 잘하지만 한 가지를 못하는 학생들은 다른 것도 부족한 경우가 많다. 더 나아가 성별, 경제적 여건 등 학생들의 관계를 계층화하고 서열화하는 수많은 요소들이 있다.

학생들은 끼리끼리 어울려 무리 짓기를 좋아하고 그들만의 관계를 더 공고히 한다. 만약 다른 그룹의 친구와 논다면 그 행위를 배신으로 생각한다. 그리고 그 행위에 대한 보복으로 아예 무리에서 배제시킨다. 놀이의 장은 이렇듯 학생들의 인정투쟁이 활발히 일어나는 곳이며, 폭력의 문제를 심화시키는 역기능이 작용되기에 충분한 곳이다.

요즘 학교에서는 다양한 전래놀이를 적용하고 있다. 그러나 학생들의 삶을 고려하지 않고 예전의 형태 그대로 적용한다면 재미나 흥미만 충족시키는 프로그램이 될 것이다. 그리고 교류와 화합이라는 전래놀이 본래의 의미는 퇴색된다.

예를 들어 줄다리기는 승패를 가리는 운동회 프로그램의 일환이 되었다. 같은 팀끼리 승리의 기쁨을 누릴 수는 있어도 협동이라는 사회적 맥락이나 화합이라는 의미는 찾아보기 힘들게 된 것이다. 과거의 줄다리기 경기는 온 동네 사람들이 모두 새끼를 꼬아 줄을 만드는 과정을 통해 협동을 하고, 옆 마을과 경기를 치르며 마을의 단결심을 키우는 놀이였다. 진 마을이 이긴 마을에게 술과 음식을 내오면 함께 먹고 마시며 자연스럽게 마을 간 친선과 화합을 이룰 수 있었다. 집단을 둘러싼 놀이의 사회적 의미를 고려하지 않은 채 외적인 놀이 형태만 따라 하는 것은 전래놀이를 되살리는 것이 아니라 오히려 왜곡시키는 것이다.

동양이 대동놀이를 통해 마을 사람들의 협동이나 화합을 강조했다면 서양은 카니발과 같은 축제를 통해 남녀노소, 빈부격차, 계층까지 허물고 심지어 선악의 경계마저도 무너뜨리는 해체의 경험을 중시하였다. 일탈이나 해체 그 자체가 목적이라기보다는 일상을 다시 시작하고자 하는 삶의 리듬이라는 측면이 중요했다.

동서양의 놀이는 친구 간의 끼리끼리 문화를 허물고 새로운 관계를 시작할 수 있는 삶의 리듬을 만들었다. 빠져들어 놀면서 자기도 모르게 '너와 나' 사이를 갈라놓는 모든 장벽이 해체되는 경험을 주었다. 화목놀이의 목적은 분열된 인간관계를 통합하고 학급 생활에서 생기는 불만이나 불평을 건강하게 발산하는 것이다. 일시적인 스트레스 해소가 아니라 더 나아가 갈등의 문제를 해결할 수 있는 장을 마련하는 것이다.

학생 간 교류에 어려움을 느끼는 발달 불균형 아이들이나 고립아들은 어느 학급에나 있다. 놀이일 뿐이라는 생각으로 주도적인 학생들이 원하는 것을 하도록 내버려 두면 고립아들은 배제되고 학급의 계층화와 서열화는 심화된다. 이는 교사가 교육적으로 할 수 있는 것들을 포기해 버리는 것이다. 놀이는 친구들과 서로 소통하고 교류가 가장 왕성하게 이루어지는 교육 활동이다. 모든 학생들이 참여하며 긴장과 재미를 유지할 수 있는 놀이를 교육 활동의 장으로 바라보아야 한다.

높은 수준의 인지력이나 신체 능력을 요구하는 놀이 대신 단순한 놀이 과정을 통해서 우연적인 효과를 낼 수 있는 놀이를 기획해 볼 수 있다. 놀이 안의 경쟁적 요소는 학생 간 갈등을 유발할 수도 있지만 한편으로는 흥미진진한 놀이의 재미를 만들어 주기도 한다. 경쟁과 화합을 적절히 활용하면서 서로를 지지하고 응원하는 활동을 통해 집단 내 인정을 경험하게 할 수 있다. 같은 팀 친구를 응원하며 '너와 나는 하나'라는 일체감과 소속감을 높인다. 또 친구에게 격려를 받았던 경험은 학급 생활에 용기와 희망을 주어 집단 화목의 계기를 마련한다.

놀이를 통해 '평화롭고 화목한 삶'을 배운다. 교사는 긍정적인 교류가 활발하게 일어날 수 있도록 조정하는 역할을 한다. 놀이를 시작하기 전에 지켜야 할 놀이 규칙을 확인하고 놀이가 끝난 후 규칙이 잘 지켜졌는지, 규칙이 지켜지지 않아 힘들었던 점은 무엇인지, 모두 화목하게 놀기 위해 고쳐야 할 점은 무엇인지 소감을 나누는 과정이 모두 교육 활동이다. 평화로운 학급을 위해 필요한 권리, 평화, 화목, 우정 등 배웠던 것을 놀이를 통해 반복해서 실습한다.

늘 싸우고 경쟁하는 것에 익숙한 아이들은 그것 외에 다른 것은 시시하고 재미없다고 생각할 수 있을 것이다. 이런 아이들에게 '서로 협력하고 어울리는 것이 좋다'는 것을 느낄 수 있는 놀이 경험이 절실히 필요한데, 그러한 놀이를 우리는 화목놀이라 한다.

화목놀이의 조건

화목놀이는 놀이를 통해 권리, 평화, 화목, 우정을 실습하고, 실천하는 교육 활동이다. 학급 구성원 모두 참여할 수 있는 교육 활동으로서 화목놀이는 다음과 같은 몇 가지 조건을 충족해야 한다.

첫째, 놀이 과정이 단순하고 안전사고의 위험이 적은 활동이어야 한다. 놀이 과정이 쉽고 간단해야 고립아도 참여할 수 있다. 예를 들어 윷놀이는 던질 수만 있으면 누구나 참여할 수 있다.

둘째, 우연에 의해 승패가 언제든 바뀔 수 있는 우연 놀이가 화목놀이에 적합하다. 가위바위보 놀이나 주사위 던지기를 활용한 놀이는 누구나 주인공이 될 수 있다. '평화의 길 따라 가위바위보' 놀이는 달리기를 잘하지 못했던 학생들도 가위바위보에서 이기면 승자가 될 수 있다. 반면, 피구나 축구처럼 운동 능력의 차이가 드러나는 공놀이는 서열이 만들어진다. 운동 기능이 뛰어난 학생은 환영받지만 기능이 부족한 학생은 소외된다. 기능이 뛰어난 학생이 경기를 독점하기 때문에 갈등과 다툼으로 이어진다. "선생님, 저는 이번 시간 공을 한 번도 잡아 보지 못했어요." 하며 호소하는 학생은 체육 시간이나 놀이 시간에 참여를 꺼리게 되어 방관자가 될 가능성이 크다. 그러나 운에 따라 승패가 갈리는 우연 놀이는 모두가 포기하지 않고 경기가 끝날 때까지 긴장의 끈을 놓지 않고 집중하게 한다.

셋째, 경쟁적 요소와 화합의 요소를 적절하게 활용한 놀이면 더욱 좋다. 경쟁이 무조건 나쁜 것이 아니라 개인의 발전과 사회 공동체의 발전에 도움이 되는 면이 있다. 경쟁적인 요소는 마음을 졸이며 놀이에 집중하게 하고 놀이에 재미와 흥미를 더한다. 단, 학생들이 원하는 대로 내버려 두는 것이 아니라 교사가 적절히 중재해야 한다. 이렇게 교사의 개입이 적극 요구되는 교육 활동이 화목놀이다. 예를 들어 모둠 풍선치기 놀이는 모둠별 대항으로 경쟁하나 결국엔 모둠별 풍선을 친 횟수를 합산하여 우리 반 기록을 갱신하며 화합의 요소를 적절하게 활용할 수 있는 화목놀이이다.

넷째, 놀이 중에 권리·평화·화목·우정의 가치를 반복해서 실습하고 실천할 수 있는 놀이여야 한다. 응원은 놀이의 분위기를 고조시킨다. 평소에 관계가 좋지 않았던 학생일지라도 친구들이 내 이름을 부르며 응원할 때 지지받는 경험을 한다. 응원하는 학생들도 한목소리를 내며 집단 화목을 경험한다. 응원 구호를 외치거나 응원가를 부르는 것은 뒤처진 팀의 사기를 살리고 놀이의 흐름이나 경기의 판세를 뒤집는 역전의 계기가 되기도 한다.

다섯째, 전래 대동놀이를 시대에 맞게 재조명하며 계승 발전시켜야 한다. 대동놀이란 대동소이大同小異·대동단결大同團結·대동세大同世, 즉 차별이 없는 새로운 세계를 꿈꾸는 신명풀이이다. 대동놀이 또한 너와 나 사이를 갈라놓는 장벽을 해체하고 새로운 관계를 시작하는 삶의 리듬을 회복하는 계기가 된다. 화목놀이의 목적도 학급 생활에서 생기는 불만이나 불평을 발산하고 갈등을 해결하는 소통과 교류의 장을 마련하는 것이다. 교사가 권리, 평화, 화목, 우정의 가치를 넣어 전래 대동놀이를 새로운 화목놀이로 변형할 수 있다.

화목놀이의 정착 단계

교사가 화목놀이를 기획하여 투입하고 학생들이 놀이를 통해 진정한 화합을 경험하기까지는 몇 단계의 과정이 필요하다. 1단계는 화목놀이의 기획과 도입 단계이다. 교사는 기존의 놀이를 변형하거나 새롭게 창작하여 화목놀이를 기획한다. 기존의 경쟁 놀이, 모험 놀이의 대안으로 새로운 화목놀이를 제안하고, 그에 따른 규칙을 소개한다. 경쟁 놀이와 우열을 가리는 놀이에 익숙한 학생들은 교사가 제시하는 새로운 놀이에 대해 거부 반응을 보이기도 한다. 교사는 화목놀이를 투입하고자 하는 평화교육 의지를 놓치지 말아야 한다. 또한 학생들은 화목놀이를 통해 즐겁고 만족스러운 경험을 해야 한다. 화목놀이가 기존의 경쟁 놀이와 서로 주도권 싸움을 시작하는 단계이다.

2단계는 화목놀이를 양적으로 늘려 나가는 단계이다. 화목놀이와 기존의 학생들의 놀이가 경쟁할 수 있는 수준까지 교사는 좀 더 많은 화목놀이를 보급해야 한다. 학급에 제시되는 화목놀이의 양이 증가할수록 기존의 놀이와 화목놀이가 어느 정도 균형을 이룬 상태가 된다. 즉 교사가 소개해 준 화목놀이가 아이들의 습관화된 놀이 속으로 자연스럽게 스며든다. 학생들이 놀이에서의 소외와 갈등, 다툼과 같은 경쟁 놀이의 폐해를 깨달아 가는 과정이기도 하다. 2단계는 화목놀이와 경쟁 놀이가 혼재된 상태라고 할 수 있다.

　3단계는 화목놀이가 일정한 주도권을 장악해 나가는 단계이다. 학생들 스스로 자연스럽게 화목놀이를 선택하여 놀게 된다면 3단계에 진입했다고 할 수 있다. 그러나 이 단계에서도 교사가 끊임없이 새로운 화목놀이를 보급해야 한다. 왜냐하면 전쟁놀이, 경쟁 놀이는 게임과 대중매체 및 자연발생적인 통로를 통해서 유입되기 때문이다.

　화목놀이의 가장 높은 4단계는 아이들이 화목놀이의 원리를 알고 스스로 새로운 놀이를 만들어 적용하는 단계이다. 이것은 가장 수준이 높은 단계이다. 교사는 이 단계가 불가능하다고 생각하기보다는 가능하다는 기대감과 교육 의지를 확고히 하는 것이 중요하다. 교사가 새로운 놀이를 만들어 주지 않아도 아이들이 자신들의 이해와 요구를 통해 자발적으로 새로운 화목놀이를 창조해 낼 수 있다고 보는 것이다.

평화교육으로 교사의 권위와 지도력을 회복해 나가다

　지난 시절을 돌이켜보면 교사로서 힘든 상황은 주로 체육 시간에 자주 발생했다. 교육과정에 따라 수업을 하려는 교사와 축구, 피구를 선호하는 학생들은 자주 부딪혔다. 교사의 지시를 잘 따르면 학생들이 원하는 놀이를 하게 해 주겠다고 거래를 하였고 학생들이 내게 거래를 청하기도 했다. 그때부터 학급 운영 전반에서 학생들과 줄다리기를 했다. "선생님, 저희가 수업 시간에 안 떠들고 조용하면 자유 체육 하게 해 주세요." 남학생에게는 축구공, 여학생에게는 피구 공을 던져 주고 나는 심판을 보거나 관망했다. 그러나 체육 시간의 주도권을 학생들에게 넘기면서 교실 권력구조가 변하였다. 친구들에게 영향력 있고 운동을 잘하는 학생이 놀이의 주도권을 잡고 팀을 짜거나 종목을 임의로 결정했다. 반 학생들은 그 학생의 말을 잘 들어야 놀이에 참여할 수 있었다. 운동 경기 능력에 따라 학생들은 서열화되었고 따돌림과 무시, 소외 등 학교폭력의 증후가 드러났다. 체육 수업 시간에 교사가 함께 있어도 학생들은 교사의 지시보다는 그 학생의 말을 따랐다. 교사의 경기 운영 방식이나 심판을 문제 삼으며 집단적으로 교사를 공격하기도 했다.

학생들이 싫어하는 뜀틀이나 구르기 수업은 제대로 참여하지 않거나 방관하며 심지어 수업을 방해하는 학생이 생겨났다. 체육 시간에 학생들은 뿔뿔이 흩어져 제멋대로 뛰어다니고 통제가 되지 않는 상황에 큰 충격을 받았다. 교실에서도 교사와 몇몇 학생만 수업을 하고 잡담하거나 돌아다니는 학생의 수가 점점 늘어났다. 담임교사와 학생들 사이 불신과 갈등이 깊어졌고 생활지도도 제대로 하지 못했다. 그 피해는 학급 서열의 맨 밑에 있던 학생을 향했다. 공부는 잘하나 키도 작고 왜소한 남자 회장! 남자 회장이 교사와 모든 학생이 보는 가운데 센 척하는 남학생에게 맞는 일이 발생했다. 학교폭력 상황을 제대로 해결하지 못해 형식적인 사과에 그치자, 맞은 학생은 모멸감을 느껴 학교에 결석했다. 남자 회장의 학부모는 교장실에 찾아와 담임 교체를 요구했고 속수무책으로 나는 담임을 그만두었다. 나는 이 일에 관하여 어느 누구와 이야기를 나누고 싶지도 않았다. 그저 모든 기억들이 사라지기만을 기다렸다. 의지를 다하여 학교에 출근하였으나 늘 외딴섬에 있는 것 같았다. 패배감과 열등감이 밀려왔다. 앞으로 교사를 계속할 수 있을까 불안했다. 교사를 그만두고 싶었지만 그만둘 용기조차 없었다. 왜 이런 상황에 처하게 되었을까?

교실이 붕괴된 이유는 여러 가지가 있었을 것이다. 교육철학의 부재에 따른 일관성 없는 학급 운영이 그 하나이다. 또한 시대적 흐름도 영향을 미쳤다. 그 당시는 교원능력개발평가가 막 도입되고 학생인권조례가 발표되면서 전통적인 교사상이 해체되었다. 그리고 학생들의 요구가 넘쳐났다. 나는 시대 흐름을 잘 좇아가 학생들을 존중하는 교사가 되고 싶었으나 사실은 아이들에게 휘둘렸다.

나는 교실 붕괴 상황을 어떻게 해결해야 할지 몰랐다. 교실이 붕괴되는 더 근본적인 이유를 찾아 2015년도 '따돌림사회연구모임'(이하 따사모)의 문을 두드렸고 초등 학급운영팀에 소속된 선생님들을 만났다. 연수와 교육 사례 나눔을 통해 문제를 찾기 시작했다. '교실 붕괴까지 온 학급 운영의 문제점은 무엇일까?' 이 문제를 해결하지 않으면 담임을 할 수 없다.

학급 운영의 문제점은 학교폭력의 구조[1]에서 찾을 수 있다. 그림에서 교사는 학교폭력을 방관하거나 동조한다. 교사가 학생에게 폭력을 가하거나 반대로 학생에게 교사가 폭력을 당할 수도 있다. 교사도 학교폭력의 일부라는 사실! 교사가 학생들의 불평등한 권력관계를 끊지 못하면 폭력의 구조는 더 공고해진다. 나는 남자 회장이 폭력을 당하는 것과 폭력에 동조하는 학생들을 방관했으며 피해자가 될까 봐 두려워하는 학생들을 보호해 주지 못했다. 교사가 지도력을 상실하고 학생이 담임을 믿지

---

1. 박종철 지음, 따돌림사회연구모임 기획, 『교실평화 프로젝트』, 양철북, 2013, 36~37쪽.
   학교폭력은 가해자와 피해자만으로 성립되지 않는다. 가해 학생이 피해 학생에게 폭력을 사용하는 이유는 폭력을 통해 인정받으려 하기 때문이다. 학교폭력은 주변 학생들에게 의도적으로 노출되고 빠르게 전파된다. 이 과정에서 피해자는 철저히 고립되는데, 이 때문에 피해자가 입는 심리적 상처가 큰 것이다.
   학생 사이의 불평등한 권력관계가 피라미드 형태를 띨 때 권력관계의 가장 아래에 위치한 학생은 피해자이지만, 중간쯤에 위치한 학생은 피해자이자 가해자다. 교사가 방관하느냐 적극적으로 개입하느냐에 따라 권력구조가 공고해질 수도 있고 느슨해지거나 해체될 수도 있다. 학생들 가운데는 권력관계에서 우위를 점하기 위해 교사를 희생양으로 삼는 경우도 있다. 교사가 방관하거나 개입하는 것도 권력구조에 영향을 미치므로 교사 역시 구조의 일부라고 할 수 있다.

못하자 교실이 붕괴된 것이다. 몇몇 학생들에 의해 결정된 체육 시간은 학생들의 서열을 공고화하였다. 따돌림과 무시는 심화되었다. 경쟁 놀이에 익숙한 학생들이 서열을 만들어 약자를 괴롭히는 상황을 나는 방관했고 결국 그 폭력의 화살은 교사에게도 향했다.

학교폭력의 구조

따사모는 '평화적 공화주의'를 교육철학으로 삼아 학급 구성원 모두의 권리를 존중하며 서로 화목하고 우정이 넘치는 평화로운 학급을 지향한다. 교실 내 권력 관계를 파악하여 불평등한 권력 구조를 찾아 그 사슬을 끊고 평등한 교우관계를 지향해야 교사의 지도력도 회복된다.

학급 운영의 문제점을 찾은 나는 담임을 맡아 평화교육 활동을 하였다. 학년 초에 학급 평화규칙과 수업규칙을 정해 학생들과 함께 꾸준히 실천하고 점검해 나갔다. 학급규칙과 약속을 학급의 법률과도 같이 학급의 문제 상황에 일관성 있게 적용하자 교사의 지도력에 권위가 생겼다.

평화 학급을 위한 화목놀이 기획자로 거듭나다

평화교육 활동을 심화해 나가는 과정에서 나는 학생들의 놀이문화를 주목했다. 재미와 스트레스를 해소하기 위한 교실 놀이는 학생 간 경쟁과 갈등을 심화시켰다. 능력이 드러나는 놀이는 서열이 만들어진다. 또한 '짝 짓기' 놀이는 고립아가 친구들과 쉽게 짝을 짓지 못하고 놀이에서조차 소외된다. 따라서 학급 구성원 모두가 참여할 수 있고 능력보다는 우연에 의해 승패가 언제든 바뀔 수 있는 놀이가 필요했다. 새로운 놀이를 만들기보다는 기존에 있었던 놀이를 조금씩 변형하면서 화목놀이를 기획해 나가기 시작했다. 윷놀이, 딱지치기, 강강술래, 땅 놀이 등 기존의 전래놀이를 화목놀이의 목적과 조건에 맞게 변형하고 투입해 나갔다.

◆ 평화 윷놀이

평화 덕목을 배우고 평화 감수성을 각인하는 과정으로 전통놀이를 새롭게 기획했다. 우선 기존 윷놀이 판을 학교생활에서 평화 개념과 평화에 반대되는 개념의 낱말로 바꾸었다. 놀이하기 전 말판에 사용되는 평화 덕목과 평화와 반대되는 뜻의 낱말에 대해 하나씩 설명을 해야 한다. 평화와 우정을 쌓는 파란색 테두리 안의 낱말(평등, 우정, 협력, 진실 등)을 거치면 지름길로 빨리 갈 수 있다. 반면에 평화와 반대되는 붉은색 테두리 안 낱말(모욕, 무시, 센 척, 방관, 따돌림 등)을 거치면 멀리 돌아간다.

반 전체를 2~3개 팀으로 나눌 때 어떤 방법으로 나눌지 고민이 필요하다. 기존 모둠을 활용할 수 있지만 자리 섞기 놀이를 통해 우연 모둠을 만들어 팀을 정하는 방법을 활용하였다. 즉석으로 만들어진 모둠이기에 끼리끼리 문화나 이해관계가 개입하지 못해 놀이가 끝난 후에도 승패에

덜 연연한다.

방학을 한 달 앞둔 그해 12월, 1학기에 다툼과 싸움으로 중간에 그만 둔 평화 윷놀이를 다시 했다. 반 학생을 권리, 우정 두 팀으로 나누고 의 자를 둥그렇게 배치하여 서로 마주 보고 앉았다. 응원단장과 말 놓는 사람도 뽑았다. 응원전이 흥미진진했는데, '윷 나와라 모 나와라' 노래를 부르며 춤을 추는 학생도 있었다.

'밀어주기 규칙'이 적용되는 순간이다. 권리팀이 '양보' 말판 위치에 있다가 '도'가 나와 우정팀 있던 '평등' 말판으로 이동했다. 변형된 윷놀이에서 잡는 대신 '도' 나온 만큼 우정팀을 한 칸 앞으로 밀어주자 '평등'에서 '우정' 위치로 이동한다.

"고마워! 권리팀이 밀어주어 지름길로 가네. 역시 우리는 우정의 친구야!"

"상대방을 세 번 밀어주면 우리 팀 말 하나가 나올 수 있으니 괜찮아."

우정팀은 잡히지 않고 지름길로 가서 좋고 권리팀도 밀어주기 1점을 쌓았으니 서로 승승(win-win)하는 전략이다.

막판에 판세가 역전될 가능성이 있는 '맞춤나기 규칙' 순간이 온다. '따돌림'에 있던 우정팀이 '도'가 나와 '해방'에 갈 수 있는데 이게 웬일인

평화 윷놀이 함께 대형 윷 하나씩 던지기

윷이 나오자 기뻐 춤을 추는 모습

가? '모', '윷'이 나오더라도 한 칸도 움직일 수 없고 계속 '따돌림'에 머물다니. 상대방 권리팀은 뒤에서 바짝 쫓아오고 우정팀은 좀처럼 '도'가 나오지 않자 우정팀의 응원 소리가 커진다.

"도 나와라! 도!" 계속 '도'를 염원하는 응원 소리가 점점 높아지고 주문처럼 '도'가 나오자 환호성이 터진다.

"잘한다, 우정팀!" "한 번 더!"

이때 마법처럼 '도'가 나오자 정말 해방된 듯 서로 얼싸안고 기뻐하는 모습!

그날 응원 소리가 얼마나 컸던지 무슨 일이 난 줄 알고 옆 반 선생님께서 오셨다.

평화 윷놀이가 끝난 후 학생들과 소감을 나누었다. 약속이 지켜지지 않아 힘들었던 점, 고쳐야 할 점 등 반성의 시간을 가졌고 규칙을 잘 지키고 서로 협력하여 참여한 친구를 찾아 칭찬하였다. 놀이 소감을 시로 써서 발표했다.

평화 윷놀이

박○○

우리 반 친구들과 함께 평화 윷놀이
빨강, 노랑, 파랑 모둠은 우정 몬스터
주황, 초록, 보라 모둠은 사이좋은 친구들

윷을 던지면서 말이 움직이는 것처럼
우리의 우정도 나가야 되는데
이게 무슨 일 ?!

승재랑 조항이 울고 말았네.
친구들이 웃기게 해 줘서
승재랑 항이가 웃었다.
친구들이 위로도 하였다.
다음에도 평화 윷놀이 하면
즐겁게 같이 하자.

평화 세상, 평화 윷놀이
                        김○○

평화 윷놀이
무승부
사이좋았어
평화로웠어

1학기, 2학기
평화 세상 만들기
평화 노래 부르며
친구들과 어깨동무

1년 동안 좋았어!
조금만 싸우지 않았으면

진정한 평화 세상
재미있고 신나는 평화 윷놀이

진실	실천	동감경청	대화	관심	우정
홍보기	성찰	사과		만남	평등
모욕			화해	협력	양보
놀리기		거짓		화목	우열감
무시	오해			연민	욕망
센척	방관	지배	짜증	따돌림	해방

1. 준비물: 대형 윷 한 세트(4개, 4개 중 하나의 편편한 면에 '백도' 대신 우정을 의미하는 '♥'을 그린 윷 포함), 평화 윷놀이 말판(PPT 자료), 칠판 자석 한 팀당 2~4개

2. 참여 인원: 8~40명

3. 놀이 장소: 실내

4. 진행 방법

(1) 말판에 사용되는 평화 덕목과 평화와 반대되는 뜻의 낱말을 학교 생활 중 사례를 들어 설명한다.

(2) 변형된 평화규칙을 설명한다. 기본 윷놀이 방식으로 하되 경쟁보다는 협력과 화합을 위해 일부 규칙을 변형하였고 화합이 된다면 규칙을 더 추가하거나 변경할 수 있다.

▶ 하나씩 던지기

2~4명이 한 모둠이 되어 윷가락 1~2개씩 나누어 팀 이름을 부르며 던진다.

(예) 2명이 함께 던질 경우 각각 윷가락 2개씩 나누어 갖고 "하나! 둘! 셋! 우정!" 하고 외치며 윷을 던진다. 3명이 함께 던질 경우 2명은 1개씩, 1명은 2개로 나누고 4명일 경우 윷가락 1개씩 던진다.

▶ 밀어주기

우리 편 말이 상대편 말 위치에 왔을 때 잡을 수 없고 내가 던진 윷만큼 상대방을 앞으로 밀어준다.

(예) 우리 팀이 던진 윷이 '개'가 나와 상대방 말 위치에서 만났다면 나는 상대방 자리에 머물고 상대 팀은 '개' 두 칸 앞으로 이동시킨다. 밀어준 횟수를 칠판에 기록했다가 우리 팀이 상대방 말을 세 번 밀어주면 우리 편 말 한 개를 완주한 것으로 간주하고 밖으로 나오게 한다.

▶ 맞춤나기

해방 체험을 하기 위해 마지막 칸(해방)을 도착한 후 반드시 '도'가 나와야 완주한 것으로 한다. '도'가 잘 나오지 않아 역전의 가능성이 있다.

(예) 우리 팀 말이 '짜증' 위치에 있는 경우에 '도', '걸', '윷', '모'가 나오면 그 자리에 그대로 머문다. 반드시 '개'가 나와야 '해방'으로 이동할 수 있다. 다른 팀이 던지고 우리 팀이 던질 기회가 왔을 때 '도'가 나와야 완주한 것이다.

▶ 우정도

편편한 면에 '♥'가 그려진 우정도가 나오면 우리 팀 말은 움직일 수 없고 다른 팀의 모든 말을 한 칸씩 앞으로 이동시킨다. 우리 팀은 윷을 한 번 더 던질 기회를 갖는다.

(3) 놀이 전에 회의를 통해 팀을 나누고 말 놓는 사람과 응원단장을 선출한다.

- 반 전체를 2~3팀으로 나눈다. 이때 자리 섞기 놀이를 통해 우연히 만나는 사람과 팀을 만든다.

(예) 손님 모셔오기, 당신의 이웃을 사랑하십니까?

- 팀별로 말 놓는 사람을 선출하여 팀의 의견을 듣고 팀원들과 상의하여 말을 놓는다.

- 각 팀의 응원팀장을 뽑아 응원을 하면 놀이의 분위기가 스포츠 경기를 관람하는 효과도 주어 흥미를 더한다.

(4) 놀이에 이긴 팀에서 줄 보상과 '화해'에 도착했을 때 어떻게 화해와 우정을 표현할지 정한다.

- 먼저 완주한 팀에게 화목, 화합의 관점에서 어떤 보상을 줄 것인가?

- '화해'에 도착했을 경우 화해와 우정을 어떻게 표현할 것인가?

(예) 악수하기, 하이파이브, 안아주기, 10초 눈 맞춤.

(5) 따돌림, 욕, 싸움 등 폭력 낱말에 도착했을 경우 어떤 벌칙을 정할 것인가?

(예) 한 번 쉬기, 처음으로 돌아가기 등.

> Tip. 말판의 용어를 학급 아이들과 함께 변형할 수 있다. '가장 싫어하는 칸에 가장 하지 말아야 한다고 결정되는 행동을 집어넣기' 등이 이루어질 수 있도록 의미를 살려 변형이 가능하다.

(6) 말판을 붙일 칠판을 보도록 의자를 U로 배열하여 앉는다.

　(예) 두 팀이면 A(4명), B(4명), A(4명), B(4명), A(4명), B(4명)

　　　세 팀일 경우 A(4명), B(4명), C(4명), A(4명), B(4명), C(4명)

(7) 말 놓는 사람과 응원단장은 칠판 앞쪽에 앉는다. 본인 차례가 오면 윷을 던지고 다시 칠판 앞쪽에 와서 앉는다.

(8) 말 놓는 사람은 던져진 윷을 모아 다음 차례 친구에게 전해 준다.

(9) 교사는 변형 규칙이 적용되는 상황(밀어주기, 맞춤나기, 우정도)에서 변형된 PPT 규칙 화면이 보이게 한 후 반복하여 설명한다.

(10) 교사는 응원 점수를 부여할 수 있다.

◆ 딱지치기에서 딱지 던지기로

12월엔 3학년 사회과에 나오는 '옛날과 오늘날 아이들의 놀이' 단원을 사회, 체육교과를 통합하여 프로젝트 수업으로 하였다. 처음엔 전래놀이인 연날리기, 고무줄놀이, 딱지치기, 비석치기, 제기차기, 실뜨기, 공기놀이 등의 놀이 규칙을 설명하고 그대로 하였다. 그중 딱지치기 열풍은 그전에 놀던 그룹의 끼리끼리 문화가 해체되는 장면을 보여 주었다. 예전에 점심시간에 운동장에 나가 놀았으나 나가라고 해도 교실에서 삼삼오오 앉아 딱지치기에 몰두했다. 상대방의 딱지를 넘겨서 따오는 경쟁 과정에서 사소한 다툼은 있으나 큰 싸움은 없었다. 친구들 사이 교류가 빈번해지면서 서로 의견을 조율하고 진판(딱지가 넘어갔을 때 진짜 따 먹는 판), 가판(딱지를 따 왔어도 나중에 돌려주는 방식의 가짜 판)이라는 약속을 스스로 만들어 놀았다.

그때 어떤 학생 두 명이 딱지 던져서 통 안에 넣는 게임을 하는 것이 아닌가? 모둠별 대항 딱지 던지기 놀이를 한 다른 학급의 사례가 떠올랐다. 모둠별 대항 딱지 던지기 놀이를 한 다른 학급의 사례가 있었지! 일정한 거리에서 빈 바구니에 딱지를 던져 넣는 놀이다. 능력의 편차가 드러나지 않으며 운에 의해 결과가 달라지기에 누구든 참여할 수 있다. 모둠 별로 나와 모든 학생이 세 번씩 딱지를 던질 기회를 주고 그중에서 가장 많이 바구니에 넣은 학생이 모둠 대표가 된다. 예선 경기로 모둠 대표를 뽑은 후 모둠별 대항 딱지 던지기 모둠 대항을 했다. 여기서 꼭 필요한 것이 응원의 힘이다. "이기든 지든 서로를 응원하자." 구호를 함께 외치며 우리 모둠 친구를 응원했다.

"철수 잘한다." "영희 잘해라."

친구의 이름을 부르는 응원 소리가 복도 전체가 떠내려갈 듯 울려 퍼졌다. 이렇듯 딱지치기를 조금만 변형하면 딱지 던지기 화목놀이로 재탄생할 수 있다.

화목놀이

이○○

평화 윷놀이, 연날리기,
딱지 던지기
평화의 길 따라 가위바위보
난 솔직히 재미있진 않았다.

그냥 학교에서 하는 놀이구나
하지만 이제 생각해 보니 재미있다.

친구들의 응원

이기기를 원하는 친구들의 마음

다시 생각하니 더 재미있다.

지금 생각하니 하고 싶다.

다음에 기회가 나면 또 하고 싶다.

◆화목놀이의 전형인 강강술래

가장 재미있고 신나게 놀았던 경험을 꼽으라면 '강강술래'이다. 대학생 새내기 연합 동아리 MT에서 처음 보는 사람들의 손을 잡고 몸을 부대끼며 흠뻑 빠져 놀았던 강강술래! 흥을 돋우는 꽹과리, 징, 장구, 북소리가 마당에 울리고 메기는 가락의 노랫소리와 받는 소리가 메아리치며 여러 가지 대형의 집단무가 펼쳐졌다. 10명 남짓 무리를 짓고 각 팀의 선두에서 놀이를 진행하는 선배를 따라 200명 되는 사람들과 손을 잡고 뛰놀았다. 내가 집단과 하나가 되어 '탈아'되는 해방 체험은 오랫동안 뇌리에 남는다.

그 강력한 원체험을 학생들에게 주고 싶어 강강술래를 가르쳤다. 저학년은 대문 열기, 남생이 놀이, 덕석말기처럼 비교적 쉬운 동작의 놀이를 가르쳤고 중학년 이상은 청어 엮기, 고사리 꺾기 등 다양한 노래와 동작을 엮어 한 판의 강강술래를 만들어 신나게 뛰어놀았다. 처음엔 어색해도 어느새 친구들과 자연스럽게 손을 잡는 아이들의 모습을 본다. 서로 손을 잡기 꺼려 하던 남학생, 여학생도 원을 만들어 대형을 만들기 위해 서로 손을 꼭 잡는다.

몸과 몸이 부딪히는 놀이이기 때문에 사전 안전교육을 한다. 노래 한 곡, 한 대형씩 차근차근 가르치고 누구나 선두를 한 번씩 해 보게 하여 반복하여 익힌다. 이렇게 일주일에 한두 가지 대형을 반복하여 익히고 한

달이 지났을 때 한 마당을 완성할 수 있다. 교사가 먼저 함께 잘 어울리지 못하는 학생의 손을 잡으면 학생들도 서로 손을 잡는다. 강강술래는 손을 놓치면 대형이 끊겨 놀이가 이어지지 않기 때문에 손을 서로 꼭 잡게 되면 그다음 동작으로 넘어가기 편하다. 노래와 동작이 어우러져 한 판의 강강술래를 하고 나면 남녀의 경계, 끼리끼리 집단 문화는 허물어지고 예전보다 친해지는 경험을 하게 된다.

◆ 평화 강강술래(강강술래 변형)

노래와 춤이 하나로 어우러진 집단놀이인 강강술래는 선두가 소리를 메기면 집단이 소리를 받고 노래에 따라 집단무 동작이 있다. 그중 동작이 간단하고 누구나 쉽게 따라 할 수 있는 대형을 3~4가지 선택하여 가사를 바꾸었다. 모든 학생이 손을 잡고 원을 만들어 노래 부르며 집단 무를 즐기는 자체가 화목놀이의 전형이다. 노래부, 풍물부, 대형을 이끄는 선두부로 나누어 한다면 운동회 대동놀이로 손색이 없다.

1. 준비물: 없음
2. 참여 인원: 10명 이상
3. 놀이 장소: 운동장 또는 넓은 땅
4. 진행 방법
(1) 교실에서 노래를 먼저 배운다. 교사가 (메기기 소리)를 부르면 학생들은 (받는소리)를 반복하여 연습한다.
(2) 반 전체가 손을 잡고 원을 만든 후 자진모리장단에 맞추어 반시계 방향으로 걷는다(대형과 동작은 동영상 자료 참고).
(3) 남생이 놀이에서 모두 원 안을 보고 제자리에 선다. 호명되는 모둠

이나 친구가 원 안에 들어가 자유롭게 춤을 추다 다시 제자리로 돌아온다.

(4) 청어 엮기와 풀기 놀이에서 한 팀을 5~8명을 한 모둠으로 정하고 교사가 선두 역할을 먼저 한다. 한 명을 선두로 정하고 반복하여 연습한다.

(5) 청어 엮기가 끝나면 덕석 몰기, 대문 열기는 교사가 주도하여 진행한다.

(6) 대문 열기로 한 바퀴 돌고 나면 다시 하나의 원을 만들어 마무리한다.

자진모리장단(걷는 속도의 빠르기로)

(메기기 소리) / (받는소리)

강 강 술~래 / 강 강 술~래

우정하는 친구들아 / 강 강 술~래

손을잡고 하나되어 / 강 강 술~래

사이좋게 놀아보세 / 강 강 술~래

〈남생이 놀이〉

강 강 술~래 / 강 강 술~래

권리모둠 놀아라 / 쫄래쫄래가 잘 논다

(각각 두 번씩 반복)

평화모둠 놀아라 / 쫄래쫄래가 잘 논다

화목모둠 놀아라 / 쫄래쫄래가 잘 논다

우정친구 놀아라 / 쫄래쫄래가 잘 논다

○○아 놀아라 / 쫄래쫄래가 잘 논다
○○에 특징 부르기 (예)청바지
……

다 함께 놀아라 / 쫄래쫄래가 잘 논다

〈청어 엮기/풀기〉
강 강 술~래 / 강 강 술~래
청청 청어 엮자 / 우정-의 청어 엮자
청청 청어 엮자 / 우정-의 청어 엮자
……
강 강 술~래 / 강 강 술~래
청청 청어 풀자 / 우정-의 청어 풀자
청청 청어 풀자 / 우정-의 청어 풀자
……
강 강 술~래 / 강 강 술~래

〈덕석 몰기/풀기〉
몰자몰자 덕석몰자 / 비온-다 덕석몰자
몰자몰자 덕석몰자 / 비온-다 덕석몰자
……
강 강 술~래 / 강 강 술~래
풀자풀자 덕석풀자 / 별난-다 덕석풀자
풀자풀자 덕석풀자 / 별난-다 덕석풀자
……

〈대문 열기〉

강 강 술~래 / 강 강 술~래

문지기문지기 문열어주소 / 혼자서는 못열겠네

문지기문지기 문열어주소 / 혼자서는 못열겠네

......

문지기문지기 문열어주소 / 함께여니 열렸네

강 강 술~래 / 강 강 술~래

모두-가 사이좋게 / 강 강 술~래

화목교실 열렸구나 / 강 강 술~래

손을잡고 연대하여 / 강 강 술~래

평화세상 만듭시다 / 강 강 술~래

중중모리 장단(느리게 걷는 속도)

강 강 술~래 / 강 강 술~래

◆ 누구나 주인공이 될 수 있는 '평화의 길 따라 가위바위보'

'평화의 길 따라 가위바위보' 놀이는 어느 학년이라도 쉽고 재미있게 할 수 있는 우연 놀이이다. 땅위에 그려진 구불구불한 길 위에서 친구들을 만나면 '가위바위보'에서 이긴 학생은 운동장이 떠나가도록 환호성을 외치고 앞으로 달려 나간다. 우리 편 친구가 가위바위보에서 이기면 함께 기뻐하며 친구의 이름을 목청 터지게 부르며 응원전도 무르익을 무렵 운동장은 '환희의 도가니'이다. 내가 가위바위보에서 져서 길을 벗어나 쉬고 있더라도 다음 차례 친구가 대기하고 있다 뛰어 나가 팀 이름인 "평화!",

"우정!"을 외치며 하이파이브 하면 다시 놀이에 참여하며 학급 전원이 계속 뛰어다니며 놀 수 있다.

승부욕이 강한 학생은 반칙을 하거나 시비를 걸어 싸움으로 번지는 것을 막기 위해 놀이 전·후 회의가 필요하다. 놀이 전에는 모두가 즐겁게 참여하기 위해서 놀이 규칙을 지켜야 함을 확인한다. 놀이 중에는 우리 팀을 응원하며 때론 상대 팀도 응원한다. 놀이가 끝난 후 약속이 지켜지지 않아 힘들었던 점, 고쳐야 할 점 등을 반성하는 시간을 갖는다.

운동 신경이 부족해 체육 시간에 의기소침하던 준수가 그 날은 운이 좋게 가위바위보에서 연이어 이겨 상대방 진지에 들어가 상대편 친구와 등을 맞대고 손을 높이 위로 든다. 준수가 속한 우정팀 친구들은 목청껏 "가위바위보!"를 외쳤고, 준수가 이기는 순간 우정팀에 승리를 안겨 주어 준수는 체육 시간의 주인공이 되었다. 그날 체육 시간은 준수에게 특별했기에 친구들의 비난이 아닌 응원을 받으며 팀이 승리하는 데 공헌한 경험을 일기장에 썼다. 이마에 구슬땀을 흘리며 연신 "가위바위보"를 외치는 어린이들의 목소리가 울려 퍼지는 그날 하늘은 유난히 드높고 파랬다. 학생들의 평화적 교류 욕망을 충족할 수 있는 화목놀이는 계속 이어진다.

운동장에 그려진 평화의 길 따라 걸으며
가위바위보 하는 모습

◆ 평화의 길 따라 가위바위보(땅놀이 변형)

1. 준비물: 팀별 조끼, 주전자, 막대기

2. 참여 인원: 10~40명

3. 놀이 장소: 운동장 또는 넓은 땅

4. 진행 방법

(1) 바닥에 S모양의 구불구불한 길을 그린 후 양쪽 끝에 지름 1m보다 작은 원을 각각 그린다.

(2) 두 팀으로 나눈 후 원 뒤쪽으로 한 줄씩 선다.

(3) 교사의 '시작'과 동시에 각 진의 맨 앞에 있는 사람이 진에서 출발한다.

(4) 달려가다가 상대편을 만나면 머리 위로 손을 들어 가위바위보를 한다. 이때 손을 머리 위로 가위바위보를 하는 이유는 모든 사람이 결과를 보고 달릴지 말지 결정하는 데 도움을 주기 위해서이다.

(5) 이긴 사람은 계속하여 달리고 진 사람은 친구의 길을 막지 않도록 길에서 비켜서 앉는다.

(6) 이때 진 팀에서는 그다음에 서 있던 사람이 재빨리 진에서 나와 달려가 상대편과 만나서 가위바위보를 한다.

(7) 가위바위보에서 져서 앉아 있는 친구는 자기 편 친구가 지나갈 때 하이파이브를 통해 놀이를 계속할 수 있다. 이때 손바닥 마주치면서 "평화" 또는 "우정"을 크게 외치면 우리 편 맨 뒤로 줄 서서 다시 놀이에 참여할 수 있다.

(8) 가위바위보에서 연이어 이겨 A팀이 상대편의 진(원 안)에 도착하면 교사가 학생들을 뒤로 돌아서게 하여 머리 위로 팔을 올려 가위바위보를 한다. 이때 모두가 가위바위보를 외쳐 결과에 주목해야

한다.

(9) 상대편 진 안에서 달려온 A팀 선수가 이기면 1점을 얻고 경기는 다시 시작된다. 그러나 상대편 진 안에서 A팀 선수가 지면 진 사람은 진지 밖으로 나가 앉고 가위바위보에서 이긴 상대편 선수가 출발하여 경기는 이어진다.

> Tip. 경기 중 응원단장이 먼저 "잘한다, 김철수!" 선창하면 다른 사람은 따라서 응원한다. 혹시 가위바위보에서 졌더라도 "괜찮아! 괜찮아!" 외쳐 서로 격려하면 교사가 응원 점수를 주어 사기를 높일 수 있다.

글을 마치며

화목놀이가 학급문제를 해결하는 만병통치약은 아니었지만 놀이를 창조하고 실천하는 과정은 학급의 활력과 생기를 되찾아 주었고, 학생 간 관계도 이전보다 훨씬 화목하고 평화롭게 되었다. 화목놀이는 안전하면서도 구성원이라면 누구든 참여할 수 있는 우연적 요소를 갖추고 있었다. 이렇듯 학급 구성원 모두가 즐겁게 어우러지는 화목놀이의 장은 학급 생활에서 생긴 불만이나 불평을 발산시키는 장이 되었고, 무엇보다도 서로를 끊임없이 의식하는 아이들에게 서열과 인정경쟁의 벽을 허물고 교류하고 화합하는 기회가 되었다. 아이들 속에도 견고하게 형성되어 있는 계층의 벽, 끼리끼리 문화를 열린 문화로 바꾸어 주고, 학생 간 교류가 적극적으로 이루어지는 데 화목놀이는 강력한 효과를 발휘했다.

화목놀이는 단순한 놀이가 아니라 평화를 배우는 교육 활동의 과정이었다. 무작정 노는 것이 아니라 놀이하기 전에 놀이 규칙을 함께 정하고 놀이 중에 생기는 갈등은 놀이가 끝난 후 회의를 통해 문제점을 찾았다. 이와 같은 사전, 사후 활동으로 놀이가 학급 운영과 밀착되어 서로를 상호 보완하고 견제하는 역할을 해 주었다. 놀이는 평화를 실습하는 교육 활동이자 우리 학급의 평화 지수를 점검하는 장이었다. 놀이 규칙을 지키려 노력하는 과정에서 서로의 권리를 존중하는 방법을 배웠다. 더 나아가 규칙을 어겨 갈등이나 다툼이 생겼을 때 실수를 인정하고 친구에게 사과하고 화해하여 평화롭게 해결하는 방법을 내면화하였다. 운에 의해 승패가 좌우되는 우연 놀이는 특별한 기능이 요구되지 않기 때문에 놀이에 참여하는 긴장감을 덜어 준다. 따라서 누군가에게 책임을 돌릴 필요가 없기 때문에 학급 구성원 전체가 참여하는 화목의 가치를 실습하였다. 화목놀이 중 새롭게 깨달은 것은 응원의 효과였다. 친구들이 나를 응원할 때 '나'라는 울타리를 넘어 '우리'라는 소속감으로 서로 연대하는 우정의 가치를 내면화하였다.

'친구들이 나를 응원하는구나!'
'센 척하지 않고 나를 표현해도 안전하구나!'
'친구들과 어울리고 교류하는 것이 참 좋구나!'

부록

평화 윷놀이	월 일 교시
	초등학교 학년 반
모둠명:	이름:

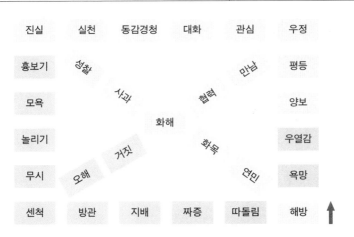

- 변형 규칙

▶밀어주기:
잡기가 아니라 밀어주기(3번 밀어주면 우리 팀 말 하나 나오기)

▶맞춤나기:
[해방]에 도착하여 해방의 기쁨을 맛보고 반드시 '도'로 맞추어 나간다.

▶우정도:
상대방 모든 말을 한 칸 앞으로 이동시키기(우리 한 번 더 윷 던지기)

•놀이 전 약속 정하기

▶상줄 위치와 보상:
(예) 윷 한 번 더 던지기, 말 하나 업기 등

_____

_____

▶벌칙 위치와 벌칙:
(예) 한 번 쉬기, 처음으로 돌아가기, 퀴즈

_____

_____

▶이긴 팀 보상:

_____

_____

▶응원전:

_____

_____

▶[화해]에 도착했을 때 실천:
(예) 악수하기, 하이파이브, 안아 주기, 눈 맞춤 10초

_____

_____

_____

1. 평화 윷놀이가 재미있었다면 그 이유는 무엇입니까? 또는 재미없었다면 그 이유는 무엇입니까?

_____

2. 윷놀이 판에서 파란 칸 안에 있는 단어는 평화와 우정의 반으로 나아가는 데 필요합니다. 파란 칸 단어 중 우리 반에 가장 필요한 단어는 무엇이라고 생각합니까? 그 단어를 선택한 이유는 무엇입니까?

우리 반의 평화를 위해 가장 필요한 단어:

_____

이유:

_____

_____

3. 윷놀이 판에서 빨간 칸 안에 있는 단어는 학급 평화를 방해합니다. 빨간 칸 단어 중 우리 반에서 제일 먼저 없어져야 할 단어는 무엇이라고 생각합니까? 그 단어를 선택한 이유는 무엇입니까?

우리 반에서 제일 먼저 없어져야 할 단어:

_____

이유:

_____

_____

4. 윷놀이 판에 새롭게 추가하고 싶은 단어가 있다면 무엇이라고 생각합니까?

우리 반의 평화를 위해 가장 필요한 단어:

_____

우리 반에서 제일 먼저 없어져야 할 단어:

_____

5. 윷놀이 판에 있는 단어 중 학급에서 내가 경험한 것이 있다면 무엇입니까? (내가 직접 경험한 것, 내가 보고 들은 것, 내가 당한 것 등) 그때의 느낌과 생각도 써 봅시다.

_____

_____

_____

6. "평화로운 학급"을 주제로 자신의 생각과 느낌을 표현해 봅시다(형식은 자유).

_____

_____

_____

_____

_____

학급의 약속과 나를 돌아보게 하는 공과격

이은영

학년 초에 학급 구성원 모두가 회의를 통해 만든 생활 약속이나 수업 규칙은 학급의 법률과도 같다. 학급의 모든 구성원들이 수업규칙을 지키려 노력할 때 교사의 수업권과 학생들의 학습권이 지켜질 수 있다. 그런데 사소한 말 한마디가 금방 다툼으로 번지고 이내 싸움으로 커지기도 한다. 3월 첫 주에 정한 약속은 시간이 지나면 잊힌다. 우리가 정한 규칙을 잘 지키고 있는지 점검하는 시간을 갖는 것은 중요하다.

1학기에는 매월 한 번씩 설문지를 통해 약속과 규칙을 잘 지키는 학생과 지키지 않는 학생을 조사하였다. 그래서 잘 지키는 학생의 이름을 '명예의 전당'이라는 칸에 게시하고 명예심을 높이는 방법을 사용하였다. 그러나 거의 명예의 전당에 이름이 올라간 학생은 다음 달에도 그다음 달에도 계속 이름이 게시되었다. 보통의 경우 언어생활이 거친 학생은 여전히 놀리거나 욕을 하였고 다혈질인 학생은 작은 일에도 부르르~ 화를 내고 금방 다툼과 싸움으로 번졌다. 초등학교는 학습보다는 생활지도에 더 많은 어려움을 겪는다. 내가 이제까지 가르쳤던 학교는 주변의 사회적 여건이 낙후하고 경제적으로 어려운 학생들이 많아 다툼이 자주 발생하였다. 어려운 지역 학생들일수록 불만과 분노가 가득 차 있기 때문에 주변의 작은 충격에도 감정이 폭발한다. 따라서 쉬는 시간, 점심시간, 수업 시간에 크고 작은 싸움이 생겨 그 다툼을 중재하느라 많은 에너지를 빼앗긴다. 사실 관계를 밝혀 잘못을 인정하고 진심 어린 사과를 하는 것도 중요한 인생 공부이다.

규칙과 약속에 비추어 스스로 자신을 돌아보는 방법은 없을까? 실수나 잘못을 하더라도 빨리 인정하고 사과하여 화해할 수 있으면 얼마나 좋을까? 그러나 성인도 본인의 언행을 제어하지 못하는데 어린이들이 자신의 언행을 통제하는 것이 쉬울까? 나의 고민은 깊어져 갔다. 그때 따돌림사회연구모임의 한 선생님께서 '공과격'을 귀띔해 주셨다.

공과격의 유래

남송에 원료범이란 20살 청년이 과거를 보러 남경에 가던 중에 소강절 선생을 찾아뵈었다. 소강절 선생은 다음 날 사주를 책으로 한 권을 써 주었다. 책의 내용을 쭉 펼쳐 보니 인생 시나리오를 줄줄이 써 놓은 것이다.

- 당신은 금년 과거엔 급제 못 한다.
- 3년 뒤 시행하는 과거에 3등으로 급제한다.
- 수명은 55세까지 살고 그 성城의 장관까지 지낸다.
- 자식은 한 명도 없다.
- 몇 년 몇 월 몇 시에 무슨 병으로 죽는다.

소강절 선생으로부터 사주를 본 원료범은 과거를 보러 떠났는데 정말로 과거에 떨어졌다. 그리고 3년 뒤에 3등으로 합격한다. 정말 족집게가 아닌가? 그때부터 원료범은 '개인에게 주어진 운명이란 것은 피해 갈 수 없는 것인가 보다.' 하고 체념한 채 살게 되었다.

그로부터 3년 뒤 원료범이 4월 초파일에 절에 가게 되었다.

사람들이 탑돌이를 하고 절을 하면서 부처님께 소원을 비는 모습을 바라보면서도 원료범은 말없이 혼자 앉아서 술잔만 기울이고 있었다.

그것을 본 그 절의 주지승이 물었다.

"여보시오 처사! 당신은 범상한 사람이 아닌 거 같소."

"어째서 다른 사람들은 저마다 부처님께 소원을 빌고 기도를 하는데 당신은 바라는 바도 없이 그렇게 앉아서 술잔만 기울인단 말이오?" 하고 물었다.

원료범은 소강절 선생을 만나 자신의 앞날을 족집게처럼 맞힌 사연을 이야기했다. 그러자 노승이 말하기를,

"원 처사, 인생은 그런 것이 아니요."

하고 말하면서 공과격攻過格이란 책을 주었다. 공과격은 공덕과 과실을 따지는 점수 매기는 책이다. 그 책에는 다음과 같이 기록되어 있었다.

일상적인 행위를 공(功, 선)과 과(過, 악)로 분류하고, 그 각 행위에 점수를 주어, 일공(一功, 플러스 1점)이나 일과(一過, 마이너스 1점)라고 기록하는 책이었다. 원료범은 아침저녁으로 한 시진(2시간)씩 수행하고 공과격에 따라서 매일 취침 전에 그날의 행위에 따라 공덕을 기록하였다. 어제보다는 오늘 더 공덕을 쌓으려 노력하였고 과오는 줄여 나갔다. 월말에는 소계를 내어 지난달과 비교하여 더 공덕을 쌓으려 수행하였다. 더 나아가 연말에는 총합을 내어 점수를 관리하니 3년 뒤부터 운명이 변하기

시작했다.

본래 자신의 운명에 아들이 하나도 없는데 아들 둘을 낳았고, 본래 수명이 55세인데 75세까지 살았다. 그 당시 평균수명이 40세였으니 엄청 장수한 것이다. 지방 장관까지 진급한다고 했는데 중앙 정부의 장관급까지 진급을 했다. 이 원료범 선사는 실제 인물이고, 원료범 선사가 창시한 문파가 대만의 도교 5대 문파로 지금까지 전해지고 있다. 인간의 화복은 그 사람의 행위에 의해서 정해진다는 '인과응보'의 사상에 입각한 것이다.

공덕		과오	
죽을 사람 한 명을 살려주면	+100점	한 사람을 죽게 만들면	−100점
의지할 데 없는 사람을 거두어주면	+50점	결혼을 파경에 이르게 하면	−50점
고아를 데려다 기르면	+30점	모욕하거나 함정에 빠뜨리면	−30점
가축의 생명을 구제하면	+5점	험담이나 이간질하면	−5점
한 사람의 선을 칭찬하면	+1점	귀에 거슬리는 말을 듣고 화내면	−1점

'대인배(군자)' 되는 공과격

3학년인 우리 반 학생을 대상으로 규칙을 점검하기 위해 공과격을 재해석하여 적용하였다. 우선 학생들에게 운명을 바꿀 수 있는 비법을 소개해 주겠다며 '공과격' 카드를 내밀었다. 공과격의 유래를 이야기해 주었고, 꾸준하게 1년 동안 실천해 보고 어떻게 내가 변하는지 살펴보기로 하였다.

주제	구분	내용	공과	8.29~9.2	9.5~9	9.19~23	9.26~30
학급약속	공	화목하게 지내기 위한 노력	10				
		대인배가 되려는 노력 (도움, 양보, 이해)	20				
		선생님께 예의 지키기	20				
	과	화목하려고 노력하지 않음	-10				
		나뿐인 소인배의 생활 (경쟁심, 이기심)	-20				
		선생님께 소리 지르거나 짜증 내기	-20				
		① 학급 약속 합계	50				
수업규칙	공	바른 자세로 수업에 집중	10				
		쉬는 시간에 다음 수업 준비	10				
		발표하기	10				
		친구 공부 가르쳐 주기	20				
	과	끼어들기, 흐름 끊기	-10				
		떠들기, 장난치기	-10				
		5분 서 규칙 읽기	-10				
		가치사전/시로벌	-20				
		② 수업규칙 합계	-50				
화목화행	공	부탁하는 말하기	20				
		친구, 나 위로하고 격려하기	10				
		잘못 인정하고 사과하기	10				
		화해의 편지 또는 시 쓰기	10				
	과	놀리기	-20				
		뒷담화(흉보기)/거짓말	-10				
		거친 말/욕	-20				
		③ 화목 화행 합계	50				
할일	공	독서 30분	10				
		숙제	10				
		준비물	10				
		효도:	20				
	과	급식 남기기	-10				
		숙제, 배움 공책 안 냄	-10				
		사물함 책상 주변 정리 안 됨	-20				
		불효:	-20				
		④ 할 일 합계	50				

공과격[功過格] 공덕이 되는 것, 잘못이 되는 것을 만든 표

예를 들어 한 주 동안 친구를 칭찬하거나 격려하면 10공, 나의 실수나 잘못을 인정하고 사과하면 10공, 합산하면 20공을 기록할 수 있다. 그러나 친구를 놀리면 -20과를 기록하고 욕까지 했으면 -40과를 합해 -30과가 부과된다. 화목화행 항목에서 20공에서 40과를 빼니 총 -20과가 이번 한 주 나의 화목화행 공덕 결과임을 한눈에 알 수 있다. 이런 방법으로 학급 약속 항목을 모두 잘 지키면 50공, 수업규칙을 잘 지키면 50공, 화목화행을 모두 잘 지키면 50공, 할 일을 다 잘했으면 50공을 기록할 수 있으며 총 200공이 만점이다.

적용 초기 한 달간은 매일 칸을 만들어 그날 자신의 언행을 돌아보고 점수를 쓰게 했다. 매일 꾸준하게 공과격을 기록하는 것이 중요하다고 강조하였다. 선생님도 점수 결과를 따지지 않을 테니 점수의 높고 낮음에 연연하지 말라고 당부했다. 금요일에는 1주일간 공과 점수를 누계하여 기록했지만 점수 결과는 전혀 언급하지 않았다. 학생들이 선생님께 잘 보이려고 점수를 조작하거나 다른 사람과 비교하지 않게 하기 위해서이다. 몇몇 학생들은 꾸준하게 매일 기록했지만 대부분 학생들은 매일 기록하는 것에 부담을 가지고 서서히 하지 않는 학생이 생겼다. 그래서 5월부터는 1주일에 한 번씩 스스로를 돌아보고 성찰하는 시간을 가진 후 기록하는 방법으로 변경하였다. 4주간 기록하게 되면 한 달 동안 나의 생활을 돌아보고 자신을 격려하거나 위로하며 칭찬하는 편지를 쓰거나 다투었던 친구에게 사과하는 편지나 시를 쓰는 편지 칸을 추가하여 '자기우정'과 우정교육을 하였다.

"사람은 누구나 실수하며 배우고 성장해요. 서양에서는 인격이 훌륭한 사람을 '성인聖人'이라 부릅니다. 동양에서는 훌륭한 사람을 '군자'라고 표현합니다. 군자란 잘못을 저지르지 않는 사람이 아니라 자신의 실수나 잘못을 빨리 깨닫고 고치려 노력하는 사람이라고 합니다. 어른들도 실수하고 잘못합니다. 더군다나 어린이는 실수할 특권을 가진 사람들입니다. 실수할 때마다 얼마든지 수정할 수 있어요. 한 달간의 공과격 결과를 보면 때로는 잘한 점도 있고 부족한 점도 있을 거예요. 잘한 점은 구체적으로 나를 칭찬해 주세요. 고쳐야 할 점은 발견하여 다음에는 더 잘할 수 있다고 격려해 주세요. 일이 잘 풀리지 않아 속상했던 적이 있다면 그렇게 될 수밖에 없었던 상황 속에서 나를 응원하고 위로하는 편지를 자신에게 써 주세요. 나를 가장 잘 아는 사람은 바로 나 자신이에요. 이렇게 스스로를 응원하고 격려하고 위로한다면 나 자신이 가장 훌륭한 친구가 될 수 있어요. 이것을 '자기우정'이라 합니다."

"사람은 두 부류가 있습니다. 나보다 우리를 생각하는 '대인배'와 자신의 이익만 생각하는 '소인배'입니다. 여러분!『개구리네 한솥밥』에서 개구리는 길을 떠나다 만나는 친구들을 도와줍니다. 결국 집으로 돌아오는 길에 도움을 준 친구들에게 개구리가 도움을 받습니다. 이 책에서 '대인배'를 상징하는 인물은 개구리입니다. 세상에 공짜는 없습니다.『흥부와 놀부』,『콩쥐와 팥쥐』,『황금 거위』등 모든 동화들이 '착하게 살면 상을 받고 나쁜 사람은 벌을 받는다'는 세상의 이치를 말해 줍니다. 여러분 소인배가 되고 싶어요? 대인배가 되고 싶어요? 내가 다른 사람을 도우면 나도 언젠가는 도움을 받게 됩니다. 대인배는 다른 친구와 화목하고 평화롭게 지냅니다. 어떤 친구와 다투었는데 화가 많이 나 사과하지 못했다면 지금이라도 그 친구에게 화해의 편지나 시를 써서 선물로 주세요. 말로 표현할 수 없었던 이유를 글로 쓴다면 그 친구도 이해하기 쉬울 거예요.

친구에게 받은 편지에 답장을 쓰듯이 내가 쓴 시를 읽고 답시를 쓴다면 최고의 대화가 됩니다. 최고의 대화는 시적 대화입니다."

　5월, 6월, 7월… 시간이 지날수록 학생들은 자기를 응원하기도 하고 속상했던 일에 대해 스스로를 위로하며 격려하기도 했다. 친구에게 고운 말을 사용했는지 놀리거나 욕하지는 않았는지(화목화행) 언어생활을 성찰하였다. 더 나아가 가정에서 부모님을 기쁘게 해드리거나 잘 따랐는지 효도 항목도 추가하였다.

　공과를 합한 점수로 상벌을 주지 않았으며 주간의 행위 결과를 누계하여 자기성찰의 자료로만 활용하였다. 담임교사는 매주 1시간을 주어 기록하는 과정만 확인하고 공과격 표 옆에 쓴 편지나 시를 작품처럼 게시하였다. 일일 누계할 때는 점수에 연연하는 모습을 보이기도 했으나 편지 쓴 글이나 시를 게시하였더니 그런 모습이 점점 사라졌다. 1학기에는 자기를 칭찬하고 격려하고 때로는 위로하는 자기우정의 편지를 쓰곤 했다. 담임교사가 시를 써서 들려주고 시를 소개하였더니 2학기에는 자기우정의 시를 더 많이 썼다.

5월의 공과격을 한 후 자기우정의 편지

○○에게

○○아!
친구랑 싸우고 선생님 말씀을 잘 안 들었어. 그렇지만 화해는 잘했어.
다음부터 싸우는 것은 줄이고 선생님 말씀을 잘 듣자.

○○가

△△에게

△△야!
짝이 널 밀었다고 발끈해서 너도 민 것은 잘못한 거야. 그러나 바로 화해한 것은 잘했어. 글씨도 또박또박 쓰자.

△△가

□□에게
잘 지내고 있지? 공과격도 잘 기록하고 있지? 넌 매우 잘하고 있어.
운동도 꾸준히 하자. 알았지?
그럼 안녕!

□□가

7월의 공과격을 한 후 자기우정의 편지

○○아!
잘하고 있지? 그렇게 솔직히 하면 잘할 수 있어. 처음에 공과격 점수 쓸 때 거짓말로 하다가 지금은 솔직하게 잘 쓰고 있어. 0점이 나왔지만 점수가 중요한 건 아니야.
네가 꾸준히 잘하고 있는 것이 중요해. 너는 뭐든 잘할 수 있어. 맞아. 넌 너무 잘해. 목표를 향해 천천히 꾸준히 잘 가고 있어.

○○가

△△야!
7월 14일 놀이터에서 반칙하고 길동이가 네 가방을 쳐서 너도 길동이의 허벅지를 찼지? 네가 먼저 반칙을 하고 길동이를 찬 것은 잘못한 거야. 하지만 바로 인정하고 사과한 것은 잘했어.
이젠 친구를 때리지 않고 글씨도 잘 쓰는 모범생이 되자.

△△가

□□야!
공과격을 잘하고 있는지 궁금해서 편지를 보냈어. 역시 잘했구나! 정말 잘했어. 점점 발전하고 있네. 배드민턴도 꾸준하게 잘했네! 두 번 정도 못해도 괜찮아. 다음에 하면 되지.
길동이와 싸운 후 먼저 화해한 것도 잘했어. 부모님께 효도도 역시 잘하고 있어. 모든 게 완벽해! 내일을 위해서 파이팅! ^^*

□□가

9월의 공과격을 한 후 자기우정의 시	10월의 공과격을 한 후 자기우정의 시

싸운다

　　　　　　　　　　○○○

이번 주엔 너무 많이 싸웠다
내가 못 참아서 그렇다
내가 많이 때렸다
많이 싸웠다

다음부터 사이좋게 지내자

좀 고쳐졌다

　　　　　　　　　　○○○

싸우던 것
놀리던 것
어느새
거의 다 고쳐졌다

기분이 좋다
공덕을 더 많게 만들어야지

친구를 소중하게 여겨야겠다

엇갈리는 한 달

　　　　　　　　　　△△△

한 번 싸우고
한 번 화해화고

또 한 번 싸우고
또 한 번 화해하고

놀다 싸우고 화해하고
또 놀다 싸우고 또 화해하고
엇갈리는 한 달 생활

싸움 줄이자
싸움 없으면 화해 없다

아주 다른 생활
바른 생활하자

10월

　　　　　　　　　　△△△

내가 잘한 일
친구 공부 가르쳐 주기
친구 말 경청하기

내가 못한 일
수업 시간에
말 많이 한 것

잘한 일은 많이
못한 일은 적게

생각은 깊게
말하기 전
생각하고 말하기

11월의 공과격을 한 후 자기우정의 시

그냥 그렇다

○○○

그냥 그렇다
조금씩 고치려고 하지만
다시 제자리

다시 시작하자

지구 끝까지

△△△

친구 우정
남극
싸운 친구 우정
북극

지구 끝과 지구 끝
우주 끝과 우주 끝

12월의 공과격을 한 후 자기우정의 시

잘 안 고쳐진다

○○○

싸우는 것, 때리는 것
잘 안 고쳐진다

선생님께 소리 지르는 것도
잘 안 고쳐진다

나는 고치고 싶다
하지만 잘 안 고쳐진다

친구들과 사이좋게 지내자고
공과격을 쓰며 꼭꼭 약속한다

한 달 후 이별

△△△

여름 방학이 정말 지겨웠다
친구들과 놀고 싶었는데...
다시 싫은 방학이 찾아온다

친구가 없으면
난 쓰러질 것 같다
친구는 나의 버팀목 같은 존재

남은 1주일과 2월
친구들과 즐겁게 놀고 싶다

한 달간 나의 생활을 돌아보고
나에게 하고 싶은 말을 편지로 쓰거나 시로 써 보자

(월 일~ 월 일)

(예)

칭찬: 나의 자랑스러운 면, 내가 잘한 점 스스로 칭찬하기

격려와 응원: 내가 지키기 어려웠던 점, 내가 고치려고 노력해야 할
　　　　　점 발견하고 나를 격려하기

위로: 나의 잘못(실수) 인정하고 그렇게 될 수밖에 없었던 상황과 속
　　　상했던 마음을 털어놓고 실망하지 않고 위로하기

친구와 화해: 나와 다투거나 싸웠던 친구에게 먼저 사과하고 화해의
　　　　　편지나 답시 쓰기

제목: _____

　　　　　　　　　　이름: _____

_____

_____

_____

_____

_____

_____

_____

　　　　　　　　　　　　날짜: _____년 __월 __일

지금은 공연 중:
부조리극 세상에서 평화극을

오은정

호더스 신드롬(Hoaders Syndrome)

우울한 몽상가로 사춘기를 힘겹게 보냈다. 왕복 2시간이 넘는 등하굣길에서 시간과 거리의 변화를 무감하게 바라보면서 어느새, '나 자신을 포함한 인간의 변화가 가능할까?'라는 생각을 하게 되었다. 그러다가 사범대생이 되었으니, 몸도 마음도 그곳에 있던 적이 없었다. 엉겁결에 교단 위에 서게 된 1997년은 그래서 많이 당혹스러웠다. 마침 그해는 초등학교 영어 공교육 도입 원년으로 영어교육을 전공한 나는 영어교사로 아이들과 만났는데, 교육적 신념이 없는 나로서는 많이 다행스러운 일이었다. 초등 영어를 정착시키기 위한 당국의 무차별적(?) 지원으로 각종 연수며 물품의 무한 보급 등등 속에서, 새벽반 영어회화반을 다니는 조금의 수고만 곁들이고 교육에 대한 성찰은 한껏 미뤄도 되는 편안한 교사생활을 영위하게 되었던 것이다.

어느 날 당시의 신규 교사 멘토이셨던 연구부장님이 물으셨다.

"오 선생은 아이들을 가르치면서 머릿속으로 무엇을 그립니까?"

질문의 뜻이 이해되지 않아 아리송해 있는 나에게 멘토는 '그것부터 찾아라'라며 자리를 뜨셨다. 나중에 알고 보니, 영어과 연수에서 얻은 정보와 지식, 교육 상품들을 섭렵하며 내가 너무도 무당처럼 널뛰기 수업을 하니 한 번쯤 질문을 던져 보고 싶더라는 것이다. 하지만 당시에 나는 들킬 것을 들켜 버린 것처럼 얼굴도 마음도 새빨갛게 물들어 버렸다. 나는 교육은 고사하고 한 차시의 수업도 큰 그림 없이 기능적인 강습으로 하루하루를 넘기고 있었던 것이다.

수업의 밑그림은 무엇일까? 안타깝고 절박한 심정으로 내 수업을 조망해 보았다. 인형의 탈을 쓰고 시작할까, 오페라 아리아를 구성지게 불러 볼까 등의 고민을 바탕으로 보통 내 수업은 임팩트 있게 시작되었다. 화려한 교구들을 맛보기로 보여 주고 교과서에서 제시한 목표어 혹은 목표 문장을 연습했지만 이걸 왜 배우는지, 문화적 배경은 무엇인지에 대한 '교육'은 없었다. 일단 비싼 교구들에 힘입어 흥분된 활동이 끝나면 아이들의 뻔하고 우렁찬 'Yes' 대답을 듣기 위해 이렇게 묻곤 하였다.

"Did you enjoy the English Class?"

아, 나는 정말 아무 고민이 없었다. 나의 슬픈 우물엔 구정물이 넘실거려 내 얼굴은 흐릿하니 뵈지 않았다. 내 교실엔 수업이라는 이름의 서비스는 있었지만, 교육도 교사도 없었던 것이다. 실제로 1997년 어느 가을밤 이 고민에 눈물을 흘리며 쓴 시를 지금도 교사 자아가 흔들릴 때 들여다보게 된다.

아무것도

오은정

연필을 매일 쥔 덕분에

오른손 넷째 손가락에 생긴

굳은살

개구리볼처럼 솟아오른 너를 만지며

남모르게 웃음 띠게 하는 훈장으로

요절한 시인의 선물로

함부로 자랑스러워했다

내가 만들었다 떠들고도 다녔다

오늘 고장난 풍향계를 고치려고

연필을 잡았는데

한 번도 그려 보지 못한 그림을 그리려는

나에게 굳은살, 네가 속삭인다

"아무것도 쓴 적도 그린 적도 없잖아요?"

슬퍼하면서 돌아보니 교사연구실도 집의 방도 이러저러한 물건들과 각종 연수물로 그득하였다. 쓰러질 듯 기둥을 이룬 나의 물건들은 흡사 『꽃들에게 희망을』에 나오는 맹목적인 욕망의 탑을 이곳저곳에 올리고 있는 애벌레 무더기를 떠올리게 했다. 난잡하게 쌓인 그것들을 하나씩 하나씩 빼내 쓰면서 나는 나름 성실하고 능력 있는 교사라고 히히덕거렸던 것이다.

물론 나는 이제나 저제나 호더스(저장강박증) 기질이 다분한 사람이다. 그러나 그때 쌓아 두었던 물건들은 그야말로 정신의 황폐를 감추기 위한 물리적 장치에 지나지 않았다.

난 팔을 걷어붙이고 '물건'들을 정리하기 시작하였다.

교사-배우(Teaching Actress)

사실, 나는 방랑시객放浪詩客을 꿈꾸는 몽상가 기질도 버리지 못하였고 자신과 삶의 변화를 진취적으로 엮어 나갈, 더군다나 그것을 어린 학생들에게 가르칠 수 있는 강인한 역량도 없었다. 나를 아는 사람들에게도, 나 자신에게도 내가 버틸 수 있는 교사 연한은 '3년' 정도가 최대였다. 교사 신분은 유지하였더라도 진짜 교사는 되지 못한 채 그냥 생계형 교사로 살았을지도 모른다.

나는 수업 그림은 '산山'이라는 막연한 결론을 잠정적으로 내렸다. 오르막이 있으면 내리막이 있는 산처럼, 수업 혹은 교육이라는 산 정상의 목표를 생각하며 목표에 도달하기 위한 길 내기, 이정표 세우기를 하는 것이 교사라고 생각한 것이다. 어린 성정답게 '그림'이라고 하니 그림답고 보기(설명하기) 좋은 답을 내놓았던 것 같다. 어쨌든 그 그림 속에서 교사는 정교한 등산 안내의 길잡이 정도로 장치되었다. 수업 목표에 도달한 학생들이 지적, 정의적 환희를 경험할 수 있는 수업을 해야겠다는 큰(?) 목표의 깃발을 산 정상에 꽂았다. 이러한 생각은 1999년부터 탐문한 교육연극Educational Drama의 스킬과도 연동되어서 내 잠정적인 답이 '절대정답'이 됨으로써 10여 년을 버티게 만들었다.

그 일환으로 한동안 모의놀이 학습learning by simulation으로 사회과 수업을 진행하곤 했는데, 이에는 사회과 수업을 통해 실제의 사회적 개념들을 학생들이 내면화하게 한다는 기본 목표를 가지고 교과서 속 죽은 글자가 아니라 스스로 활동하면서 원리를 깨우치게 만들자는 취지가 담겨 있었다. 이를테면 당시 정치단원의 '사법부'를 배우던 중에 꼭 하게 했던 학급 재판은 다음과 같은 산을 그리면서 진행되었다.

● 6학년 2학기 학급 재판 절차

1. 재판 준비
- 재판 대형으로 자리 만들기
- 의사봉, 판사 가운 등 준비하기
- 최소 재판 1주일 전에 재판 일정 공고하기
- 법조인과 피고, 증인 외의 역할(경찰, 기자, 배심원, 법무부 공무
  원 등) 정하기
- 검사와 변호사는 피고와 의뢰인, 증인 들을 면밀히 조사하기

2. 재판
- 판사 입장(일동 기립 등 엄숙한 분위기)
- 검사 사건 요지서(민사의 경우엔 원고 측 변호사 고소 요지)
- 변호사 변론
- 검사(원고 측 변호사) 피고 심문
- 변호사 피고 심문
- 증인 출석 및 심문
- 피고 최후 진술
- 제1휴정(기자들 인터뷰, 뉴스 헤드라인 정하기 활동)
- 검사 구형 (원고 측 변호사 요구 사항 발표)
- 제2휴정(판사들 회의, 판결문 작성, 재판 결과에 대한 예상
  토론)
- 판사 선고(판결문 낭독)

3. 재판 후 활동
- 항소, 상고 의사 결정
- 검사, 변호사 인터뷰
- 선고 확정되면 실제로 이행(법무부 장관이나 경찰 실행)
- 소감문 쓰기

이때 교사인 나는 피고, 원고, 판사, 검사, 변호사, 기자, 배심원, 방청객, 증인 등등의 구체적인 역할을 맡은 학생들 옆에서 법무공무원 역할을 맡았다. 판사의 입장이나 다음 절차 안내 등을 자연스럽게 공무원의 딱딱한 말투로 연기했다. 법무공무원 제복을 모방한 의상을 장착하고 능청스럽게 연기하는 내가 학생들이 자신의 배역에 더욱 집중하게 만들었던 것이 기억난다.

이런 식으로 나는 아우내 장터의 국밥집 아줌마도 되었다가 의자왕 삼천궁녀의 대장궁녀도, 길을 가다가 갑작스럽게 쓰러지는 할머니, 운명카드를 전해 주는 여신도 되었다. 정말 변화무쌍한 모습을 아이들에게 선보였다. 프로 연기자가 아니어도 강요받은 팬들이 있어 열연하였다. 만날 수 있는 흔한 모습의 교사가 아니어서인지 아이들은 열광했다. 재미있다, 사회가 좋아졌다 등의 찬사를 섞어서 나를 둥둥 띄웠다.

나는 이렇게 연극적 기법이 학생들에게 교육적 순기능을 한다는 점을 아직도 믿고 내 수업에 자주 적용한다. 그런데, 수업의 '그림'에 집착하느라 가치론적 사유가 없었던 때에 나는 교사-배우였다는 생각을 한다. 내가 맡은 잡다한 역할들처럼 교사라는 꽤 긴 역할도 그저 배역으로서 섬겨 내지 않았는지 말이다. 한마디로 '영혼 없었다'. 수업 구상을 하면서 극본도 많이 만들었는데 그것도 교과서와 시사 잡지의 각색인 경우가 많왔다. 이런 자아비판은 잘나가던 교육연극 전문 교사 생활에 대한 회의감에서 비롯되었다. 학생들이 학교와 배움에 대하여 소외감을 느끼고 학업 자체에 의미나 재미를 찾지는 않더라는 것이다. 이런 현상은 언제나 일어났을 텐데 그럴 때마다 '내 소관 아님'이 나의 처세였던 것을 고백하지 않을 수 없다. "잘못된 사회의 탓이고 교육이 어찌할 수 없는 본성nature의 영역이야." 하고 중얼중얼거리면서 회피하기가 다반사였는데 옛날 나에게 물음을 던졌던 그 멘토의 나이가 되자 더 이상 피하는 게 능사가 아니게 된 것이다. 실제로 나(교사-배우)와 호흡을 잘 맞춰 열심히 수업한 제자들은 자주 나에게 물었다.

"선생님, (중학교 가니까) 사회는 외울게 왜 이렇게 많아요?"

내가 자부한 대로라면, 내 수업은 학생의 내면에 깊이 닻을 내렸기 때문에 이후의 학습 장면에서도 그 과정을 거치지 않은 다른 학생들보다 덜 어려움을 겪어야 했다. 그런데 교육의 흐름이 매끄러웠고 혼신의 교사-배우의 활약으로 당해 연도는 즐거웠던 학생들은 공부의 참맛과는 거리가 먼 '배움 왕따'의 늪에서 허우적거리고 있었던 것이다. '어떻게 하면 학생들이 공부의 의미를 알고 공부를 즐기게 할 것인가?'라는 질문에 더 이상 연기만 하고 있을 수 없는 시간이 다가왔다.

교사-경찰(Teaching Cop)

결정적인 격변은 2013년에 찾아왔다. 생애 첫 생활부장을 맡게 되면서 나는 '초등학교에서 뭐, 선도 사안이 있는 것도 아니고 우리 학교 애들은 순하고 착하니까 쉽게 할 수 있을 거야'라는 깜찍할 정도로 안이한 생각을 하였다. 사실은 이전에 맡던 역할(방과후부장)이 너무 고되고 시간도 많이 뺏겨서 쉴(?) 생각으로 그 역할을 자처했으니 지금 생각하면 참 어이가 없다. 사실 1학년 담임교사를 하면서 맡은 생활부장이니만큼 주로 고학년에서 발생하는 선도 사안은 학급 담임이나 학년회의 차원에서 잘 처리하려니 하는 생각도 있었다. 결과적으로 말하면 그해엔 유난히 일이 많았다. 6학년 사이버 성폭력, 5학년 아파트 수도계량기 방화사건, 4학년 수업 중 음주 사건, 5학년 유혈 폭력 사건, 6학년 남학생 간 사이버 폭력 사건 등등.

팬들의 환호를 받는 고급 교사-배우는 더 이상 없었다. 궁색하게 내가 뭘 가르쳤나 꼽아 보는 텅 빈 교사校舍의 밤샘 불빛만 참으로 으스스하고 어두웠다.

깊이 있는 성찰은 시간을 요구한다. 하지만 2013년엔 한 줌 성찰의 여유도 없이 사건이 휘몰아치니 난 옷장에서 옷 고르는 정도의 분별밖에 발휘할 수 있는 것이 없었다. 그래서 내가 찾아 걸쳐 입은 옷은 '경찰'이었다. 『형법』과 『범죄심리학』, 『사건 프로파일』 등의 서적을 책상 위에 '보라고' 놔두었고, 조사받는 학생들이 교실에 방문할 때마다 취조자의 매서운 눈빛을 쏘아 보냈다.

예상대로 학생들은 주눅이 들었다. 학부모님도 동반해서 풀이 죽었고 선처를 바란다며 고개를 조아리셨다. 성실하게 조사서도 작성하고 반성문도 곧잘 써냈다. 담임교사와 교육적인 교류는 없었으며 일정의 통보와 담임교사가 작성할 것을 안내하는 역할을 하였다. 그렇지만 내가 문제의 본질을 외면하고 기능적 사안 처리를 하고 있다는 느낌을 지울 수는 없었다.

6학년 남학생 간 사이버 폭력 사건의 당사자들은 우여곡절 끝에 같은 중학교로 진학하였다. 그 중학교는 인근에서 평판이 좋은 사립 남학교로 학생들을 엄하게 훈육하는 학교이다. 그 사건의 가해 학생은 성적은 좋은데 친구들과 어울리지 못한다고 했고, 피해 학생은 6학년 때처럼 상담실과 보건실을 수시로 들락거린다고 하였다. 사실 그 사건은 실제적인 학교폭력을 구사했던 나머지 3명의 학생들도 한몫한 일이었는데 그 학생들은 여전히 학교의 일짱으로 명성을 날리고 있다는 후문이었다. 내 앞에서 눈물을 흘리며 진심 어린 반성문을 써내고 학교폭력대책자치위원회의 학부모위원들을 눈물 짓게 하던 그들은 지금쯤 6학년 그 시절을 어떻게 추억하고 있을까. 지금도 얼굴이 화끈거리게 내 경찰질이 난감한 부끄러움으로 다가온다.

평화교실 운영자

2013년 12월의 그 사이버 폭력 사건은 겨울방학 내내 조치 이행 및 상급 학교 진학 문제로 하루가 멀다 하고 학교를 들쑤셨다. 나는 너덜너덜해진 마음으로 제13회 참교육실천대회의 '학교폭력과 평화교육 분과'를 선택하여 참여하였다. 큰 기대보다는 다른 교사도 나랑 비슷한 고민을 하는지, 경찰 노릇을 하는 게 잘하는 건지 물어볼 수 있는 장場 정도는 될 거라는 것이 참여자로서 나의 생각이었다. 사실은 위로를 받을 수 있을 거라는 나의 바람이 참여 동기였다.

그러나 바람은 무참하게 무너졌다. 분과를 주도하는 교사들은 '따돌림사회연구모임'의 회원들이었고 초등학교, 중학교, 고등학교를 포괄하는 생활교육의 베테랑들이었다. 그런 그들 앞에서 난 초라하기 그지없었다. 근본적인 원인에 대한 연구와 실천이 없이 '인정투쟁' 생태계에서 그냥 똑같이 포식자 노릇만 하고 있던 교사-배우, 교사-경찰의 가면이 가차 없이 뜯겨졌다. 나의 학급은 재미진 '난장'이었지만 의미 있는 '배움터'는 아니었고 나는 학생들에게 군림하는 '어버이 자아'를 들이대었을 뿐 '이성 있는' 교육자가 아니었다. 생활 사안의 능숙한 처리자였으나 문제의 본질과 문제가 차지하는 교육적 의미에 대해서는 생각해 본 적도 없었다. 그렇게 열연을 하면서 재미있게 수업을 하였으나 학생들의 인생에 영향을 주는 공부의 의미를 전하지 못하였고, 밤샘을 불사하는 고심은 하였지만 학교폭력 관련 학생들에게 교훈을 주지 못하였다. 고백하자면, 이 모든 것이 드러나는 것이 사실 불에 데인 것처럼 아파서 자리를 보존하기도 어려웠다. 오로지 내 교직 인생의 중요한 전기turning point가 될 거라는 확신으로 그 자리를 견뎌 냈다.

자유주의의 호도와 시장 원리에 내맡겨진 학교 생태계는 적자생존의 구도를 견지하고 있다. 나를 포함한 대개의 교사들은 그 구조의 충실한 문지기로서 철학적 성찰을 하지 않은 채, 교육자로서가 아니라 영혼 없는 고나리[1]꾼으로 학생들에게 여겨지고 있었다. 당연히 학생들은 고나리꾼의 훈계를 자신의 변화로 이어 갈 리 없었다. 교육하는 사람은 없이 자아의 격동을 겪은 다음에 학생들은 본인들의 살 궁리를 하게 되어 있다. 맥락과 의미, 정의正義는 순간순간을 존재감 들게 하는 데에 있어 너무 귀찮고 어렵고 고나리스러운 것이다. 쉽게 인정받고(혹은 인정받는다고 여기고) 순간이 재미있으면 된다. 가장 쉬운 방법은 '만만한' 상대를 모욕하거나 상처를 주는 것. 다섯 명이 뭉쳐서 다른 애들을 괴롭히는 짓을 했던 사이버

---

1. 고나리: 잔소리를 뜻하는 청소년들의 은어. 부모나 교사의 참견이나 간섭을 부당한 '관리'라고 표현하다가 관리의 속기 중에 난 오타가 그대로 그들만의 용어로 굳어진 유형이다.

폭력 사건의 '5인방'들도 다른 학급 친구들을 괴롭히던 때는 지극한 '절친'이었다. 하지만 학급의 다른 아이들이 자신들의 말썽에 별다른 관심을 두지 않을 뿐만 아니라, '이상한 애들'이라는 낙인을 찍는 분위기가 되자 그들 내부에서 가장 약한(실제로 체구도 왜소하고 성적, 스포츠 등에서 다른 아이들과 급이 달랐던) 친구를 괴롭혔던 것이다. 내가 이것을 파악했더라면 나는 좀 다르게 학생들에게 질문했을 것이다.

"너희들이 그렇게 했던 진짜 이유는 무엇이었니? 한번 생각해 볼까?"

지금도 그들은 인정을 받기 위해 급급하고 팍팍한 여정을 이어 나가고 있을지 모른다.

나는 감히 2014년 1월이 내게 '대운大運'이 들었던 해라고 술회해 볼 것이다. 왜냐하면, 교사 역할 연기자로 퍽 잘 지내던 내게 나머지 교직 인생 동안에 '진짜 교사'가 되어 볼 기회를 제공 받았다고 여기기 때문이다.

학교폭력 문제의 해결, 더 나아가 민주적이고 평화로운 학급 운영 속에서 '참배움'이 일어나는 수업을 구상하고 실행하는 것을 더 이상 미루지 않아도 되었다. 공간적 차원의 교실(학교)이건, 시간적 차원의 수업이건 이러한 맥락에서 교육적 재구성을 할 수 있다는 의지와 동기가 생기기도 하였다. 실천을 전제로 하는 '연구의 진정성'은 교육연극에 대한 박사학위 논문을 쓰던 그때보다도 더 절실하게 나를 끌어당겼다.

2014년 새로 전입한 학교(현임교)의 6학년 학급 담임으로서는 남다른 포부가 생겨났다. 우리 반 아이들의 서사敍事, narrative를 눈여겨보게 되었고, 자신이 다져 온 나름의 삶의 대응 방식(처세술)을 자기 자신의 방식으로 표현하였다. 한편, 매 과목의 첫 수업 시간에는 각 과목의 이유와 지향을 밝히는 오리엔테이션을 실시하였다. 먼저 그 과목에 대한 자신의 느낌을 색깔이나 단어로 표현해 보게 하고 그 과목명을 제목으로 하는 그룹 타블로(Group Tableau, 교육연극 활동 중 정지동작)를 만들게 했다. 아이들의 선호와 혐오, 그 이면에 대해 이렇게 알아본 후, 과목 관련 직업을 가질 것도 아닌데 이것들을 왜 배우는지 이야기를 걸었다.

그리고 아이들의 의견을 바탕으로 각 과목에 대해 세 문장으로 요약, 정리하였다.

＊국어
• 말과 글은 얼(영혼)에 연결되어 있다.
• 보이지 않는 마음과 생각이 말과 글로 보이게 되는 것이다.
• 각자의 영혼을 잘 가꾸고 평화 세상을 만들기 위해 국어 공부를 열심히 해야 한다.

＊수학
• 우리 세상은 수(數)와 선(線)으로 이루어져 있다.
• 수와 선의 아름다움과 규칙을 파악함으로써 세상을 더 잘 바라볼 수 있다.
• 병든 수가 지배하는 세상을 평화세상으로 만들기 위해 뇌를 단련시키는 수학을 공부한다.

＊도덕
• 사람의 겉이 아니라 속을 가꾸는 것에 대해 항상 고민해야 한다.
• 삶의 이유와 방향을 평화세상으로 맞추기 위해서 항상 생각하도록 돕는 과목이다.

- 내 마음대로가 아니라 내 마음을, 잘 조절하고 성장시켜 평화 세상에 한몫해야 한다.

*영어
- 세계는 지구촌이란 이름으로 매우 가까워져 있고 그를 이어 주는 언어가 영어이다.
- 지구상의 중요한 이야기들이 주로 영어로 공표되거나 번역된다.
- 평화세상에 대한 이야기를 더 많은 사람들과 나누기 위해 익힐 필요가 있다.

*과학
- 자연과 사물에 대한 주의 깊은 관찰과 궁리가 만들어 낸 과목이 과학이다.
- 세상의 작동 원리를 설명하고 인간의 한계와 오류를 영리한 방향으로 되새기는 작업이다.
- 진짜 과학은 평화 세상에 도움이 되는 발명과 발견이다.

*사회
- 다른 동물들, 심지어 영장류와도 대별되게 하는 모든 영역을 다루는 문명의 과목이다.
- 시간문명(역사), 공간문명(지리), 권리문명(정치), 문화문명(사회문화), 계약문명(경제)에 대한 공부를 평화주의 관점으로 익혀 평화 원리로 작동하는 새 문명을 창출해야 한다.

＊체육

- 내 몸을 감각하고 작동하고 조절하는 능력을 기르는 과목이다.
- 어디에든 섬세하게 닿아 있는 혈관과 신경처럼 내 온몸을 평등하게 다뤄 줘야 한다.
- 목뼈에서 꼬리뼈까지 질서 있게 몫을 해내는 건강한 몸으로 평화세상에서 살아야 한다.

＊음악

- 공기의 파동을 이용하는 공기예술이며 사람의 정신을 지배하는 청각예술이다.
- 음표의 질서와 박자의 균형이 절묘하게 살아 있는 음악에 대한 경험을 넓힐 필요가 있다.
- 평화의 의미가 살아 있는 가사, 마음을 울리는 음정과 박자로 내 영혼을 가꾸어 나간다.

＊미술

- 원시인들조차 삶의 흔적을 남기는 방법으로 사용한, 유서 깊은 조형예술이다.
- 삶을 가꾸고 드러내는 데에 곳곳에서 솜씨를 발휘할 때 미술적 감각과 능력이 필요하다.
- 자연과 사람에 대한 사랑을 드러내어 그리면서, 만들면서, 느끼면서 평화를 건설해 가야 한다.

- 일상에서 일어나는 문제를 인간다운 지혜로움으로 헤쳐 나가 는 데 필요한 것을 배운다.
- 아주 사소한 내 활동이 서로의 안전과 권리를 존중하는 방향 으로 가게 하는 것이 필요하다.
- 개인의 일상이 모여 평화 세상의 요소가 되느니만큼 일상 활동 을 평화롭게 헤쳐 나가야 한다.

과목 오리엔테이션에서도 드러나듯이 평화주의적 관점이 학급 경영에서 강조되고 있다. 이후의 학급 평화규칙 제정이며 학급 경영원리에 반복해서 적용되고 언급되면 학생들이 은연중에 '나의 배움이 어떤 의미를 가지는가'에 대해 생각하게 된 것을 볼 수 있었다.

진실과 화해: 대화가 된다!

① 진실과 화해의 과정

3월 초, 학급의 평화규칙을 제정하면서 '평화로운 학급'을 강조한다. 동시에 학생들에 대한 정확한 판단을 위해 주의 깊은 관찰과 조사를 진행한다. 학생들의 집단 역동 형태를 발견하고 1인자가 되려는 학생, 고립을 자초하는 학생 등은 더욱 세심하게 살펴보아야 한다. 많은 경우에 '학생 성장을 지향하는 동반자적 관계'로서 학부모와 면담을 하고 팀워크를 형성할 필요가 있다. A학생은 보호자인 외할머니와 손을 맞잡으며 대화를 하고 함께 키워나가자는 눈물의 만남(?)을 했었다. 진실은 때로 편협한 자식 사랑에 의해 은폐되거나 왜곡되는 경우가 많으므로 학부모와의 파트너십은 매우 중요하다.

진실과 화해 위원회는 문제 인지하기 → 학생 소집하기 → 상황을 입체적으로 재현하기 → 이면의 진실 드러내기 → 화해의 가능성과 방법 모색하기 → 화해(와 관련된 활동) 약속하기 → 화해 실천하기의 순서로 실시한다. 자세한 내용은 아래와 같다.

진실과 화해의 과정	내용	포인트
문제 인지	- 평화규칙을 제정할 때, 평화규칙을 어겼을 경우에 〈진실과 화해 위원회〉가 소집될 수 있음을 안내하기(학급안내 가정통신에도 이 사실을 명기하고 학부모의 양해를 득하는 것이 중요) - 지속적인 관찰에 의해 관련 학생들의 마음의 문을 여는 것이 필요하다고 생각되는 경우, 반복되는 상황으로 학급 전체의 분위기에 부정적인 영향을 끼치는 경우, 명백한 학교폭력 징후로서 이후에 폭력적인 양상으로 나타나게 될 것으로 예상되는 경우 - 진실과 화해 위원회가 소기의 성과를 거두려면 충분한 대화 시간이 필요하므로 2, 3시간의 블록타임을 확보하고 시작하기	사전 고지 집단역동과 관계있는 문제인지 판단하기
학생 소집	- 초등학교의 경우, 대부분의 학생 문제는 학급 전체 성원이 관련된 경우가 많으므로 전체 학생을 대상으로 학생 소집하기	소지품 없는 원형 형태

학생 소집	– 단, 여학생 간 집단따돌림이나 학급 간 문제의 경우에는 미리 선출된 진실과 화해 위원(학급 내에서 중재의 역량이 있는 학생 2, 3명) 및 관련 학생만의 소규모로 방과 후에 여는 것이 바람직함 – 오로지 대화에 집중할 수 있도록, 모인 구성원들이 서로를 응시하는 데 불편이 없도록 원형으로 둘러 앉아 위원회 진행 – 객관적인 묘사로 제목을 붙이고 위원회를 선포하기 [예] "미술 시간(교과전담 시간)의 ○○과 △△의 주먹다짐 사건과 관련하여 제1회 진실과 화해 위원회를 가지도록 하겠습니다. 모두 진실과 화해 위원회 형태로 자리를 배치해 주세요."	근엄하고 진지한 자세로 위원회 개회 선포
상황 재현	– 구체적으로 무슨 일이 있었는지 이야기 들어 보기 – 직접 관련 학생은 대체로 흥분 상태이거나 주관적일 경우가 많으므로 목격한 학생들부터 이야기 시작하도록 하기 – 침착하고 객관적으로 상황을 판단할 수 있는 학생부터 발언을 듣고, 한두 마디라도 자신과 사안의 관련성을 전체 학생이 발언할 수 있도록 하기 – 상황을 재현하는 데 필요한 발언을 모아 교사가 중간중간에 반영적 발언을 꼭 해야 함 – 관련 학생들은 다른 친구들의 말을 듣고서 빠진 이야기나 틀린 말을 교정해 주는 형식으로 맨 나중에 발언하기 [예] "○○이와 △△이가 미술 시간이 끝나고 나서 구체적으로 어느 곳에서 충돌이 있어요? □□이가 먼저 보았던 일을 말해 볼까요?" "○○이가 먼저 욕설을 했다는 친구 말이 나왔습니다. 두 친구가 거친 말을 한 것을 본 친구가 또 있나요?" "잘 들었습니다. ○○이가 미술 시간부터 이미 화가 나 있었는데 △△이가 툭툭 치는 식으로 장난을 거니까 ○○이가 거친 말과 주먹다짐을 시작한 것이네요. △△이는 이 상황에 더 보충할 말이 있나요?"	이야기를 통해 상황이 입체성을 띠도록 한다. 묘사와 반문 "이렇게 저렇게 되었군요." "그랬을 때 왜 모른 척하게 되었을까요?" 일부 학생의 문제인데도 전체 학생을 소집해서 의논하는 것을 납득시키기

진실 드러내기	– 앞 단계와 분절적으로 진행하기보다는 상황에 대한 세심한 묘사가 합의된 형태로 도출되었을 경우 자연스럽게 맥락과 본질을 밝히는 것이 중요 – 학생들이 자주 사용하는 '부사어'에 집중할 것 [예] '원래부터', '매일(맨날)', '학원에서도' 등등 – 교사는 판단적인 발언을 지양하고 객관적이고 종합적인 발언을 위주로 위원회를 진행할 것. 과거의 사건이나 에피소드가 나오면 그것을 보충하는 형식의 진행 발언을 사용하는 것이 좋음 [예] "이야기를 들어 보니까 △△이가 동네에서도 불쑥 끼어들거나 이해하기 어려운 행동을 하는 경우가 많았군요. △△ 본인은 이런 이야기에 대해 어떻게 생각하나요?" – 행동규범과 관련하여 할 말이 있을 때에는 자신의 이야기를 다른 친구들이 해 주는 형식으로 규범을 전달하는 방식이 좋음 [예] "○○이는 기분이 나쁠 때마다 거친 말을 자주 사용한 모양이군요. 다른 친구들은 이렇게 기분이 나쁜 경우 어떻게 자신의 상태를 표현하나요?"	극적 상황은 항상 이력 (역사적 맥락)과 학생 특성 (상황적 맥락)과 관련이 있기 마련임
화해 방법 모색	– 행동의 맥락을 파악하는 충분한 이야기가 되었다고 생각하면, 앞으로 이런 일이 더 발생하지 않게 학급 '전체'가 공동 책임의 자세로 이것을 극복해 나가야 한다는 점을 강조 [예] "이번에 ○○이와 △△이가 부딪친 사건은 비단 오늘만의 문제가 아니었네요. ○○이는 자신의 감정을 표현하는 방법을 잘 몰랐고, △△이는 상황에 안 맞는 행동을 해서 친구들이 이해를 못 하는 경우가 많았어요. 이건 주변 친구들이 '쟤는 원래 저래' 하면서 그렇게 되도록 만든 책임도 있어요. 이런 일이 다시 생기지 않고 모두가 평화로운 반이 되려면 어떻게 해야 할까요?"	공동 책임을 강조할 것

화해 방법 모색	– 화해의 방법적 요소는 '진정한 사과'와 '재발 방지를 위한 행동 교정'이 포함되도록 할 것 – 사과의 방법: 공개 사과(사과 편지 낭송, 사과의 마음을 담은 시 낭송, 사과문을 크게 써서 학급에 게시하기 등), 사과의 내용을 담은 역할극을 짜서 공연하기 – 행동 교정의 방법: 감정어 사용하여 시 쓰기, 공동 작업 관련 책임 주기(학급 뷔페 등 학급 공동 행사 기획, 관련한 봉사활동이나 캠페인 기획, 학급 평화 게시판 기획 등), 체크리스트나 문장 완성 검사 등으로 지속적으로 행동을 표시하기 등	사회적 인간으로서 서로가 서로에게 영향을 주고받는 관계가 모여 집단의 문화를 형성하는 것임을 공감하도록 하기
화해의 약속	– 다수결이 아닌 여러 가지 대안들 중에서 어느 것이 당사자에게 더 적합하고 공동으로 수행할 수 있는지에 초점을 맞춰 토의로 결정하기 – 관련 학생들에게 이렇게 결정된 사항을 수용하겠는지 묻고 확약을 받아야 한다. – 제반 과정을 거친 후 일련의 이야기를 학생들 자신의 언어로 '모두가' 글쓰기를 해야 한다. [예] "○○이와 △△이는 서로가 서로에게 자신의 감정과 판단을 앞세워 거칠게 표현한 것이 원인이 된 이 싸움에 모두 책임이 있네요. 친구들이 서로에게 사과 편지를 써서 낭독하자고 하는데, 두 친구는 여기에 동의하나요?"	어떤 형태로든 글쓰기가 반드시 후속되어야 한다. 이벤트식 행사가 아니라 학생 자신의 마음에 공명을 일으킬 수 있는 통찰의 기회를 제공하기 위한 것이다.
화해 실천	– 1주일 안에 학급회의, 담임 훈화 시간 등을 활용하여 화해를 성사시키거나 화해 진행 결과를 공유할 것 – 화해가 잘 성사되었으면 그에 대한 긍정적인 피드백이나 집단 시 창작 등을 함으로써 진실과 화해 위원회를 통해 '학급의 이야기 생성'을 축하하는 자리를 마련하는 것이 좋다.	후속 작업이 이뤄지면 학급 전체의 평화교육 작업으로 승화됨

② 진실과 화해 시나리오(사례)

진실과 화해의 시간

교사: 오늘 미술 시간에 영우와 수민이에게 문제가 있었다면서요?

영우: (불평 가득한 목소리로 수민을 노려보며) 저 자식이 자꾸 뒤에서 내 의자를 발로 찼단 말이에요.

교사: 아, 그럼 수민이가 영우 의자를 발로 찬 일이 그 문제의 원인인 거군요.

수민, 잔뜩 억울하다는 표정이지만 씩씩댈 뿐 말은 없다.

교사: 우리는 오늘 영우와 수민이의 문제가 오늘 미술 시간에 갑자기 일어난 일인지, 아니면 두 친구 혹은 여러 친구들 간의 '관계' 문제인지 이야길 나눠 보기로 해요. (여러 친구들을 두루 둘러보며) 우선 아직도 흥분 상태인 영우와 수민이는 나중에 이야기하도록 합시다. 다른 친구들이 오늘 미술 시간에 일어난 일 혹은 둘 사이의 어떤 일을 보거나 들은 것을 이야기해 보도록 하지요.

학생들, 침묵한다.

교사: 선생님은 우리 반이 평화학급으로서 어떤 문제가 생기건, 값진 대화로 충분히 풀 수 있다고 생각합니다. 갈등이 있었던 둘 사이도 진정한 화해가 이뤄질 수 있구요. 그런데 진정으로 잘못을 반성하고 서로를 우정으로 바라보기 위해서는 먼저 (또박또박) '진실'을 알아야 합니다. 지금 우리가 하는 이야기는 누구를 벌주자, 피해주자는 이야기가 아니라 우리 모두가 평화적인 인간으로 성장하기 위함임을 이해해 주세요. 어색하고 쑥스러울 수 있지만 용기를 내 봅시다.

평화주의 맥락

진실을 밝히기 전에 상황이나 문제의 본질을 단정하거나 추측하지 말아야 한다.

학생의 감정적 반응에 동요하지 말고 문제를 직시하되 본질적인 해결을 도모하려 함을 제시한다.

전체적으로 화목화행 대화극이지만 최종 목적을 위해 이 같은 교사 본연의 권위에 근거한 '선언' 등이 필요하다.

감정에 북받친 당사자들은 오히려 '진실'을 모를 가능성이 크다.

교사 화행이 의미 있게 전개되기 위해서는 1) 교사 자신이 '교실 평화'에 대한 확신과 의지를 가지고 있어야 하며, 2) 교실 평화와 관련된 개념을 학생들에게 정확히 설명해 줄 수 있어야 한다. 옆 대사를 몇 번이고 또박또박 낭독해 봐도 좋을 것이다.

미나: 수민이가 미술실에서는 영우 뒤에 앉지만 교실에서는 제 뒤에 앉거든요. 저한텐 한 번도 발길질 안 했는데요.

교사: 그럼 수민이는 항상 발길질을 하는 사람이 아니네요.

교사가 흘깃, 수민이를 바라보자 수민이는 아까보다 한껏 누그러진 표정으로 대화를 듣는 모양새이다.

진수: 하지만 수민이는 자기 맘에 안 드는 애한테는 욕도 많이 하고… 저랑도 친할 때는 좋았다가 조금 오해가 생긴 적이 있었는데 길에서 만났을 때 '야, 이 씹탱구리야'(학생들 웃음)라고 소리 지른 적이 있어요.

교사: (정색하며) 왜들 웃지요? (진수에게) 진수가 말하기 힘들 수도 있는 일을 잘 말해 주어서 우리 대화가 점점 더 '진실과 화해'에 가까워질 것 같아요. (모두에게) 그런데 진수가 욕설 듣는 장면에서 여러분 모두가 웃을 수 있다는 것은 평화학급의 관점에서는 매우 심각한 일이 아닐 수 없습니다. 욕설, 특히 그 욕을 들은 진수에게는 그것이 명백한 '폭력'이었을 텐데요. 우리는 누가 누구에게 욕하는 것, 욕을 먹는 것을 보고, 그게 나만 아니면 웃어도 되는 걸까요? 이 문제는 한번 여러 사람 의견을 듣고 싶네요. (학생을 가리키며) 자, 연균이부터.

연균: (얼굴이 벌개져서) 저, 저는 그냥 웃은 건데요.

교사: 연균이나 웃은 친구들을 나무라기 위해서 묻는 게 아녜요. 우리가 다른 사람들이 주고받는 욕을 웃기다고 생각하거나 그야말로 '즐긴다면' 이 세상은 웃기 위해서라도 욕을 해야 되는 거 아닐까요? 선생님의 이 생각에 대해 자기 생각을 발표

교사 화행이 실패하는 것은 선입견, 편견, 제한된 정보만으로 특정 학생을 '인격적 단정'하는 것이다. 극에서 보듯이 그 정보 자체만을 정리해 주는 것이 중요하다.

학생들이 이러한 대목에서 웃음을 터뜨리는 것 자체가 평화 감수성의 부족으로 인한 비틀린 유머감을 가지고 있기 때문이다. 바로잡아 줄 필요가 있다. 진실과 화해의 대화(화목화행)는 자칫하면 엽기적인 사실들, 적나라하게 파헤쳐지는 비행 때문에 막장(?)으로 치달을 수도 있다. 이럴 때에는 평화의 원개념을 활용하여 주의를 환기시키는 성찰을 도모할 필요가 있다.

교사가 화목화행을 도모할 때 감정적인 소모, 학생들에 대한 실망감을 교육적 권리의 입장에서 '공식적인 입장'으로 정리해 줄 수 있어야 한다.

해 보면 됩니다.

연균: 그냥 웃음이 나왔는데 선생님 말씀을 듣고 보니 말씀이 맞는 것 같습니다. 남이 할 때는 재밌지만 내가 듣는다면 어떨까, 라고 생각해야 할 것 같아요.

주희: 맞아요. 개그 프로그램 같은 데서도 서로 갈구는 장면이 나오면 저는 낄낄대고 웃는데, 우리 부모님은 저게 재밌니? 하시더라고요.

(중략)

교사: 지금까지 나온 이야기를 종합해 보면, 수민이는 우리 반에서 인기도 있고 여러 모로 장점이 많은 친구다. 그런데 한 번 우정이 깨지면 그 친구를 괴롭히는 방식으로 자신을 표현한다고 할 수 있네요. 그렇지요?

학생들, 고개를 끄덕이거나 조그맣게 '네' 하고 대답한다.

교사: 수민이도 그런 방식으로 생활하면서 혹시 마음이 불편하거나 하지는 않았나요?

수민: 저는 그게 당연하다고 생각했어요. 아빠도 항상 그러시거든요. 맘에 안 들면 아주 무서워지고요.

교사: 아빠가 그러시니까 수민이도 맘 편하게 똑같은 방식으로 친구들을 대했다?

수민: 아니, 꼭 그런 건 아니지만….

교사: (영우를 바라보며) 영우는 어떻게 생각하나요? 발길질을 하면서 영우랑 틀어진 사이를 표현하는 수민이의 마음은 진짜로 편했을까요?

영우: 아니요. 수민이가 사실 다시 잘 지내자고 하는 것 같기도 하고, 그냥 말하면 쪽팔리니까 그런 것 같기도 하고 그랬어요.

교사: 영우가 대화를 시작할 때에는 봉변을 당했다는 표정으로 많이 화가 난 것 같았는

이야기가 중반 이후로 흐르면 사건의 윤곽과 사건 이면의 이야기 가닥이 잡힌다. 교사는 최대한 절제된 어조로 대화 상황을 정리해 주는 것이 필요하다.

대화가 무르익다 보면 학생 신변 이야기가 이렇게 불쑥 나올 때가 있다. 지금 수민이는 아빠의 등 뒤로 숨어서 자신의 폭력을 정당화하려는 것이다. 이에 휘말리지도 않고 가정사 비화로 엮지 않도록 적절한 화행이 필요하다.

오히려 피해자라고 할 수 있는 학생이 허심한 대화 끝에 이런 추론을 할 수 있게 되었다면 격려를 해 주는 것이 마땅하다.

'성장'에 방점을 찍고 '성장'으

데, 지금 말하는 것을 보니 오히려 수민이를 이해하기도 하는 것 같네요? 일단 이런 태도 변화를 보니, 영우는 어쨌든 이번 사건으로 한 뼘 더 성장했다고 보이네요. 우리 영우한테 응원의 박수 한번 쳐 줍시다.

학생들은 갑작스럽지만 맥락 있는 교사의 힘들어간 설명에 호응하여 박수를 친다.

교사: 영우가 성장한 건 정말로 기쁜 일이네요. 그리고 사실, 여러분 자신은 느낄지 모르겠지만 여러분 모두도 '진짜 대화'를 나눌 수 있는 지성이 자라난 것 같아요. 자, 그러면 수민이는 아직 자신의 방식에 대해 입장 정리를 잘 못한 것 같은데 우리 수민이에게 의견을 제시해 봅시다. 수민이도 사실, 맨날 화내고 욕 하고 발길질하고 싶진 않잖아요?

수민: (고개 숙이며) 네.

여울: 사실 영우도 미술 선생님도 무시하고 벌떡 일어나서 수민이를 때리려고 한 건 잘못 아닌가요?

교사: 물론 그렇지요. 그 사실을 영우가 진심으로 반성한 증거가 좀 전의 영우 발언이었어요. 어떤 자극이 나에게 왔을 때 그 속에 숨어 있는 메시지를 읽어야겠다는 생각이 들었겠지요.

각자 생각에 잠긴 아이들, 수 초 후 정적을 깨며

교사: 그러면 이러는 건 어떨까요? 영우는 수민이에게, 수민이는 영우에게 시를 써 봅시다. 그리고 우리들은 선생님을 포함해서 오늘의 대화를 주제로 시를 써 보는 거에요. 우리 대화가 우리 반의 평화를 더 강하게 했는지, 과연 우리는 얼마나 성장했는지 알 수 있을 것 같은데요.

학생들: 네.

로 결론 내릴 수 있게 하는 것이 모든 '교육적 화행'의 목표이다.
절대, 학생들의 게임에 넘어가서는 안 되며 짚을 것은 끝까지 짚고 넘어가야 한다.

폭력적 집단 역동에선 모든 문제를 가해/피해, 선/악, 시/비, 승/패로 귀결해야 한다는 강박이 보일 때가 많다. 그럴 때 교사가 문해력을 발휘하여 정리를 해 줄 필요가 있다.

단박에 결론을 내려 하기보단 관련 학생들의 미묘한 변화를 뚜렷한 기표로 정의해 주고 감당할 만한 과업으로 대화를 갈무리한다. 이때 반성문 등의 벌이나 편지 등보다 시 쓰기, 릴레이 문장 쓰기 등 아이들이 생각은 많이 하고 표현엔 덜 어려워하는 종류의 과업을 제시하는 것이 좋다.

③ 진실과 화해, 성장과 평화로 나아가는 길

학교폭력 사안이 발생했을 때 해결하기 어려운 이유 중 하나는 '진실'을 찾기 쉽지 않다는 것이다. 가해 학생은 처벌에 대한 두려움 때문에, 피해자는 가해자의 보복이나 주변 학생들의 비난이 두려워서 곧잘 진실을 감춘다. 진실을 밝히지 못한다면 가해 학생은 학교를 우습게 여기면서 피해 학생을 더욱 괴롭힐 것이고, 피해 학생은 아무도 자기를 도와주지 못할 거라는 절망에 빠지게 된다. 교사는 가해 학생뿐만 아니라 피해 학생과의 대화에서도 진실을 찾기 위한 숨바꼭질을 해야 하는데 이것이 쉽지 않다. 피해 학생은 폭력에서 벗어나고 싶은 마음과 진실이 밝혀진 이후의 보복 또는 비난을 두려워하는 마음을 함께 가지고 있기 때문이다. 또한 자기가 어떤 일을 당했으며 그 일이 어떤 영향을 미치고 있는지를 스스로도 모를 때가 있어서이기도 하다. 교사는 진실을 찾을 수 있는 역량을 갖추어야 하고, 법은 교사에게 진실을 찾을 수 있는 권한과 책임을 부여해야 한다.

진실을 찾고 나면 가해 학생과 피해 학생을 화해시켜야 한다. 또 관련된 학생 모두(학급 학생 모두)가 폭력에 대해 성찰하고 반성하는 시간을 가져야 한다. 그래야 학교폭력을 해결했다고 할 수 있다. 가해자를 처벌해도 가해자가 반성하지 않으면, 피해자가 치유되지 않으면, 학급 학생 모두가 방관자의 위치에서 벗어나지 않으면 학교폭력이 해결되었다고 할 수 없다. 이것이 학급의 구조 자체가 '진실'과 '화해'의 양 축으로 굴러가지 않으면 안 되는 이유이다.

오늘 나는 영어 시간에 태○이랑 손바닥 밀치기를 했는데 그걸로 인해서 몸싸움이 났다. 다행히 다친 곳은 없고 애들이 말려서 싸움이 크게 안 일어났다. 하지만 그 싸움 때문에 오늘 진실과 화해 위원회를 했다.

다음에 또 싸움이 일어났는데 만약 싸운 사람이 나라면, 애들이 말리고 그만하라고 하면 싸움을 더 크게 하지 않고 자리에 앉겠다. 내가 다른 애들이 싸우고 있는 것을 봤다면 애들을 떼어 놓아 진정시키고, 차분하게 일단 그만하고 있다가 말로 하자고 말하겠다. 사과 편지를 쓸 때에도 내가 내 생각만 하고 나 화난 것만 풀려고 했던 것을 태○한테 꼭 사과해야겠다. 만약 또 우리 반에서 싸움이 일어난다면 위에 쓴 것처럼 하겠다. 태○이와 왜 싸웠는지 하고 오해를 푸는 등 그리고 다음에 또 싸움이 나면 어떻게 해야 하는지 제5차 진실과 화해 위원회에서 알았다. 다음부터는 싸움의 당사자가 되지 않도록 노력하겠다.

글쓴이: 김○범

이번 제5회 진실과 화해 위원회의 계기는 오늘 영어 시간 김○범과 김태○이 손바닥치기 게임을 하려고 했는데 김○범이 계속 움직이지 않아서 김태○이 몸을 툭 건드렸다. 그렇게 돼서 싸움이 되었다. 그래서 둘 다 자리에 돌아간 다음 일어나서 또 싸우려고 할 때 내가 끼어들어서 싸움을 말렸다. 그러고 나서 회장이 담임선생님을 불러와서 이번 일이 해결되었다. 그런데 이번에는 말릴 때 소리를 질렀지만 다음에는 일이 커지기 전에 멈춰야겠다. 그리고 주변에서 오히려 싸움을 부추기는 애들도 제어해야 한다는 생각이 들었다. 마지막으로 내가 가장 바라는 것은 이런 싸움 자체가 일어나지 않는 것이다. 아무리 진실과 화해 위원회를 한다 해도 너무 많이 하면 나중에는 거의 무의미해질 것이다.

글쓴이: 양○○

④ 어떤 재판

6학년 사회의 정치 단원은 모의재판, 모의국무회의, 모의국회 등 극화학습의 형태로 진행하기에 좋은 수업들이 많이 있다. 이를 수업의 차원을 넘어서 학급 운영의 원리로 삼고 한 학년이나 한 학급을 하나의 공화국으로 전제하고 사회과와 연동한 학급 활동을 실행할 수 있다. 헌법(학급 평화규칙) 제정, 국회의원 선출(학급임원 선거), 사법고시 및 법조인 구성 (정치단원 단원평가) 등의 과정을 6학년 학급의 일상과 연동해서 수행하면 '생활과 관련 깊은 정치'를 할 수 있게 되는 것이다. 그와 관련한 A의 이야기가 있다.

어제 5, 6교시에 모의재판을 했다. 재판을 한 사건은 A가 다른 반 B와 부딪친 사건이었다. 사건이 일어난 후, 먼저 경찰들이 사건에 대하여 조사를 했다. 내가 경찰이었다. 나는 사건이 일어나기 전 A와 같이 놀고 있었던 친구들을 심문하였고, 피해자 B도 심문을 했다. 조사한 내용을 검사에게 넘겼고, 검사는 이 사건을 기소하기로 했다. 검사와 경찰은 사건에 대해서 더 조사를 했다. 변호사도 A와 따로 재판에서 어떻게 할지 이야기를 나누었다. 재판 날이 되었다. 판사, 검사, 변호사, 피의자, 증인석이 진짜 법원처럼 배치되었고, 분위기도 엄숙해서 진짜 재판하는 것 같았다. 원래 검사가 모두 발언을 하고 나면 변호사는 검사 측 공소 사실을 인정하든지 부인한다. 어제 재판에서 변호사는 공소 사실을 인정하지만 피해자가 잘못을 뉘우치고 있으니 선처해 달라고 했다. 또한 변호사는 매우 중요한 변론을 하였다. 피고인의 약간 피해망상이나 이런 것은 주변 친구들의 문제이기도 하다는 말이었다. 사회에서는 혼자 살아가는 게 아니고 조금 어려움이 있으면 도와줘야 되는데, 오히려 놀리거나 따돌렸던 4, 5학년 때의 상처 탓도 있다고 하였다. 그후 증인을 불러서 사건에 대해서 여러 가지 질문을 했고, 검사 측이 구형을 했다. 그다음에 판사들이 휴정을 하고서 서로 의논해서 결론를 내렸다. A는 스티커 5개를 떼고 오늘부터 다음 주 월요일까지 친구들에게 먼저 말을 걸면 안 되게 되었다. 사실 A가 수사를 할 때 계속 말을 바꾸고 다른 사람들을 심문하는 데 방해를 했고 재판을 할 때도 잘못을 인정하지 않고 억울하다고만 해서, 만약 내가 판사였으면 처음 검사가 구형한 대로 선고했을 것이다.

모의재판을 지켜본 한 학생(경찰 역할)의 글쓰기장

A는 부모님과 연락이 닿지 않는 조손가정의 학생으로 심리적 위축감과 공격적인 방어기제를 자주 보였다. 그의 고질적인 피해망상은 항상 여러 가지 문제를 발생시켰는데, 위의 경우처럼 복도에서 몸이 부딪치는 작은 일도 큰 싸움이 되곤 했다. 6학년이 시작될 즈음에는 교사들 사이에서 A가 소속된 학급은 맡지 말아야 한다는 농담이 나올 정도였다. 평화 학급 운영을 하면서 1학기에 제일 많이 마음과 손길이 갔던 학생이기도 했다. 하지만 몇 번의 '진실과 화해 위원회', 화목놀이를 통해 자연스러운 어울림의 경험을 하고 나서 A는 고무적인 변화를 보였다. 하지만 역부족이었던 것인지, 재판에 회부된 것이다. 재판 과정에서 변호사 역할을 맡은 학생이 A와 긴밀하게 대화를 나누면서 변론을 하였다. 이는 다시 한번 A의 문제를 학급공동체의 문제로 인식하는 계기가 되었다. 재판이 끝나고 나서 A가 중얼거린 말이 오래도록 기억에 남는다.

"진화위(진실과 화해 위원회의 줄임말) 때가 훨씬 좋았어."

⑤ 진실과 화해의 중요성

우리는 평화로운 학급 살이를 통해 교육의 대전환을 이루게 되는데, A와 같은 고립 학생의 문제는 흔하게 부딪히는 걸림돌이다. 고학년이 되기까지 그 골이 깊어지고 관계를 맺는 데 어려움을 느꼈다면 더더욱 그럴 것이다. 그런데 6학년 초의 A였다면 이러한 재판은 하지도 못했을 것이다. 자신이 피고인이 되어 재판정에 앉아 있는 상태를 받아들일 수 없었을 것이기 때문이다. 그래도 자신과 관련한 사건(?)을 객관화하고 그 상황에서 여러 '마음'들의 이면을 들어 보고 종합해 보는 앞서와 같은 진실과 화해의 과정이 있었기에, 피해의식을 갖기 딱 좋은 장면임에도 재판의 피고인이라는 사실을 잘 받아들인 것이다. 하지만 A가 마지막에 중얼거린 말은 음미해 볼 만하다.

학교폭력이 발생하면 '처리과정의 공정성' 운운하면서 절차와 법리를 앞세우는 경우가 많다. 알다시피 '학교폭력 예방 및 대책에 관한 법률 및 그 시행령'을 따르는 학교폭력 해결 과정은 근원적인 성찰과 예방에 주효하지 못한 점이 많다. 모의재판은 A에게 학교폭력대책자치위원회의 한 장면처럼 '엄정한 절차'와 '조치의 필수 이행'을 강제할 수는 있었지만, 진실과 화해 위원회에서 그가 보인 눈물처럼 '통찰'을 제공하지는 못했던 듯하다. A 스스로 진실을 찾아 나가는 대화의 과정 및 사과와 화해의 결과를 받아들였지만, 막상 재판의 형식을 통해 전해진 내용을 받아들이기는 힘든 마음을 이러한 중얼거림으로 표현한 것이다.

진실이 규명되고 진정한 화해가 이뤄지는 과정을 일컫는 '진실과 화해 위원회'가 평화로운 학급 운영을 위해서 꼭 필요한 이유가 여기에 있다. 자신을 방어하기 위해 내놓는 여러 가지 거짓말을 걷고 '진실로' 원하고 도모했던 것을 드러내는 과정, 그 과정의 곳곳에 있는 목격자, 주변인들의 개연적 정황이 묘사되는 과정이야말로 제도를 초월한 '평화의 대화'를 가능하게 해 준다. 마음을 울리는 대화 이후의 행동 변화는 자신의 인생 각본을 훨씬 더 드라마틱하게, 평화적인 관계 지향으로 엮게 만든다.

평화교실의 연극 미학

다음 해인 2015년에도 또다시 '6학년 3반'을 담임하게 된 나는 확실히 전해보다는 성숙해 있었다. 수학여행 기간 동안, 흥청망청 시간을 채우는 레크리에이션 대신 학급별 대화의 시간을 저녁시간에 가지자는 제안을 동학년회에 하였고 그것을 받아들일 수 있도록 동학년 교사들의 평화교실 프로젝트에 대한 의지와 공감을 끌어냈다.

한편, 나는 본격적으로 연극(예술)의 심미성과 사회성이 평화주의 교실에 어떻게 작동하는지 알고 싶어졌다. 왜냐하면 비뚤어지다 못해 폭력의 파행으로 치닫는 인정욕망을 추스르고, 더 나아가 의미욕망과 평화욕망으로 전환하고자 하는 방법적 시도로서 내가 가장 친숙한 '연극'이 주효하게 여겨졌기 때문이다. 연극은 주제theme를 미학적 방식으로 형상화하는 종합예술 작업이다. 이 같은 연극의 속성이 개개인의 내면과 그 내면들이 얽혀서 벌이는 집단 역동에 울림을 줄 것이라는 가설을 세웠고 그 가설에 따라 학급 경영 및 수업을 이끌어 가기로 하였다.

예술은 본질적으로 어떤 방식, 어떤 장르, 어떤 분위기로 표현하더라도 보이지 않는 내면의 미적美的 형상화 작업이다. 이러한 예술의 본질을 살리면 교육은 인간의 내면을 평화적으로 만들 수 있을 것이다. 최근 같은 맥락에서 '교육의 문화예술성'이나 '교육예술' 등의 슬로건이 대두되고 있다. 『관계의 미학』의 저자 니콜라 부리요Nicolas Bourriaud는 미술사美術史를 언급하면서 "미술사는 세계와 관계를 생산하는 관계 생산의 역사이다"라고 말한다. 미술의 역사에서 "인류와 신 사이의 관계, 그리고 인류와 대상들의 관계의 영역에 몰두하던 역사적 시기가 지나고, 1990년대 이후 지금까지… 인간들 사이의 관계의 영역에 몰두한다"라고 했던 그의 말은 미술을 넘어서 전 예술에 이르는 말로 보아도 무방할 것이다. '인간들 사이의 관계'를 평면적으로 기술하는 것을 넘어서 평화적인 관계로 구축하는 희망을 가진 교사와 학생들은 연극이라는 예술적 평화교육을 통해 그 목표를 이룰 수 있다.

예술 중에서도 연극이 평화교육에 주효한 이유는 연극이 몸의 현상학을 기반으로 하고 있기 때문이다.
사실상 진정한 배움은 몸의 자유로
움, 혹은 몸의 실행으로부터 시작한
다. 초등학생들은 특히 행함으로써 배
운다.

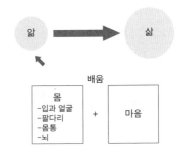

거리 두기와 말 주고받기: 무대 동선 및 대사

국어 시간의 말하기 시간이나 창의적 체험활동 시간에는 연기훈련 방
식의 아이들 몸을 깨우고 마음을 움직이는 활동으로 시작하면 좋다. 아
래 그림과 같이 교실 바닥에 일정한 공간을 확보하고 포스트잇이나 스티
커 등 간단한 표식을 활용하여 공간을 구획한다. 입장과 퇴장은 일정한
방향으로 하고 서서 이야기하거나 메시지를 전달할 수 있는 곳은 스폿(표
식된 부분)에서만 가능하다. 이 활동은 연기자들이 무대 동선을 체크하는
데 사용하는 기법인데, 약속된 지점에서 몸을 세우는 것만으로도 아이들
은 자신의 몸을 컨트롤하면서 여러 가지를 제어할 수 있는 힘을 은연중
에 기르게 된다.

제일 처음에는 '제발', '도와줘', '기다려'[2] 등 2, 3음절의 짧은 말들을 위
동선 규칙에 맞게 하도록 안내한다. 두 사람씩 짝을 지어 말하게 하면 대

---

2. 필자는 고의적으로 학교폭력 피해자가 내뱉음직한 말들을 사용하였다. 학급 경영을 평화교
   실 프로젝트로 운영하고자 하는 의지가 자연스럽게 투영된 것이기도 하지만 실제로 실행해
   보니 학생들 중 학교폭력 피해 경험이 있는 학생들은 이 말을 아주 간곡한 어투로 실감나게
   구사하는 것을 볼 수 있었다. 사실은 얼마나 입 밖으로 이 말을 하고 싶은 순간이 많았을까
   하는 짠한 감정이 들었다. 재미있게 하기 위해서는 "똥 마려." 혹은 "사랑해." 등을 사용해도
   좋다.

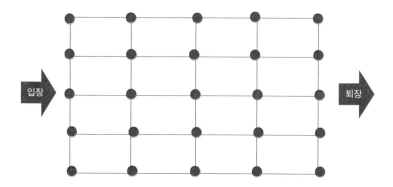

연극 기초 훈련: 점과 점 사이로만 움직이기 / 몸의 방향은 관객에게

사의 원래 뜻과 상관없는 상호작용의 향연이 벌어져 아이들이 연극적 상황을 '재미'있게 여기게 하는 데 효과적이다. 이때 앞사람의 행동을 잘 보고 실제 입으로 하는 대사와 상관없이 리액션을 하게 하면 연극적 순발력과 함께 구성주의적 사고를 할 수 있게 할 수 있다.

A 제발(비는 듯한 표정으로)
B 제발(거만하게 팔짱을 끼고)

A 제발(머리에 샴푸를 하며)
B 제발(샤워기로 몸에 물을 뿌리며)

무대에 대한 두려움을 이런 재미있는 활동으로 다소 진정하고 나면, 이후에는 스티커 등의 구획이 없어도 아이들은 극적 활동을 해 나갈 수 있다. 이것에 익숙해지면 다음의 대사를 '1인 1대사 외우기' 활동으로 제시한다. 활동을 제시할 때 한 명 한 명에게 은밀히 대사 쪽지를 주어 외우는 시간을 준다. 이는 다음에 이어지는 즉흥극을 흥미롭게 해 준다.

(한 사람이 한 줄씩 임의로 다음의 쪽지 문장을 나눠 갖는다.)
- 쑥스럽지만 지금이라도 용기내어 말해 볼게. 널… 좋아해.
- 네가 약속한 것을 지금 보여 주면 좋겠어.
- 그때는 어떻게 해야 될지 몰라서 그 자리를 빠져나왔어.
- 으악, 내 옷에 피가 묻었어. 어떡해.
- 나는 이 일에 대해 진심으로 사과하겠습니다.
- 야, 너 센 척하지 마. 사실은 너도 불안하잖아.
- 우린 잘할 수 있을 거야. 모두 모두 파이팅!
- 어제 카톡방에서 네가 한 말은 너무 심한 말이었어.
- 잘못을 인정하는 것은 어렵지만 가치가 있는 일이야.
- 네 마음이 얼마나 슬프고 힘들지 모르겠다. 같이 있어 줄게.
- 돌이켜 보니까 나는 너무 이기적인 사람이었어.
- 절대 잊지 않겠습니다. 약속합니다.
- 평화로운 세상을 만드는 데 모두 앞장섭시다.
- 여기 없는 사람 뒷담화가 그렇게 재미있니?
- 이기고 지는 것보다 더 중요한 게 있을 거야.
- 당신 생각은 잘 들었습니다. 이제 내 이야기를 시작해 보죠.
- 너 오늘 국어 시간에 한 발표, 내 생각과 똑같더라.
- 저 사람을 잡아 주세요. 위험합니다.
- 우리 가족은 대화가 필요해. 서로 눈도 마주치질 않거든.
- 네가 날 놀린 일은 오늘까지만 봐줄게.
- 다음부턴 모욕을 준다고 생각하겠어.

아주 일상적이고 더 짧은 대사를 제시할 수도 있고, 각각의 수업 주제에 맞게 학급 인원수만큼 대사를 제시할 수도 있다. 필자의 경우에는 평화교실이라는 '창의적 체험활동'의 테마에 맞게 설정한 것이다. 머릿속으로 알고 있고, 여러 차례 읽었어도 '실감나게 말하기'를 수행하지 않았기 때문에 입안에서만 맴도는 대사들이기 때문이다. 이 대사들은 이후의 '진실과 화해의 시간'이나 학급회의 등에서 학생들의 실제 상황에서 읊조려졌다. 육두문자와 짧은 단말마를 구사하면서 상대방의 마음을 헤아리거나 평화주의적 사고를 하기 어려웠던 아이들에겐 대사 한 구절이 마음의 문을 여는 계기가 될 수도 있겠단 생각이 들었다.

대사를 외운 아이들을 한자리에 모여 무대에서 둘씩 임의로 짝을 지어 대사와 몸짓을 시연하게 한다. 이미 마련된 대사지만 큰 이야기틀이나 합리적 대화 규칙이 없는 채 진행되니 즉흥극의 흥미로운 상황들이 이어진다.

A 돌이켜 보니깐 난 너무 이기적인 사람이었어.
B 쑥스럽지만 지금이라도 용기 내 말해 볼게. 널… 좋아해.

아이들은 파안대소를 하며 결국 '상황'과 '상대'에 맞는 말을 구사하는 것의 중요성을 체감할 수 있을 것이다. 모든 팀의 시연이 끝나고 누가 무슨 대사를 맡았는지 알게 되면, 누가 누구와 대화하면 잘 어울릴지 아이들이 제안한다. 그 제안대로 시연하게 하면 학생들은 더 열심히 몰입하여 역할을 수행한다.

조각상의 비밀: 온몸으로 평화 말하기

교육연극의 한 기법인 '조각상'[3]은 도덕, 국어, 사회 시간에 배운 내용을 내면화할 수 있는 효과적인 활동이다. 몸을 이용한 정지동작을 학생에게 수행케 하는 단순한 원리가 학생들에겐 심미적 숙고와 성취 경험을 주고, 교사에겐 학생들이 배운 내용을 '진짜' 어떻게 알고 있는지 알 수 있게 해 준다. 제시된 단어나 글을 읽고 팀별로 이야기를 나누고 느낌이나 떠오르는 장면을 선정하여 가장 효과적으로 전달할 수 있는 한 장의 정지장면을 만들게 하면 되는데, 무대로 나와서 다음의 신호에 맞추어서 표현하게 하면 된다.

"하나, 둘, 셋, 찰칵!"

이 마술 같은 신호로 '평화'와 같은 추상적인 단어가, '서울의 역사'라는 대하소설급의 학습 내용이, '부모님'이라는 단어가 주는 복잡한 감정이 명쾌하고 아름다운 생체 조각상으로 거듭나는 것을 어렵지 않게 확인할 수 있다. 조각상을 지켜본 관객(다른 팀원들)은 어떤 내용을 표현한 것인지 상상하여 말하거나 조각상에게 질문을 할 수도 있다. 질문하고 싶은 사람은 조각상 중 한 명을 터치하고, 터치된 사람은 간단한 말을 하거나 움직임을 보태서 구체적으로 알 수 있게 도와준다.

모둠(팀)별 조각상 활동 이전에 국어책에 나오는 추상적인 단어, 감정

---

3. 조각상을 뜻하는 프랑스어 '타블로(tableau)'라고도 하고 수행활동 자체를 칭하는 '정지동작', 'still-cut'이라고 불리기도 한다. 연극적 활동이 부담스러운 초심자나 연극 자체가 목적이 아닌 수업에서 연극 기법을 활용할 때는 움직이지 않고(부동), 이동이 없으며(비이동) 대사가 없는(비언어) 조각상 활동이 활동의 난이도에 비하여 교육적 효과성이 크다. 조각상 활동을 수차례 시행한 후에 살짝 움직이기, 한마디 하기, 조각상인 채로 빙글 돌기 등의 작은 진전의 단계를 밟으면 자연스럽게 연극적 활동으로 이끌 수 있다. 필자의 경험으로는 조각상 활동을 3회 정도 하고 난 후에는 그 조각상들의 맥락을 활용한 '10초 동영상' 등을 제안하면 학생들이 어렵지 않게 동영상 장면(대사와 움직임이 있는 짧은 연극)을 구현할 수 있었다.

여러 가지 감정 표현들

다정하자	놀랍다	그립다	창피하다
고맙다	당황스럽다	배려받은 느낌이다	쥐구멍이라도 찾고 싶다
인정받았다	충격을 받았다	쓸쓸하다	미안하다
평화롭다	머리칼이 곤두선다	버림받은 느낌이다	죄책감이 든다
사랑스럽다	정신이 번쩍 든다	부담감을 느낀다	쑥스럽다
보살피다	어지럽다	아련하다	마음이 무겁다
감격스럽다	불안하다	가슴이 뭉클하다	마음에 걸린다
관심이 간다	길을 잃은 느낌이다	애간장이 탄다	앞이 캄캄하다
매력적이다	뭐가 뭔지 모르겠다	간절하다	수치심이 느껴진다

학교를 표현한 조각상 활동: 학년 초에 이들이 묘사한 학교의 단면이 집단폭력이라는 사실이 마음 아프다.

평화를 표현한 조각상 활동: 보자기를 활용하였는데, 평화와 예수를 연결하여 표현하였다.

교육의 감정어들을 '1인 조각상'으로 만들어 보아도 좋다. 모든 것을 욕설로 대신하는 학생들은 감정 표현에 대한 교육을 제대로 받지 못해서 그럴 수도 있다. 실제로 1인 조각상, 혹은 '각자, 동시에' 조각상 활동을 하

고 난 후에 해당 감정언어들로 짧은 글짓기를 해 보면 학생들의 일상이 생생하게 드러난다.[4]

교실연극은 기본적으로 소품 등 연극의 물리적 장치들을 무리하게 사용하지 않는 것이 좋다. 소품이나 분장 등에 신경을 쓰다 보면 학생들의 내면이나 창의성을 고양하는 데 도움이 되기보다는 방해가 되는 때가 많기 때문이다. 하지만, 필자의 경험상으로는 보자기 정도는 훌륭한 조각상 등 교실연극의 도구가 될 수 있다. 명절 때 많이 등장하는 보자기를 모아 두거나, 학급 운영비 등으로 여러 가지 색깔과 크기의 보자기를 구비해 놓으면 활용 가치가 높다.

오늘도 부조리극 세상에서 평화극을 만든다

2015년 5월의 밤, 교육여행 숙소에서 쏟아지는 미리내를 머리에 두고 6학년 21명의 아이들과 내가 일군 대화는 그 밤하늘보다 빛났노라고 자부한다. 우리는 사안도 없이 '진실과 화해' 시간을 가졌고, 우리의 말소리만이 아늑하게 채우는 숙소의 분위기에 힘입어 드러나지 않았을 서로 간의 오해와 알게 모르게 주고받던 상처에 대해 이야기할 수 있었다. 또한 강제 전학, 회피 전학 등으로 학적 사항이 기막히게 길던-2~5학년 때까지 본교에 다녔을 때 학교폭력, 기물파괴 등으로 여러 가지 문제를 일으켰던-친구가 우리 학교에 다시 전학 올 때 우리 학급으로 오면 어떻겠냐

---

4. 어린이세상(초등학생생활연구소)이 엮은(2002) 『참만남·나눔·성장을 일구는 도덕수업』 102쪽에 나오는 감정 표현들 중 평화교실 프로젝트와 관련된 감정 표현들(자존감보다는 자기우정을 강화하는)을 발췌.

는 내 질문에 "서로가 성장하는 데 도움 주는 사이로 잘해 볼게요"라는 대답을 목소리를 모아서 해 주었다. 이미 지역사회 유명인(?)이 되어 버린 정도의 친구여서, 다른 학급에서는 '우리 반은 결사반대'라는 항명을 결의하기도 했던 사안이었다. 결국에는 2016년 2월에 우리 학급 일원으로서 무사히(?) 졸업하게 된 그 학생은 나에게 "이 친구들은 정말 최고의 친구들이었어요"라고 인사 대신 귓속말을 하고 돌아갔다. 그 어깨를 보며 감동의 눈물을 짓지 않을 수 없었다.

그 아름다웠던 한 해의 배경에는 교실 드라마를 한 편의 평화극으로 만들고자 하는 나의 작은 시도들이 은하수처럼 드리우고 있었던 것은 아닐까 생각해본다. 입과 몸을 움직이는 데 서툰 아이들과 울고 웃으며 일궜던 이야기들. 평화 조각상을 만들라고 하니까 예수님, 부처님 온갖 성인이 등장하는 가운데 조용히 아기를 안는 포즈를 취해서 우리 모두를 놀라게 했던 학생. 미술 시간에 '도슨트 되기 활동'[5]을 통해 자신의 존재감을 드러내고 뭉크의 절규처럼 세상을 살진 않겠노라고 밑도 끝도 없는 다짐을 하던 학생들 등. 드라마가 제공하는 에피소드는 이렇게 아름답고 끝이 없어 보였다. 세월호 500일 수업을 하면서 단원고 학생들의 영혼이 되어 그들이 보여 준 모습들은 서로의 눈물이 아니어도 충분히 감동이었고, 학생들도 때때로 그날의 이야기를 중학생이 되어 찾아와서는 술회한다.

---

5. 미술 시간에 '작품 감상하기 활동'을 보다 체험적이고 극적인 활동으로 꾸리기 위하여 고안한 활동. 세기의 명작들을 학생 수만큼 뽑아서 기름종이 등을 활용하여 베껴 그리게 한 후 교실 이곳 저곳에 자유롭게 전시한다. 자신이 모사한 작품 및 작가에 대하여 조사한 후 정말 도슨트가 된 것처럼 학생들에게 선보이며 해설해 주는데, 이때 교사는 박물관장이 되어 "훌륭한 도슨트가 많아 관람객 여러분은 미술 지식이 엄청나게 늘어날 것입니다"라고 운을 띄워 준다. 이같이 수업 곳곳에는 드라마적 요소를 살짝만 가미해도 훨씬 역동적인 배움이 일어나는 '틈새시장(?)'이 많다.

형식적으로 평화규칙을 제정하고, 진실과 화해의 시간을 갖는 문제가
아니라 평화주의를 신념화한 교사의 부단한 고민이 '서사적'인 방식으로
학생과 공유되어야 하고 그것이 학생 개개인의 실존과 그를 잇는 관계망
으로까지 영향력을 행사해야 한다.

연일 터져 나오는 사회면, 정치면의 기사들은 평화주의, 공화주의 원리
와는 거리가 먼 잔인한 이기주의와 물신주의, 자유주의로 온통 부조리해
보인다. 우리는 평화세상을 만드느냐, 못 만들고 도탄에 빠지느냐의 갈림
길에 서 있다. 학생과 교사는 평화 서사를 함께 써 내려가고 시詩와 대화
가 찬란하게 이어지는 가운데 우정을 쌓아 가는 교실을 만들어야 한다.

그 평화로운 교실을 일구는 '선생님'이 나는 될 수 있을까. 그렇게 되기
까지 얼마나 많은 성장의 고비가 있으려나. 그 밤의 황홀했던 미리내를
떠올리며 그 고비를 꿋꿋이 견디어 내야겠다.

평화 드라마는 계속되어야 한다.

[서사 교육의 전환]
학급의 평화 서사 만들기

이혜미

학급을 비유하는 공간의 예들

의식적이든 무의식적이든 교사들은 아주 다양한 차원에서 학생과 교실을 바라본다. 교실은 때로는 공장, 농장, 때론 병원, 감옥으로 비유되곤 한다. 교실을 어떤 공간으로 바라보느냐에 따라 학생을 바라보는 관점도 달라지기 마련이다.

교사는 대부분 수업 시간 속에서 학생들을 만나게 된다. 당연히 수업의 기술은 교사의 전문성을 평가하는 중요한 잣대가 된다. 그래서 수업이 바뀌면 교육이 바뀔 것이라는 희망을 가진다. 잘 짜인 교수안과 프로그램을 적용한다면 학생들을 일정한 교육 목표로 이끌 수 있다는 생각은 학급을 공장에 비유하는 것과 다르지 않다. 그것은 물건을 제작하는 활동처럼 수업을 통해 학생을 가공할 수 있다고 보는 것이다.

교사들은 때때로 학급을 농장이라는 관점으로 바라보기도 한다. 교육을 통해 학생들이 이미 가지고 있는 진보의 씨앗이 발아되고 생장하는 것이라고 본다. 그러기 위해서 싹을 틔우고 잎을 피우는 데 필요한 물과

거름, 적당한 온도를 유지하는 외부적 환경을 마련해 주는 것이 중요하다고 보는 관점이라 할 수 있다. 학급이라는 농장에서 교사는 정원사 또는 농부의 역할을 맡게 되고, 식물이 자라는 밭이나 정원을 가꾸는 일과 일맥상통하는 수업이나 학급 운영을 수행하게 된다.

학교를 병원으로 보는 견해는 학생들이 표출하는 문제 행동과 학교 부적응의 문제를 일종의 심리적 질병으로 간주하고 질병을 치료 또는 치유하는 행위를 교육의 목표로 설정하는 것이다. 이러한 관점에서는 학생이 일종의 환자 역할로 간주된다. 학교폭력에서 가해자 피해자 모두 적절한 치료를 필요로 한다고 보는 관점 역시 여기에 속한다. 교사가 학생 개개인의 문제 특성을 정확히 진단하고 그에 알맞은 해결 방안을 모색해야 하기에 교사들은 수많은 상담 연수를 누비며 조금이라도 전문적인 의사 또는 상담사가 되기 위해 노력하게 된다.

획일적이고 억압적인 학교문화를 우려하는 시각엔 학급을 감옥으로 바라보는 관점도 존재한다. 교사는 최대한 학급이 감옥이 되지 않도록 그들에게 필요한 자유를 주고 싶어 한다. 학급이 죽어 있는 감옥의 공간이 아닌 활기가 넘치는 자유로운 공간이기를 꿈꾸는 이들은 학생들의 흥미나 즐거움을 목적으로 하는 놀이나 스포츠 활동들의 중요성을 강조하기도 한다. 감옥에서는 학생들의 행복을 보장할 수 없다. 삶의 목적은 개인의 행복이고, 교육의 목적도 그와 다르지 않아야 한다.

요즘 시대 교사들의 정체성 고민은 이와 같은 학급을 비유하는 공간의 테두리 안에서 이루어지고 있다. 나 역시 수업에서 탁월한 전문가로서의 교사, 학생 개개인의 요구에 따라 환경을 촉진시켜 주는 사려 깊은 농부로서의 교사, 학생 인권과 행복을 중심으로 교육을 고민하는 교사, 마음 아픈 학생들을 어루만지고 치유시키는 의사와 상담가로서의 교사가 되기 위해 부단히 노력해 나갔다. 그러나 교사가 직면하는 교육 현실이란 이와 같은 기대와 바람을 실현하기엔 복잡한 딜레마로 가득했다.

아수라장의 기억

삶과 철저히 분리되어 있는 교육이라는 거대한 성전, 교과 수업과 학급 운영을 부단히 질주해 보았지만 학생들을 가르치는 일에 어떤 보람도 자부심도 느끼지 못하는 시간들이 지속되었다. 교육에 대한 막연한 열정은 점차 사그라지고 생기를 잃어버린 교사에게 남은 건 우울과 불안이었다. 판에 박힌 것들이 싫었지만 나 또한 그저 판에 박힌 교사로 살아가고 있다는 회의감이 들었다.

교실은 그야말로 무질서하고 혼란스러운 아수라장과 같았다. 수업 시간에 돌아다니는 아이, 아예 교실로 들어오지 않는 아이, 끊임없이 때리고 싸우는 아이들, 교사에게 욕을 하는 아이, 견디다 못해 자기 의자를 집어 던지는 아이…. 주변에 구조 요청을 보냈지만 별 도움을 기대하기 어려웠다. 대부분의 교사들이 고립된 섬에서 고고하게 또는 힘겹게 살아가고 있을 뿐이었다.

간혹 문제아는 무섭게 다그치고 겁을 주어야 한다고 진심으로 조언해 주는 선배 교사들도 있었다. 지푸라기라도 잡는 심정으로 조언에 따라 보았지만 아무런 맥락 없이 학급 상황에 불쑥 끼어든 교사의 강압적 태도는 사태를 더욱 악화시킬 뿐이었다. 하루하루 전전긍긍하며 어떤 식으로든 개입하기 위해 애썼다. 막무가내로 폭력을 휘두르고 제멋대로 구는 아이들을 지도하기 위해 내가 할 수 있는 유일한 방법은 상담이었다. 개별 상담 자리에서 아이들은 마치 순한 양이 된 듯 잘못을 시인하고 앞으로의 변화를 약속하기도 했다. 그러나 다시 학급 집단 속에 들어가면 순진한 교사를 조롱이라도 하듯 폭력적으로 변하는 그들이었다. 그런 과정이 몇 차례 반복되자 상담과정에서조차 교사와 대거리를 하고, 나중엔 아예 상담받기를 거부하기에 이르렀다.

아이들과의 상담이 수포로 돌아가자 그다음에 내가 할 수 있는 일이라곤 부모와의 상담을 진행하는 것이었다. 말이 상담이지 이 또한 부모를 향한 교사의 구조요청과 다름없었다. 대부분의 부모들은 가정에서 지켜보는 아이의 모습이 학교와는 전혀 다르다며 의외의 반응을 내비쳤다. 그것은 종종 교사에 대한 불쾌감이나 불신으로 이어지곤 했다. 부모가 학생의 문제에 대해 수긍하는 경우는 가정에서도 비슷한 문제들이 속출하고 있는 상황이었다. 도리어 교사에게 해결 방법을 구하는 부모에게 도움을 기대하기는 어려웠다.

부모가 자녀의 문제를 제대로 이해하고, 전문적인 진단과 치료를 받을 수 있도록 부모와 전문 상담가를 연결시키는 데 성공하기도 했다. 학생과 부모에게 도움이 되는 일을 했다는 뿌듯함도 잠시 이후에 내가 할 수 있는 일이라곤 언젠가는 좋아지겠지라는 막연한 믿음과 기다림이 전부였다. 학급 상황은 좀처럼 나아지지 않았고 점점 더 미궁 속으로 빨려 들어갔다. 교사의 상담 기술 부족이나, 부모들의 심리적 변수에서 더 이상 실패의 원인을 찾을 수 없었다. 유일한 해결 방법이라 믿었던 상담이 연이어 좌초되면서 나는 최악의 상황에 다다르고 있었다.

이야기의 상실과 이야기 능력의 회복 과정

그런데 어느 한순간 나는 와르르 무너져 내렸다. 근근이 삶을 지탱해 주던 허술한 버팀목들이 산산이 부서지는 느낌이었다. 무언가를 향한 하소연도, 원망도, 자기변명도 이젠 설 자리를 잃었다. 어디서부터 무엇이 잘못되었는지 앞으로 어떻게 해야 할지 그 무엇도 내 스스로에게 설명할 수 없었다. 어제 있었던 이런저런 일들 때문에 오늘 내가 힘들었으니, 내일은 이렇게 저렇게 하면 되겠구나! 하는 식의 시간적 인과들이 연결되지 않았다. 링 위에서 머리를 얻어맞고 녹다운된 선수와 같이 정신이 마비되는 느낌이었다. 그것은 이야기의 상실, 존재의 사라짐을 의미했다.

감당하기 어려운 충격을 받게 되면 사람들은 말을 잃어버린다. 할 수 있는 일이라곤 답답하게 꽉 막힌 가슴을 주먹으로 사정없이 때리는 것이다. 어디서부터 어떻게 손을 써야 할지 알 수 없다. 시간을 연결하여 이야기를 만들던 서사 능력은 사라지고 그저 카오스 상태로 붕 떠 버리게 된다. 계속해서 이야기가 상실된 상태를 벗어나지 못할 때 인간은 마음의 병을 얻거나 범죄를 저지르는 등 극단적인 상태로 내몰리게 된다. 나는 더 이상 교사 생활을 이어 나갈 수 없다고 생각했다. 현실을 감당하기가 너무나 고통스러웠다. 애초에 나는 교사와 어울리지 않는 사람일지도 모른다…. 이야기를 중단할 것인지 아니면 새로운 이야기를 다시 시작할지 두 가지 중 한 가지를 선택해야 하는 순간이었다.

되돌아보면 내가 대단한 교사상을 꿈꾼 것도 아니었다. 안전한 학급과 같은 교육의 기본에 충실하자는 마음뿐이었다. 그러나 지금의 나는 무엇을 향해 가고 있나? 가해 학생들에게 폭행을 당하는 힘없고 약한 학생을 보호하기는커녕 가해 학생들의 권리 보호에 앞장서고 있는 꼴은 아닌가?

피해자들에 대한 최소한의 보호조치도 가해자에 대한 어떤 선도조치도 수행하지 못하고 있는 한없이 무능력한 내 자신을 직시하고 나니 정신이 번뜩 들었다. 이 모든 상황이 내가 기획한 것이 아니라 해도, 문제를 정확히 바라보고, 해결하지 못함으로써 모든 학생들에게 지우지 못할 상처와 기억을 남기고 있었다. 고통과 좌절은 수치심으로, 수치심은 오기와 새로운 각오로 발전해 나갔다. 어떤 식으로든 붕괴된 학급의 상황을 복구해야 한다는 생각뿐이었다.

나를 일구던 삶의 체계들이 산산이 조각난 잔해 속에서 내가 시작할 수 있는 일은 매일의 비참한 현실을 기록하는 일이었다. 앞을 못 보는 장님의 더듬거림처럼 그저 매일의 사건을 적고 또 적었다. 그것은 단상이라 할 수도 없는 것이었다. 오늘은 이렇게 패배했고, 저렇게 패배했다는 기록일 뿐이었다. 그렇게 기록된 이야기들을 통해 개인의 문제 행동을 하나하나 일괄하는 것에 그쳤던 좁은 시각에서 학급 전체를 내다보는 넓은 시야로 전환해 나갔다. 이는 이야기 능력을 회복하기 위한 기초 작업이었다.

무의미하게 나열되어 있는 사건들을 정리하고 분석해 보려 애쓰다 보니 아수라장 같던 학급의 구조와 학생들의 복잡한 관계가 서서히 그 모습을 드러내기 시작했다. 교실 붕괴의 원인은 폭력 그 자체에 있었다. 학급은 적대와 갈등을 넘어 이미 전쟁 상태로 돌입해 있었다. 사내아이들을 주축으로 서열 투쟁이 끊임없이 벌어지는 속에서 학급은 단 하루도 조용할 날이 없었다. 우리 학급의 전교 왕따 2명은 그들의 강력한 희생양이 되었다. 그들의 존재는 폭력을 정당화하는 대상이자 그 누군가의 완전한 추락을 예방하는 완충지대와 같은 것이었다. 꼬마 파시스트를 위시한 가해자들과 피해자들, 폭력의 전면에 나서지 않더라도 동조자나 방관자로 살아갈 수밖에 없는 꽉 막힌 폭력의 구조 속에서 교사 역시 무기력한 피해자로 전락해 있었다.

인정욕망을 통해 교실을 바라보다

우리는 습관대로 세상을 바라보고, 살면서 배워 온 대로 세상을 이해하는 데 익숙하다. 그러나 우리가 가진 프레임이 현실 상황을 해석하는 데 아무런 도움이 되지 않는다면 의도적으로 프레임을 바꿔 보는 노력이 필요하다. 집단을 상대하면서도 우리의 시선은 언제나 학생 개개인을 향해 있다. 개인의 성격이나 성향, 가정에서 만들어진 개인 서사와 행동 특성을 고유한 것으로 여기며 종종 고정된 것, 변화하기 힘든 것으로 바라보기도 한다. 학생들은 타고난 것들과 가족 드라마 속에 갇혀 있기만 한 존재라기보다는 사회 집단 속에서 부단히 움직이고 끊임없이 교류해 나가면서 성장하는 존재이다. 학생들은 또래들과의 관계 속에서 발달 과업을 수행해 나가며, 자아를 구성하고, 세상을 배워 나간다.

요즘 학생들에게 필요한 건 사랑과 이해보다는 집단 안에서 인정받는 것이다. 인정욕망은 요즘 학생들의 심리를 이해하는 중요한 키워드이다. 학교의 공식적 인정 영역은 시험과 성적, 명예, 질서와 규칙 등이 있고 예나 지금이나 학생들은 이와 같은 영역에서 인정받기 위해 노력하고 경쟁을 벌이곤 한다. 그러나 체력이나 외모, 멋과 스타일, 유행의 민감성 등의 비공식적 영역에서의 인정이 요즘 아이들에겐 더욱 중요한 코드가 되었다. 학생들은 인정받기 위해 교류해 나가고, 교류를 위해 인정받고자 한다. 학생들에게 주어진 인정의 총량은 정해져 있기에 집단에서 인정받기 위해서 학생 간 경쟁이 과열되고 갈등이 심화되면 인정에 대한 요구는 투쟁의 상태로 빠지게 된다. 어느 정도 채우면 충족되는 것이 아닌 한도 없고, 끝도 없이 욕망을 쫓는 형태로 나아가게 된다.

인정욕망은 그 자체로 선하지도 악하지도 않은 순수한 상태의 에너지이다. 그러나 집단이 잠재적으로 또는 본질적으로 무엇을 가치 있게 여기고 추구하느냐에 따라 인정욕망의 흐름은 달라지기 마련이다. 교사의 눈에는 도무지 이해되지 않았던 그들의 무모한 행위들은 인정욕망이라는 프레임으로 보았을 때 이해 가능한 것들이었다. 붕괴된 교실은 폭력으로 구조화되어 있었고, 욕설, 센 척, 폭력적인 무법 행위들은 학생들이 벌이는 인정투쟁과 다름없었다. 인정욕망에 대한 이해 없이 고전적인 방식으로 학급을 운영한다면 교사가 학생들의 삶 속으로 들어가기란 쉽지 않다.

학급은 이야기를 만들어 가는 극장이다

일련의 교실 붕괴 사건을 겪으며 내가 깨달은 바는 학급은 공장이나 농장, 병원이나 감옥보다는 매일매일의 연극 무대가 펼쳐지는 극장에 가깝다는 것이었다. 극장에서 상연되는 다양한 연극의 장면 속에 학급은 때론 공장이 되기도 하고, 때론 농장이, 때론 병원이, 때론 감옥이 되기도 할 뿐, 그 어느 한 가지로 학급의 정체성이 확립되는 것은 아니었다.

학급은 개체들의 단순한 집합 상태로 볼 수 없다. 학생들은 인정욕망을 통해 관계를 맺고 상호작용하며 집단의 역동을 만들어 낸다. 각자의 이야기를 가지고 살아가더라도 끊임없이 타자를 의식하면서 인정받기 위한 연기를 펼쳐 간다. 학급이라는 한정된 물리적 공간 안에서 학생들은 원하는 배역을 선점하기도 하지만 주어진 부분을 소화해야 할 때도 있다. 시시각각 달라지는 연극 상황 속에서 학생들의 배역은 계속해서 변화되기 마련이다. 학생들은 학급 문화에 깔려 있는 인정욕망의 가치들을 수용하기도 하지만 원하는 방향으로 이끌어 가기도 한다. 그 속에서 학급은 마치 하나의 인격체가 된 듯 나름의 역사와 이야기를 만들어 나가게 된다. 개인의 인생에도 각본이 존재하듯이 학급이란 집단 역시 학급 구성원이라는 공동 저자들로부터 공적인 서사, 집단의 서사가 만들어지게 된다. 개인들이 각기 다른 인생각본을 가지고 만났지만 집단의 이야기를 함께 써 나감으로써 같은 집단 각본을 공유하게 된다.

매일매일 학급에서는 다종다양한 사건들이 발생하고, 무대의 주인공도 달라진다. 교사, 학생 누구라고 할 것도 없이 학급이라는 무대에서 연극을 펼쳐 나간다. 우리가 그것을 무대로 인식하지 않더라도 학급 안의 사건은 끊임없이 진행되고, 의미를 만들어 간다. 자연발생적으로 생성되고 자유자재로 흘러가는 학급의 서사는 때로는 심각한 전쟁상태로 빠지기도 하고, 때론 자체적인 정화 작용을 통해 평균 수준을 유지하기도 할 것이다. 밋밋한 이야기들이 반복될 수도 있고, 교사와 학생들의 기대와 실천을 통해 극적인 전환을 맞이할 수도 있다.

학급을 연극이 펼쳐지는 무대로 보았을 때 교사는 비로소 인정욕망을 통한 학생들의 복잡한 심리 역동을 분석해 나갈 수 있다. 이와 같은 설정은 학급을 파악하는 프레임이 되기도 하고, 효과적인 개입 방법에 대한 영감을 불러일으키기도 한다. 학급을 무대로 바라본다는 것, 학급의 이야기를 교육의 중심에 놓는다는 것은 학생들을 교수의 대상이 아니라 인간으로 바라보는 것이며, 교실을 '교사는 가르치고 학생은 배우는 학습의 장'이라는 관념을 뛰어넘어 삶의 장으로 바라보는 것이다.

교사와 학생이 함께 학급의 평화 서사를 만들어 나가는 작업은 학급에 새로운 극장을 짓는 일과 같다. 새로운 극장에서 교사와 학생은 모두 연기자이고 관객이며 동시에 연출가의 역할을 수행하게 된다. 그러나 학급에서 펼쳐지는 무대를 정확히 분석하고, 이야기의 흐름을 전체적으로 파악하며, 새로운 이야기 전환을 제시할 수 있는 주된 연출가의 역량은 교사로부터 나오기 마련이다.

교사는 학급에서 일어나는 장면과 사건들을 평화라는 주제를 통해 해석함으로써 학급의 이야기가 지루하게 되풀이되거나, 학급이 학생들의 인정투쟁과 폭력의 장으로 나아가지 않도록 그때마다 새로운 의미 부여를 해 주어야 한다. 그렇게 만들어진 1년의 학급 서사가 어떤 결말과 성공을 이뤘는가도 중요하겠지만 학급 구성원들의 인생각본에 어떤 의미를 남겼는가가 더욱 중요한 교육의 목적이 되어야 한다. 그래야 원하지 않는 상황에 놓이고, 뜻하지 않은 결론에 봉착하더라도 현실로부터 좌절하지 않을 수 있다.

학급의 마무리가 잘 이루어졌다고 해도 학급 구성원이 학급 서사의 의미를 파악하지 못하거나, 자신의 것이라 느끼지 못할 때 그것은 학급 공동의 서사라고 보기 어렵다. 학급의 결말 역시 모든 학급이 일률적으로 도달해야 하는 이상적인 목표 지점이 따로 존재하는 것은 아니다. 각 학급의 처지와 상황, 이야기의 맥락을 고려하며 더 나은 수준과 단계로 학급 서사가 발전·성숙해 가는 과정을 정리하고 마무리하는 단계가 각 학급별 결말이 될 것이다. 그리하여 최종적으로 '우리는 이런 삶을 살았다!'라는 학급 서사의 의미를 각인하고 기억함으로써 교사와 학생은 자신의 인생각본을 변화·발전시킬 수 있는 계기를 갖게 된다.

교사의 배우 되기 과정

되돌아보면 나는 학교폭력의 구조 속에서 가해자나 동조자, 방관자로 살아왔고, 마침내 피해자로 전락했음을 인정하지 않을 수 없었다. 이젠 학급에 아무런 영향력도 행사하지 못하는 수동적 주변인으로서가 아니라 학급 운영의 중심에서 교사 본연의 정체성을 찾아야 했다. 나는 더 이상 방관자나 피해자 각본으로 살고 싶지 않았다. 인간의 삶이란, '마치 ~인 것처럼(as if)' 살아가는 것을 통해 각박한 현실에서 자신을 보호하는 방어막을 세우기도 하고, 이루고자 하는 목적의식을 고양시키기도 한다.

나는 처음으로 다시 돌아가 교사라는 배우의 역할부터 다시 시작해야 했다. 아무것도 남지 않은 빈자리에서 새로운 이야기를 써 나가야 했다. 암전된 무대 위로 한 줄기 빛이 새어 나오고 있었다. 아주 자그마한 빛이기에 나를 둘러싼 모든 것들이 아직은 어둠 속에 그대로 놓여 있었다. 어떤 행위라도 잘되리라는 마음으로 시도할 뿐 정확한 것, 확실한 것은 아무것도 없었다.

새로운 학급 운영을 시작하면서 제일 먼저 시도한 것은 평화의 깃발을 든 교사로 연기를 시작한 것이었다. 고통스러운 교실의 기억으로부터 자유로울 수 없는 내가 그와 같은 연기를 하기 위해선 강력한 자기 암시가 필요했다. 마치 내가 원래 그런 교사였던 것처럼 학생들 앞에 설 수 있어야 했다.

평화라는 주제로 이야기 학급 운영을 해 나가면서 이제까지의 수동적인 교사의 자세는 적극적인 자세로 바뀌었다. 나를 드러내는 것이 다만 연기일 뿐이라고 가정하니 학생들 앞에 서는 일에 대한 부담이 사라지고 점점 자연스러워졌다. 재미있는 건 이런 교사의 마음을 알거나 모르거나 학생들은 교사를 굉장히 확신에 찬 사람으로 바라본다는 것이었다.

그래 그랬다. 중요한 건 기계적인 교사, 희망을 포기해 버린 교사가 아닌 무언가를 계속해서 새롭게 시도해 나가는 교사의 모습이었다. 나는 어느새 교수법에 의거해 가르치는 사회자나 진행자가 아닌 삶을 이야기하는 교사 본연의 모습으로 학생들 앞에 서 있었고, 학생들에게 흥미진진한 삶의 이야기를 전하는 이야기꾼이 되어 있었다. 주변의 이야기나 직접 겪었던 이야기, 학급에서 있었던 이야기 등 무엇이든지 이야기 형식을 빌려 전하면 학생들은 교사가 전하고자 하는 내용을 쉽게 이해했다. 이야기는 학생들을 몰입시키고, 하나로 묶어 내는 힘을 발휘했다. 학생들의 눈빛이 반짝일 때면 이전에는 느낄 수 없는 교사로서의 보람과 희열이 느껴졌다.

이야기를 통해 기쁨이나 슬픔, 안타까움 등의 감정을 자유자재로 표현하면서 나는 점점 배우의 역할에 익숙해졌다. 교사의 연기력, 즉 이야기꾼의 능력은 학생들이 학급의 서사 속으로 들어가는 데 꼭 필요한 요소였다. 이와 같이 학생과 교사가 강렬한 눈빛을 주고받으면서 교감하는 장면은 마음속으로 그려 왔던 이상적인 학급의 모습이기도 했다. 학생들은 교사와의 대화를 온몸으로 수긍하면서 일일이 응답하고, 교사 또한 학생들의 표정이나 반응에 적절히 대응해 나간다.

연기에 성공한 배우 교사는 이제 학생들의 연기를 지켜보면서 무대의 흐름을 파악해 나가는 예리한 비평가가 되어야 했다. 예리한 비평가란 감상 자체를 목적으로 하는 관객이라기보다는 일정한 관점을 가지고 무대를 바라볼 수 있는 사람을 말한다. 이야기 학급 운영에서 교사가 가져야 할 비평의 관점은 평화라 할 수 있었다. 교사는 필요에 따라 수시로 학생들의 관계 구조를 분석해 나감으로써 학생들의 인정욕망이 어떻게 표출되고 있으며, 집단 내 관계 역동이 어떻게 변화되고 있는지 파악할 수 있어야 했다. 학급의 평화 척도는 학급의 분위기와 응집력, 학생들이 주고받는 말과 행동 등을 통해 관찰할 수 있었다. 학생들이 교류하는 모습을 가능한 한 자세히 살피면서 괴롭힘이나 따돌림이 이루어지고 있지는 않은지, 학급의 서열이나 권력관계가 형성되고 있지 않은지, 또래 관계와 일상생활 속 모습 등을 수시로 점검했다. 개인적인 선입견이나 당위에 얽매이지 않으면서 최대한 과학적인 태도를 유지하는 비평가의 태도가 필요했다. 학생들 간의 갈등과 폭력이 표면화되었을 때 그 이면에는 언제나 감추어진 진실이 있기 마련이었다. 교사는 가설과 분석, 충분한 검증의 과정을 통해 진실의 퍼즐을 맞춰 나갈 수 있어야 했다.

교사의 연출가 되기 과정

이야기 학급 운영의 실천은 학급의 이야기를 좀 더 풍성하게 만들고 싶다는 욕망을 갖게 했다. 부족한 부분은 채워 넣고, 이야기를 좀 더 매끄럽게 이어 가는 노력이 더해졌다. 이것은 교사에게 잠재되어 있는 의미욕망이 서사욕망과 결합되는 과정이라고 볼 수 있다. 학급을 이야기로 바라보면 바라볼수록 학생들의 교류가 더 자세히 보이고, 더욱 효과적인 교사의 개입과 지도에 대한 방법을 고민할 수 있게 되었다. 교사가 학급의 이야기를 더욱 평화롭고 의미 있게 연결해 나가고 싶다는 생각은 학생들이 벌이는 인정투쟁을 의미욕망이나 평화욕망으로 바꿔 내고 싶다는 욕망과 다를 바 없다.

이야기 학급 운영은 교사 자신의 서사욕망을 떠나서 생각할 수 없었다. 이야기라는 허구적 양식은 과거 현재 미래라고 하는 시간들을 가로지르면서 보이지 않는 흐름을 만들어 가는 것이기에 현실 상황을 복합적으로 바라보고, 총체적으로 해석할 수 있어야 한다. 그래서 학급이란 무대에서 펼쳐지는 사소한 에피소드들을 학급의 이야기라는 전체 틀 속에서 바라보고, 하나의 흐름 안에서 조망할 수 있는 연출가의 역할이 교사에게 요구되었다. 물론 학생들도 이야기 학급 운영의 연출가가 될 때도 있지만 그것은 좁은 시야에서 부분적인 참여로 이루어지기 마련이었다. 교사가 연출가로서의 역할에 소홀해지다 보면 학급의 이야기는 갈 길을 잃거나 중단되기도 했다. 반대로 교사가 일관된 의지를 가지고 학급 서사를 만들어 나가고자 할 때 학생들의 기대와 실천 또한 유지시킬 수 있었다.

교사는 학급의 평화 서사를 만들어 가는 연출가로서 학급 이야기의 진행 및 갈등 상황에 적극적으로 개입하고 시의적절한 교육 활동을 투입하게 된다. 그런 이유로 판단력과 결단력, 창조적 서사 능력은 연출가로서의 교사에게 요구되는 역량이라 할 수 있다. 교사가 열정을 갖고 한 해 두 해 꾸준히 도전해 나가다 보면 학급의 서사는 거칠고 단순한 이야기로부터 점점 매끄럽고 풍성한 이야기를 담은 소설의 형식으로 변모하게 된다. 이야기 학급 운영은 교육에서 이야기를 활용하는 것이다. 이야기 학급 운영은 학급에서 일어나는 에피소드를 학급의 평화 서사로 엮어 가는 것이다. '이야기의 시작을 어떻게 열 것인가?', '평화로운 학급을 위해 어떤 실천들을 만들어 갈 것인가?', '이야기의 갈등을 어떻게 해결해 나갈 것인가?', '이야기를 어떠한 결말로 향하게 할 것인가?', '어떤 장면으로 마무리할 것인가?' 학급의 서사 역시 소설의 기본 구조인 기승전결을 통해 연출의 흐름을 살펴볼 수 있다.

① 이야기 열기

학생들 앞에 서는 첫날이 일 년 중에 가장 어색하고 부담스러운 날이었다. 많은 교사들이 학생들에게 무섭고 엄한 교사를 연기해야 학급 장악력을 확보할 수 있다고 믿었다. 그러나 이와 같은 기선 제압으로 시작된 차분한 학급 분위기는 늦어도 한 달쯤 지나면 달라지기 마련인데 그 이유는 서로에 대한 탐색을 마친 학생들의 집단 역동이 활발하게 진행되기 때문이다.

시작이 반이라는 속담이 있다. 이야기 학급 운영에서도 이야기의 시작은 무척 중요한 단계라고 볼 수 있다. 학생들은 새 학년 담임과 우리 반 친구들은 어떤 사람들일지, 새롭게 시작되는 학급 생활은 어떨지에 대한 긴장과 기대감으로 첫 시간을 맞이한다. 학생들은 높은 집중력으로 교사의 목소리와 이야기에 귀 기울이게 된다. 이때 교사는 평화롭고 화목한 교실이라는 그림을 학급 구성원들의 마음에 선명하게 그려 주어야 한다. 학생들에게 어떤 이야기를 들려줄지, 어떤 질문을 건넬지, 어떤 활동을 함께 해 볼지를 고민하면서 첫날의 일과를 꼼꼼하게 구성하는 것이 중요하다. 첫날 학급 구성원이 한마음 한뜻으로 학급의 목표를 잘 열어 낸다는 것은 학급 서사의 시작점을 찍는 것과 같다. 새 학기 교육 활동을 통해 학급 서사의 '기' 과정을 잘 만들어 낸다면 한층 높은 수준의 학급 목표, 이야기를 향해 나아갈 수 있게 된다.

교사는 서툰 방식으로 친구 관계를 맺는 아이들이 이전과는 다른 도전과 변화를 만들어 갈 수 있도록 자연스럽게 서로를 알아 가는 교육 활동을 배치해야 한다. 간혹 학생들의 친밀감을 성급하게 만들어 주려는 경우가 있지만 단번에 드러나는 모습으로 그 사람을 알았다고 말할 수는 없듯이 학생들 간에도 서로를 알기 위한 시간을 충분히 갖게 하는 것이 더 중요하다.

그런 까닭에 새 학기 교육주간에는 의도적으로 학급의 평화와 화목을 안착시키는 교육 활동을 충분히 배치하고, 교사 수준의 학급 교육과정과 평가 계획 등을 함께 공유하는 시간을 가질 수 있어야 한다.

흔히 학생들에게 자기소개를 준비하라고 하면 자신이 무엇을 좋아하고, 무엇을 싫어하는지, 가족들은 어떤지 등의 정보를 나열하기 마련이다. 사실 이러한 간단한 정보들은 서로를 더 알아 가고 싶다는 호기심을 불러일으키지는 못한다.

물·불·흙·공기에 대한 비유를 통해 자신을 표현하는 활동은 기존의 자기소개의 부족한 부분을 개선시킨 예이다. 이 활동은 걱정과는 달리 매우 수월하게 이루어졌다. "나는 불과 닮았어요. 왜냐하면 친구를 빨리 사귀는 모습이 불이 번지는 모습과 비슷해요.""나는 달과 같아요. 우리 마을을 환하게 비추어 주지요. 나는 달처럼 사람들을 환하게 감싸 주고 싶어요."학생들은 매우 직관적으로 자신을 비유하였다. 모든 아이들이 자신만의 특별한 물·불·흙·공기의 이야기를 담고 있다는 점이 신기했다. 물·불·흙·공기에 자신을 비유하는 것은 자신과 세계를 어떻게 인식하고, 어떻게 외부 세계와 연결되고자 하는지에 대한 학생들의 의지를 표현하는 것이다. 기존의 단순한 정보를 교환하는 자기소개를 넘어 지향하는 세계와 삶의 모습을 나누다 보면 학생들의 교류는 실존적인 대화와 만남으로 나아가게 된다. 또한 학급의 물·불·흙·공기 모임을 자연스럽게 교류시켜 볼 수도 있고, 물·불·흙·공기 모두가 있어야 함께 더불어 살아갈 수 있다는 사실을 통해 화합의 중요성을 강조해 볼 수도 있다. 이후 물·불·흙·공기 관련 활동은 꼬리에 꼬리를 물어 나가는 이야기 학급 운영에 큰 도움이 된다. 물·불·흙·공기 활동 외에도 새 학급 친구들의 이름을 정성껏 써서 서로의 이름 선물을 나눠 갖게 하는 친구 이름 선물 활동, 친구가 걸어온 길에 대해 깊이 있는 인터뷰 활동을 진행해 볼 수 있다.

첫 만남은 눈에 보이는 것들로 서로를 평가하고 단정하기 쉽다. 교사는 눈에 보이지 않는 것들에 대해 더 많이 다루면서 학생들이 편견 없이 서로를 탐색하고 자연스럽게 다가갈 수 있도록 교육적 계기를 만들어 줄 수 있어야 한다.

② 무대의 기본 체계 세우기

학급의 평화 체계에는 학급 법과 관련된 생활 약속이나 수업규칙, 놀이규칙 같은 것들이 있다. 이와 같은 체계들은 교사가 혼자 만들어 제시하는 것이 아닌 학급 구성원이 모두 함께 만들어 가는 것이다. 이야기 학급 운영은 평화라는 목표와 방향을 가지고 있더라도 학급 구성원의 의견을 중시하며 민주적 의사결정 과정을 통해 운영해 나가는 것이 중요하다. 이야기를 여는 첫 만남, 첫 시간은 학급을 평화로운 세계로 만들어 가고자 하는 교사의 강한 욕망과 의지를 전달하는 시간이라 할 수 있다. 학급 목표에 대한 공감과 합의를 기반으로 모두가 함께 만든 학급의 평화 규칙들은 이후 학급 안에서 더욱 큰 영향력을 갖게 된다. 이 외에도 학급의 생활 나눔을 할 수 있는 대화와 만남의 구조, 기본 학습 구조, 학급집단의 부서 조직 및 개인의 역할 세우기 등을 통해 평화로운 학급 만들기의 기본 틀을 만들어 나갈 수 있다.

새 학기가 시작되고 얼마 지나지 않아 학생들의 관계 탐색이 끝나 갈 즈음이면 학생들은 무리 짓기와 함께 서열 투쟁을 벌여 나가기 마련이다. 진실과 화해의 시간은 학생들의 갈등과 폭력 문제를 해결할 수 있는 기

물불흙공기

본적인 의사소통 구조라고 볼 수 있다. 학생들의 다툼과 갈등은 언제라도 일어날 수 있으나 그것이 진실을 찾아내는 과정이 되었을 때 자신과 타인에 대해 더 잘 이해하고, 인간관계도 더욱 발전시킬 수 있다고 보는 것이다.

서로가 몰랐던 진실의 영역을 인식해 나감으로써 화해를 경험하고 그 경험을 차곡차곡 쌓아 갈 때, 갈등을 평화적으로 해결해 가는 평화교실로 나아갈 수 있다.

③ 교육 활동의 플롯 구성

초등 학급의 경우 학급 담임이 생활과 수업을 도맡는다는 점에서 학급의 이야기를 만들어 갈 수 있는 많은 시간이 주어지지만, 수많은 시간의 점들을 하나의 이야기로 수렴해 나가야 한다는 것은 처음엔 부담으로 다가오기도 한다.

모든 수업을 이야기 학급 운영과 연결 짓는 것은 어려웠다. 나는 가능한 범위 내에서 유기적인 흐름을 만들어 가야겠다고 생각했다. 이제까지 해 왔던 프로그램 나열식, 백화점식 쇼핑을 고수하는 것은 프로그램들을 서로 기계적으로 결합시키는 것에 불과할 뿐 활동들의 연계성을 찾기 힘들었다. 교사가 좀 더 치밀한 계획을 세워 교육 활동을 부분적으로 연결 지어 놓았다고 해도 학생의 입장에선 무제의 콜라주처럼 보이게 된다. 중요한 것은 모든 교육 활동들이 학급 서사라는 종합적이고 총체적인 인식을 담아내는 것이었다.

이제까지와 완전히 다른 수업을 상상하는 것은 쉽지 않았다. 나는 익숙한 기존의 활동을 다시 분석하고 재해석하면서 기존의 방식으로부터 조금씩 다듬고 고쳐 나가기 시작했다. 아주 작은 변화를 주었을 뿐인데 이전과 다른 생동감이 느껴졌다. 적극적으로 반응하는 학생들의 모습에 힘입어 교육 활동과 이어지는 후속 활동을 만들어 보고 그것들을 하나의 이야기로 묶어 감으로써 일정한 교육의 리듬과 주기를 만들어 나가기 시작했다. 동기유발은 단순한 흥미나 재미의 차원을 넘어 학생들의 인정 욕망과 삶의 문제를 두드릴 수 있어야 했다. 학습의 주제를 자신의 삶으로 이입하는 과정이 없이는 무미건조하고 형식적인 수업이 될 수밖에 없었다. 텅 빈 마음에 무언가가 들어가면 아이들은 자발적 동기를 가지고 활동하고자 하

평화규칙 세우기

는 의욕이 불타올랐다. 학급의 평화 서사와 맞닿은 이야기와 노래, 그림, 놀이는 초등학생들에게 매우 효과적인 매개물이 되었다. 이야기 학급 운영에서 교육 활동은 이와 같은 낭만적인 과정을 거쳐 생활의 개념이나 가치, 의미를 자세히 배워 나가고, 그것을 다시 자신의 삶과 연결시켜 일반화하는 단계로 나아가게 된다. 그러나 이것으로 수업이 마무리되는 것은 아니었다. 반복하여 각인하고 내면화하는 과정이 필요했고 개인과 개인, 개인과 다수, 집단과의 연결을 통해 풍부한 교류를 경험하게 하는 것이 필요했다.

이야기 학급 운영에서는 학생들의 개별 활동을 학급 집단 전체가 교류할 수 있도록 묶어 내는 정리의 단계가 중요했다. 여기서 말하는 교류는 단순한 만남이 아니라 학생들 간의 실존적인 대화와 만남을 의미했다. 예를 들어 시 교육 활동은 교사와 학생들이 서로 시적 대화로 교류할 수 있는 장을 마련해 주었다. 답시를 주고받고, 함께 연시를 써 나가는 활동을 통해 서로의 감정과 느낌, 생각들을 주의 깊게 교류해 나가다 보면 학급의 이야기는 어느새 새로운 물꼬를 터 나가고 있었다.

이야기 학급 운영에서는 이와 같은 상생적 교류가 이야기를 이끌어 가는 핵심적인 요소에 해당된다. 그것은 학생 간 교류를 교육 활동이라는 공개적 장으로 끌어올림으로써 학생들이 서로를 통해 끊임없이 배우고 가르쳐 주며 풍부한 관계를 형성해 나가도록 하는 것이다.

분절된 교과와 각기 다른 질감의 교육 활동을 평화라는 학급의 이야기로 묶어 내고 일관된 흐름을 만들어 나갔다. 이야기 학급 운영에서의 교육 활동은 그 자체로 유기적인 리듬을 가지면서, 가능한 한 그것의 의미를 음미하고 재음미해 나가는 일정한 주기를 통해 숙성되었다. 그것은 마치 소용돌이식 주기를 형성하는 것과 같았다. 하나의 주기가 끝나면 다음 주기를 시작해 나가는 지속적인 반복이 이루어졌고, 어느 시기 작은 주기들의 합이 하나의 커다란 주기를 만들기도 하고, 작은 주기가 다른 주기에 합류하여 좀 더 큰 주기를 만들기도 했다. 꼬리에 꼬리를 물고 활동을 이어 나가다 보면 생각했던 것보다 훨씬 더 드라마틱한 일들이 학급 안에서 펼쳐지곤 했다. 그것은 마치 소설의 다층적이며 중층적인 구조를 만들어 나가는 모습과 동일했다. 학생이 느끼는 뿌듯한 성취감은 이내 교사의 교육 의지를 자극했고, 그 의지는 학생들에게 새로운 주기로 나아가고 싶다는 열망을 자극했다.

새 학기에 학생들에게 평화의 세상, 내가 나를, 말의 힘과 같은 노래를 가르쳐 주었다. 교사가 들려주는 노래는 학생들에게 의미 있는 울림으로 다가가는 듯했다. 학생들은 노래를 좋아했고, 매일매일 입에서 입으로 울려 퍼졌다. 평화의 세상이란 가사에는 우리

교육 활동의 플롯 만들기

학급에 대한 바람이 담겨 있었다. 권리, 평화, 화목, 우정은 쉬운 개념이 아니었다. 그러나 계속적인 교육 활동 속에서 권리, 평화, 화목, 우정의 의미를 서서히 음미해 나갔다. 처음엔 어떻게 사용해야 할지 몰랐던 서툴렀던 말들이 그들의 입으로, 글로 표현되기 시작했고, 교육 활동 장면이 아닌 생활 장면에서도 손쉽게 활용할 수 있는 일반적인 어휘가 되었다. 학생들은 그것으로 세계를 바라보고, 자신의 행위를 결정하는 주된 가치로 받아들이고 있었다.

④ 이야기의 갈등 다루기

이렇듯 끊임없이 평화의 주제를 건드리다 보면 어느새 학급에는 눈에 보이는 폭력 상황이 놀랍게 줄어들었다. 그러나 학생들의 끊임없는 인정 투쟁과 따돌림 문화에서 비롯되는 인간관계의 갈등 또는 보이지 않는 폭력의 문제를 해결하기란 쉽지 않았다. 교사는 학생들의 관계를 면밀히 관찰하면서 학생 간 갈등을 어떻게 새로운 이야기로 전환시켜 나갈 것인지를 고민해야 했다. 그럴 때일수록 결국 해결 방법은 지속적인 학급의 평화 서사 만들기를 통한 적극적인 예방뿐이었다.

학급에 불행한 사건이 발생하지 않는다고 해서 학급에서 펼쳐지는 무대를 주의 깊게 살피지 않게 되었을 때 학급의 이야기는 다양한 방향들로 분산되고 흩어지곤 했다. 현재 수준보다 더 높은 단계와 목표를 설정하면서 공을 들여 꾸준히 이야기를 만들어 나갈 때 학급의 긍정적 에너지는 계속해서 유지될 수 있었다. 이야기를 풍부하게 할수록 학급은 더욱 매력적인 극장이 될 수 있으며, 학생들은 학급의 드라마 안으로 푹 빠져들게 되는 것이다. 학급의 이야기는 기승전결이라는 단계를 거쳐 심화되고 발전되는 하나의 흐름을 형성할 수 있어야 했다. 꼭 기승전결이 아니더라도 이야기의 갈등을 심도 있게 해결해 나가는 과정에서 학급의 이야기는 새로운 국면을 맞이하고, 질적 변화를 맞이할 수 있었다.

우리 학급은 끼리끼리 어울리는 소집단들이 존재했지만 집단 간에 개방과 호의를 유지하고 있어 학급이 매우 화목한 상태라고 생각했다. 그러나 점점 학급에서 영향력 있는 그룹의 남자아이들이 폐쇄적인 따돌림 문화를 만들어 가고 있다는 느낌이 들었다. 아이들은 수업 시간에 자기들끼리의 대화에 집중하다가 떠드는 문제로 지적받곤 했다. 이전에는 함께 놀던 아이들이 그룹에서 떨어져 나와 고립되는 사례가 늘어 가는 것을 보며 느낌은 확신으로 이어졌다. 그들끼리 똘똘 뭉쳐 같은 목소리를 냈을 때 학급의 여론은 언제나 이들에게 유리한 방향으로 흘러가곤 했다. 그들과의 입씨름에서 이길 수 있는 아이는 없었다. 그들에게 따돌림받는 느낌을 지울 수 없는 진웅이는 자존심이 무너질 때마다 공격적인 태도를 취했다.

한때는 인기 그룹에서 가장 인정받는 재훈이와 친하게 지냈던 진웅이기에 인기 그룹에 뒤늦게 합류한 아이들은 진웅이의 공격적인 태도를 이유 삼아 종종 싸움 걸기를 시도하였다. 싸움은 이내 재훈이와 진웅이의 대결로 이어졌다. 인기 그룹은 오히려 진웅이가 보이는 공격적인 태도를 더 이상 참을 수 없다며 교사에게 불평했다. 그러나 그것은 진실이라고 볼 수 없었다. 진웅이의 공격적인 태도를 유발하는 인기 그룹의 지배적 태도와 따돌림 문화가 엄연히 존재했기 때문이다. 이러한 사실에 대한 인정 없이는 어떤 화해도 이루어지기 어렵다는 생각이 들었다.

초반에 이루어진 진실과 화해의 시간은 진웅이의 공격적 태도를 바꿔야 한다는 내용으로 마무리되었다. 진웅이의 변화만으로 이 문제가 해결되기 어렵다는 것은 알고 있었지만 교사가 일방적으로 진실을 규정한다고 해서 학생들이 화해라는 결론에 도달하기는 어려웠다. 더군다나 진웅이가 지지 않기 위해 취하는 행동 특성은 그가 고립될 수밖에 없는 약점이 되었다. 사실 진웅이는 1학기 내내 함께 놀았던 재훈이를 그 누구보다도 좋아하고, 함께 놀기를 원했다. 그러나 괜한 질투심과 원망으로 재훈이에게 으르렁대는 일이 많았다. 친구들에게 어떻게 다가가야 할지 모르니 울며 보채다가 무시당하고, 놀다 보면 자존심이 상해 공격하는 일이 반복되었던 것이다.

나는 친구에게 어떻게 다가가야 할지 방법을 몰라 힘들어하는 학생들에게 우정교육이 필요하다는 생각이 들었다. 다음 날 나는 진웅이를 포함한 학급 구성원들이 인간관계에서의 길들임이 갖는 의미를 되새겨 볼 수 있도록 어린 왕자 이야기를 활용한 우정교육을 실행하였다. 어린 왕자와 여우가

이야기의 갈등 다루기(우정 교육)

나누는 대화를 읽어 주었는데 학생들은 매우 차분한 태도로 경청했다. 자신이 길들인 친구와 나를 길들여 준 친구를 적어 보게 한 활동에서 그 누구의 이름도 채워 넣지 못한 아이들은 적잖이 충격을 받은 모양이었다. 서로를 길들인다는 것은 그 무엇으로도 강제할 수 없는 매우 자발적이고 지속적인 영혼의 교류가 아닐 수 없었다. 길들인 친구가 없고, 나를 길들여 준 친구가 없다는 것은 권리문제와는 또 다른 차원의 문제였다. 이야기에 자극을 받은 많은 아이들은 자신이 맺는 친구 관계를 들여다보는 듯했고, 친구가 다가오기를 바라고 기다리는 것에서 자신이 친구에게 어떻게 다가갈 것인지를 진지하게 고민하는 듯했다.

진웅이는 그 누구보다 길들임의 대상을 찾고 싶어 했고, 공격적인 태도를 조금씩 고쳐 나가는 모습이었다. 진웅이의 공격적인 태도가 잦아들기 시작하자 인기 그룹 아이들의 센 척과 갑질 문제는 뚜렷하게 드러나기 시작했다. 예전 같으면 함께 삿대질을 겨누고 욕하며 싸우는 바람에 서로의 잘잘못을 따지기 바빴지만 이젠 누가 먼저, 정당한 이유 없이 상대에게 폭력을 행사했느냐가 뚜렷이 드러났다. 물론 인기 그룹이 잘못에 대해 인정하고 사과하기까지 많은 대화와 설득이 필요했지만 예전처럼 성과 없이 끝나거나, 모든 문제의 원인이나 원망이 진웅이로 귀속되지 않게 되었다.

그러던 어느 날 인기 그룹 아이들이 자신에게 거친 말을 사용했다며 하소연하는 아이가 있었다. 그 아이는 진웅이도 당하는 걸 봤다며 있었던 사실을 자세히 묘사해 주었다. 나는 재훈이와 진웅이를 비롯한 지배 그룹 아이들과 피해 아이들을 한데 모아 정확한 사실 조사를 하였다. 겉으로 드러나는 아이들의 센 척은 빙산의 일각일 뿐 평화로워 보이던 학급의 가려진 커튼 뒤로 거친 말들이 난무하고 있었다. 해당 아이들만 지도하기보다는 전체 학급의 이야기로 발전시켜야 한다는 생각이 들었다. 나는 학급 전체를 대상으로 지금까지 교실에서 들었던 가장 심한 말을 포스트잇에 적어 보자고 했다. 학생들이 말에 대해 느끼는 주관적인 감정은 모두 달랐다. 상대를 은근히 놀리는 별칭에도 수치심은 오래 기억되고 있었다. 상대를 무시하는 말, 비하하는 말, 놀리는 말, 심한 욕들이 쏟아져 나왔고, 나는 아이들과 비슷한 것을 묶어 가며 유목화하였다. 그리고 겉으로 보기엔 애매한 말들도 어째서 언어폭력이 될 수 있는지 하나하나 살펴보고 문답을 이어 나갔다. 학급 서사의 흐름 속에서 진행된 수업이었기에 형식적이지 않으면서 학생들로 하여금 자신의 언어생활을 돌아보게 하는 계기가 되었다. 이야기 학급 운영에서 펼쳐진 이 장면을 계기로 센 척하는 아이들의 거친 말과 욕설은 힘을 잃게 되었다.

축제를 앞두고 있던 터라 학급에 새로운 계기를 마련함으로써 보다 풍부한 학급 서사를 만들어 가야겠다는 생각이 들었다. 학급의 응집력을 높이고, 구성원 간의 교류를 활발히 이룰 수 있는 연극 무대를 꾸리기로 하였다. 연극 준비가 본격적으로 시작되자 학급에서 자신의 지위와 역할을 찾지 못했던 아이들이 개성 있는 배역에 도전하는 등 고립된 상태로부터 벗어나려 애썼다. 학생들의 의견을 수렴하여 출연 배역이나 대본이 수정되었고, 노래와 춤이 가미되면서 연극은 점점 마당극 형식으로 변모하기 시작했다. 한 달가량 한마음이 되어 꾸려 낸 마당극은 효능감과 자부심, 집단의 인정을 경험하는 소중한 계기가 되었다.

학기 말이 되면서 지배 그룹의 독주로 이어지던 학급 안의 패쇄적인 질서는 보다 열린 구조를 통해 해체되는 듯했다. 그 후 인기 그룹 내 아이들의 관계도 조금씩 변화되기 시작했다. 예전에는 그들의 외부에 따돌림의 대상이 있었다면 이젠 그들끼리의 왕따 놀이가 시작되었다. 늘 함께 다니던 아이들의 관계가 소원해진 듯 심상치 않은 기류가 느껴졌다. 그들은 놀이하다가 사이가 틀어졌다고 했지만 그것은 부분적인 사실일 뿐 진실은 아니었다. 그들이 즐겨 하는 왕따 놀이는 공평하지도 공정하지도 않다는 것이 드러났다. 재훈이는 왕따를 지목하거나 단죄하는 역할만을 수행하였고, 왕따 역할을 맡은 아이는 심한 굴욕감과 상처를 받고 있었다. 거의 막바지에 다다른 느낌이 들었다. 그들과 함께한 진실과 화해의 시간은 지나온 1년을 돌아보는 과정이 되었다. 그 속에 어떤 거짓이나 핑계도 끼어들 틈이 없었고 아이들은 숙연해졌다. 아이들은 이미 그것이 재훈이만의 문제가 아니며 그들이 공유했던 전략이 바뀌지 않는 한 올바른 인간관계로 나아가기 힘들다는 사실을 받아들이지 않을 수 없었다. 이야기 학급 운영에서의 갈등 다루기는 이렇듯 학생들 간의 서열의식이나 그릇된 인정욕망의 매듭을 하나하나씩 풀어 나가는 작업이었고, 지난하고 힘겨운 만큼 학급의 이야기를 더욱 풍부하게 만들어 가는 과정과 다름없었다.

소개된 사례는 학급에서 일어나는 따돌림 문제의 부분에 불과하지만 그것의 시작과 끝은 거의 1년에 걸친 이야기 속에서 이루어진다는 것을 알 수 있다. 저학년 교실에서 일어난 일반적인 따돌림 문제로 사안의 심각성이 크지 않았음에도 문제가 불거진 뒤 문제를 해결하는 데까지 걸린 시간은 3개월에 달했다. 나는 결정적 순간마다 이야기의 갈등을 해결하고, 전환의 계기를 마련함으로써 서서히 꼬인 매듭을 풀어 갈 수 있었다.

⑤ 교사의 생소화 전략

아리스토텔레스의 극적인 극은 처음과 중간, 끝이 있는 인과적 극 구성을 통해 관객으로부터 감정의 정화를 안겨 주는 것이다. 우리는 학급의 이야기가 이러한 감동적인 극이 되길 바란다. 그러나 우리의 일상이 항상 이야기의 굵직한 흐름을 따라 펼쳐지는 것은 아니다. 물론 너무나 특별하거나 이례적인 사건과 사고, 또는 인물을 통해 학급의 이야기가 강력한 영향을 받을 수도 있다. 그러나 현실은 언제나 조각난 에피소드를 엮어 내는 서사화의 과정이 될 수밖에 없다. 그것을 하나의 흐름 안에 재조직하지 않았을 때는 무의미한 흩어진 조각에 불과하다.

브레히트가 말하는 서사극은 극적인 극이라기보다는 소설적인 극이란 의미를 내포하고 있다. 전형적인 연극이 극적 사건의 갈등과 해결을 통해 감동적인 카타르시스를 만들어 간다면 서사극은 자연스러운 일상과 소소한 사건을 통해 관객들의 인식에 변화가 일어나길 원한다. 이것을 가능하게 해 주는 것이 서사극에서 말하는 생소화 개념이다. 생소화 개념은 친숙한 것을 당연한 것으로 여기지 않고 낯설게 바라보고, 의심해 볼 때 생겨나는 것이다. 인정투쟁이 벌어지는 학생들 간의 관계 맺기를 그저 친숙한 것으로 지나쳐 버릴 때 교사들은 많은 경우 이야기 만들기의 중요한 시점을 놓쳐 버리게 된다. 교사는 생소화 전략을 통해 우리 삶에 녹아 있는 자연스럽지 않은 것들을 끄집어낼 수 있는 계기들을 마련해 나가야 한다. 그래야 개인과 집단 서사의 비합리적 인과의 법칙을 확연히 드러낼 수 있기 때문이다.

음악 전담을 할 때의 일이다. 태호는 공부도 친구 사귀기도 제대로 할 줄 아는 게 없는 학급에서 인정받지 못하는 왕따 아이였다. 수업을 하다 보면 꼭 한두 번씩 의자와 함께 바닥으로 넘어졌고, 학급은 웃음바다가 되었다. 처음엔 실수라고 생각했는데 수업 시간마다 넘어지는 행동은 계속되었다. 넘어지지 않게 조심하라는 걱정스러운 당부나 소란 피우지 말라는 경고로는 태호의 행동은 쉽게 달라지지 않았다. 태호는 친구들에게 비웃음거리가 되더라도 관심이 필요했던 건 아니었을까? 집단에서 인정받기 위한 왜곡된 그의 전략은 수정될 필요가 있었다.

학생들은 이와 같은 상황을 친숙한 극으로 받아들이고 있었다. 쟤 또 시작이다, 웃겨 죽겠네, 어쩌면 저렇게 바보 같을까?… 생소화의 전략은 교사의 연기에 적용되었다. 나는 평소와는 달리 무척이나 화가 난 듯 정색하며 말했다.

"태호야 넘어질 때 머리를 다치기라도 하면 정말 큰일인데 왜 주의를 기울이지 않니?"

왁자지껄했던 교실은 찬물을 끼얹듯 순식간에 고요해졌다.

"너희들이 웃어 주니 태호는 계속하는 것 같다. 우리 이제 웃지 말자. 태호가 다치면 큰일이니 우리가 도와주자."

나는 우회적으로 태호와 반 아이들의 진실을 드러내고 있었다. 시간이 멈춘 것같이 그 순간 학급에 감돌았던 정적, 태호의 어리둥절했던 표정은 지금도 생생히 기억난다. 그날을 마지막으로 태호는 의자에서 넘어지는 행동을 하지 않게 되었다. 이것은 무대에서 펼쳐진 서사적 연극으로서 학생들이 익숙하게 느끼던 것들에 대해 생소화시킨 장면이라고 볼 수 있다. 교사의 연기는 학생들이 장면을 낯설게 볼 수 있도록 한다.

학생 간 갈등의 대부분은 우발적인 부딪힘이라기보다는 지속적인 관계

속에서 만들어지고, 학급 내 권력이나 서열 투쟁인 경우가 많다. 이런 경우 사건 자체만을 다뤄서는 학생들 간의 진실한 화해를 이끌어 내기 어렵다. 학생들은 자신에게 유리하게 말함으로써 관계를 더 복잡하게 만든다. 교사는 학생들과의 대화 속에서 진실을 찾아 나감으로써 진정한 화해를 이뤄 내는 중재자의 역할을 수행할 수 있어야 하는데, 이때 생소화 전략은 학생들이 무의식적으로 사용했던 전략을 깨닫게 하거나 의식적으로 사용했던 전략을 꼬집어 내는 데 효과적이다. 누가 가해자고, 누가 피해자인지의 잘잘못만을 따지는 문제라면 정해진 매뉴얼에 따라 처리하면 되지만 교사가 다루어야 할 문제는 학생들이 행하는 잘못된 인간관계나 신념들을 바로잡을 수 있게 도와주는 것이다.

⑥ 이야기의 마무리

이야기 학급 운영의 마무리로 학급의 평화 서사를 문자화하여 기록하는 것이 중요하다. 그래야 학생들이 학급의 서사를 확인할 수 있고, 오랫동안 기억할 수 있기 때문이다. '우리 반은 이렇게 시작해서 이렇게 끝났어, 우리는 이런 이야기를 만들어 왔어!'라는 학급 서사를 정리한다. 학급 서사는 다양한 형식을 통해 정리될 수 있지만 학생들이 살아온 학급의 1년을 담아내기에 알맞은 양식은 서사집이라고 볼 수 있다.

이전의 학급문집은 글과 그림을 무작위로 나열해 놓는 방식이었는데, 생각해 보면 프로그램 나열식의 학급 운영과 닮은 꼴이었다. 학급에서 있었던 기뻤던 일, 슬펐던 일 등을 일지 식으로 기록해 놓는 것 역시 행복의 총량만 따질 뿐 학급에서의 삶이 학급 구성원들의 삶에 어떤 의미를 남겼는지를 해석하기 어렵다. 그에 비해 이야기 학급 운영의 월간이나 서사집 활동은 플롯을 가진 소설과 비슷하다. 학급 안에 있었던 사건들은 평화라는 주제를 통해 소설의 구조로 완결되는 것이다.

이야기의 마무리

사건의 나열은 기억에서 잊히기 쉽지만, 이야기는 우리 마음속에 오래 기억되곤 한다. 구체적인 것은 잊어버려도 이야기의 핵심 줄기는 남기 마련이다. 교사와 학생은 학급 서사를 통해 자신의 인생각본을 더 나은 각본으로 바꿀 수 있는 계기와 기회를 갖게 된다. 당장의 변화가 아니더라도 학생들의 마음속에 기억될 만한 이야기로 남는다면 앞으로의 인생을 살아가는 데 큰 힘이 될 것이다.

학급의 서사를 노래극이나 마당극과 같은 예술 공연으로 승화시킨다면 학급 서사에 대한 기억은 더욱 강력한 인상을 남기며 오랫동안 기억될 수 있을 것이다. 학급에서 있었던 굵직한 에피소드를 극으로 구성하여 함께 노래하고, 춤추고, 구호를 외치고, 시를 낭송하는 등 학생들이 함께 공연을 꾸려 나가는 과정은 문자화된 월간이나 서사집과는 또 다른 느낌과 감성으로 이야기 학급 운영의 '결'로 자리매김할 수 있을 것이다.

이야기 학급 운영의 발전

교사의 배우 되기, 연출가 되기의 과정은 이야기 학급 운영에서 순차적이라기보다는 동시적으로 진행되는 것들이다. 이야기 학급 운영은 이와 같은 교사의 역량과 더불어 단계와 수준을 높여 가며 더욱 풍부해질 수 있다.

이야기의 흐름에는 작은 점들이 연결된 선의 흐름, 좀 더 넓은 면의 흐름, 보다 입체적인 흐름이 있다. 점, 선, 면, 입체라는 흐름을 상상해 보는 것은 이야기 학급 운영의 단계를 설정하는 데 도움이 될 수 있다. 점의 시기가 교사가 학급 운영에 단편적인 교육 활동을 끼워 넣는 수준이라면 선의 시기는 비로소 그와 같은 교육 활동을 연결해 나가기 시작하는 단계이다. 면은 교육 활동을 연결하는 수준에서 학급 이야기에 필요한 프레임을 구성하고 기획하는 단계라 볼 수 있다. 입체의 시기는 기존의 교육 활동을 일부 폐기하고 새로운 교육 활동을 새롭게 재구성하면서 프레임을 더욱 강화해 나가는 시기로 볼 수 있다.

교사는 배우 되기 과정을 통해 분절된 교육 활동을 평화의 주제로 이어 나가게 된다. 이렇게 생성되는 학급의 평화 서사는 교사의 의미욕망을 두드리게 되고, 교사는 자신이 더욱 주체적인 기획자 되기, 연출가 되기의 과정을 수행해 나갈 의지와 용기를 갖게 된다.

이야기 학급 운영이 더 넓은 사회 체계들로 연결되면서 입체적인 흐름을 만들 수 있다면 학생들은 학급 서사를 통해 개인의 가족 서사, 인생 서사, 인간관계 서사의 성숙과 발전을 이뤄갈 수 있을 것이다. 계기교육에서 다루는 국가의 명절이나 기념일은 대부분 평화의 미덕을 담고 있어 학교, 학급 서사와 상생적 흐름을 만들어 내기에 용이했다. 학생들이 이전부터 알고 있었던 내용들을 접목해 나가는 것이기에 교사가 새로운 것을 해야 한다는 부담감이 적을뿐더러 학급 서사 속으로 자연스럽게 들어갈 수 있었다. 학급은 1년이라는 시간 단위를 통해 이야기의 시작과 끝을 맺기에 학생들이 학급 서사 안으로 진입하는 계기들은 빠를수록 좋고, 그만큼 강력한 힘을 뿜어낼 수 있을 것이다.

초중등 공교육과정을 통해 학생들은 해마다 다른 학급 집단을 만나게 될 것이다. 이와 같이 다양한 학급 서사가 매해 풍부하게 쓰인다면 이는 학생들의 인생 서사에 강력한 영향을 미칠 것이며, 평화롭게 살아갈 수 있는 기본 역량을 쌓아 나가는 준비 과정이 되어 줄 것이다.

창조적 삶과 교육으로 나아가기

미국의 기상학자 로렌츠E. Lorentz는 1979년에 브라질의 나비 날갯짓이 미국 텍사스에 토네이도를 일으킬 확률에 대한 보고서를 작성한다. 그 유명한 나비효과Butterfly Effect를 탄생시킨 이 보고서는 현대과학의 혁명이라 불리는 카오스 이론으로 정리 발전되면서 변화무쌍한 혼돈과 무질서 이면에도 나름의 질서와 규칙성이 존재한다는 사실을 밝혀 나간다. 1975년 수학자 만델브로트Benoit B. Mandelbrot의 프렉탈 이론 역시 불규칙한 현상의 이면에 미시구조가 거시구조를 끊임없이 복제하는 자기 유사성을 나타내고 있음을 밝히는 이론이다. 무질서와 혼돈은 자연 현상에만 국한된 것이 아니라 현대사회 곳곳에서 여실히 나타나고 있다. 학교와 교실은 카오스의 공간과 다름없다. 권위, 가치, 질서 도덕을 통해 과거엔 통제 가능했던 공간이 혼란과 무질서의 공간이 되었다. 그러면서 혼란과 무질서의 자기 유사성은 고스란히 학교라는 작은 사회 안에서 재현되고 있다. 불확정성의 이론, 급변론 등 근대 과학의 한계를 극복하려는 현대적 사유들이 새롭게 등장하고 있다. 더 이상 종전의 단순하고 기계론적인 법칙을 적용해서는 카오스와 같은 현실을 이해할 수 없는 시대가 되었다. 수많은 변수의 복잡계를 통해서만 이해가 가능한 시대가 된 것이다.

독일의 사회학자인 울리히 벡Ulrich Beck 2014은 예측할 수 없는 문제들이 속출하는 현대사회를 가리켜 위험사회라 칭했다. 사람들은 예측할 수 없고 통제할 수 없는 위험사회에 대해 굉장한 공포심을 느끼게 된다. 비행기 사고가 교통사고에 비해 1만 배 적은 확률을 가지고 있다 해도 자신이 통제할 수 없기에 더욱 큰 불안을 느낀다. 교실을 통제할 수 없는 교사들의 불안은 위험사회로서의 학교를 설명하기에 충분하다. 교사의 권위가 추락되고, 온갖 권리 충돌의 장으로 돌변하고 있는 곳, 무자비한 학교폭력이 난무하는 무질서와 혼란의 장이 바로 요즘의 학교이다. 그런 카오스 안에 갇힌 학교를 구하기 위한 행복론이 유행하고 있다. 행복론은 어두운 면보다는 밝은 면을 보면서 희망을 갖자고 제안한다. 교사가 먼저 행복해져서 학교와 교실, 아이들을 행복하게 해 주자고 한다. 하지만 현실에 대한 명확한 인식과 성찰 없이 행복이라는 결과를 만들어 내면 된다는 생각만으로 폭력으로 얼룩진 비정상화된 공교육을 얼마만큼 구출해낼 수 있을까?

물론 모든 교실에서 뉴스에 날 법한 극단적인 사건이 일어나는 건 아니다. 그럼에도 불구하고 학급을 통제하는 데만 엄청난 에너지를 쏟고 있는 것이 교사의 일상이 아닐 수 없다. 가르치는 일의 노동 소외는 보람과 자부심을 무너뜨리고, 불안은 영혼을 잠식하고, 실존적 우울감에 빠뜨린다. 행복한 교실을 만드는 전문가가 되기 위해 끊임없이 배워 나가지만 그 끝은 도무지 보이지 않는다. 하나를 배우면 새것을 또 배워야 하고 익숙해졌다 싶으면 기한이 지난 것이니 폐기하고 다시 새것을 배우라 한다. 소진되고 녹다운된 교사들의 선택은 직업인으로 만족하며 살아가는 것이다.

학교폭력이라는 화두는 나에게 교사로서의 정체성을 되물었고, 공교육의 의미를 되물었다. 교수법에 대해 되물었고 교육과정에 대해 되물었다. 명쾌하게 답을 내릴 수 없는 거대하고 복잡한 과제를 풀어 나가는 과정은 그 자체로 고되기도 했지만, 무기력하고 초라한 나 자신을 직면하는 과정은 괴로움의 연속이었다. 큰 진전 없이 시간은 무심히도 흘러갔다. 실패에 대한 두려움을 극복하기 위해서라도 연구하는 교사로서의 정체성을 세워 나가야 했다. 많은 이들이 지나친 개입이 문제를 키운다고 조언했다. 그러나 개입하지 않는 것도 개입과 다름없었다. 무조건적인 개입보다 과학적이고 예술적인 개입을 위한 노력이 요구되었다. 학급의 평화 서사를 만들어가는 이야기 학급 운영은 나에게 희망의 길을 보여 주었다.

우리에게 필요한 것은 과학적 인식과 시적 인식일 것이다. 우리는 철저히 과학과 시가 분리된 현실에서 살아가고 있다. 현대인들의 삶을 지배하고 있는 것은 분석과 조합, 조작을 통해 사물을 기계로 바라보는 과학의 세계이다. 예측 가능한 필연과 법칙성을 통해 과학은 대체로 영원하고 절대적인 것, 보편적인 진리를 다룬다. 사람들이 과학에 부여하는 힘은 예측 가능성이다. 과학적 인식이 시간의 흐름을 앞질러 제거하는 것이라면 시적 인식은 시간의 흐름 속에서 세계와 주체가 순수하고 진실하게 대화하고 만나는 것이다. 대화와 만남의 장에서 지각과 언어가 형성되고 시가 성립된다. 과학이 이성을 통해 포착 가능한 실체를 인식한다면 시는 직관을 통해 과학으로 인식할 수 없는 순간을 인식함으로써 새로운 시선을 확보한다. 과학이 진리를 다룬다면 시적 인식은 사건의 의미와 진실을 다룬다. 총체적으로 사유한다는 것은 결국 과학적 인식과 시적 인식을 통해 세계를 균형 있게 바라보는 것이 아닐까? 이를 통해 우리는 창조적인 삶으로 나아갈 수 있을 것이다.

학급 구성원이
모두 함께 만들어 가는 평화규칙

이혜미

과거에는 급훈이나 학급규칙을 교사가 정해서 알려 주는 경우가 많았다. 이렇게 명시적인 규칙이 없이도 문제 사안이 발생할 때마다 교사가 기준을 세우고 판결하는 경우도 많았다. 하지만 교실 평화를 일구는 데 가장 기본이 되는 것은 그에 합당한 법과 규칙을 구성원 모두가 함께 만들어 가는 것이다. 더욱이 현대사회의 학교와 교실은 교사의 권위하에 움직이는 질서가 아닌 학급 집단이 갖는 공동체의 법과 규율이라는 권위 안에서 움직이는 질서가 필요한 시대이다. 학급 집단에서 일어나는 갈등과 문제를 구성원이 함께 해결해 나가는 일상적 생활 나눔과 토의의 과정은 바람직한 자치 교육이자 권리 교육이다. 평화로운 분위기로 새 학기의 시작을 잘 열었다면 평화규칙 세우기는 우리 학급이 앞으로 공동체의 문제들을 어떻게 해결해 나갈 것인지에 대한 첫 공론의 장을 여는 중요한 시간이다.

그런데 무턱대고 회의를 열 수는 없을 것이다. 왜냐하면 학생들의 발표 능력이나 토론, 토의 기술이 천차만별이고, 만난 지 얼마 안 된 학생들이기에 서로를 굉장히 의식하는 시기이기 때문에 무작정 평화규칙을 정해 보자고 하면 학생들의 입장에서는 무엇을 이야기해야 할지 당황스럽기도 하고, 형식적으로 활동에 참여할 수도 있을 것이다. 그래서 학생들이 평화규칙 세우기 활동에 몰입할 수 있도록 적절한 매개 활동을 준비하는 것이 중요하다. 매개 활동이라 함은 학생들이 주어진 문제를 자기 삶으로 들여와 생각하고 정리해 보면서 자신의 의견이나 입장으로 정리할 수 있도록 돕는 교육적 장치이다. 이러한 과정 없이 바로 회의라는 틀 속으로 들어가게 된다면 겉모습은 그럴듯하지만 결국 추상적인 이야기가 전개되거나, 발표력이 좋은 몇몇 아이들 위주의 기계적인 의견들로 채워질 수 있다. 자치 활동은 반드시 학급의 모든 아이들이 어떤 식으로든지 참여하는 것이 중요하다. 그래야 학급 구성원 모두가 인정하는 의사결정을 내릴 수 있고, 그것을 실천하고 점검하는 과정까지 책임 있게 나아갈 수 있기 때문이다.

이때 매개 활동은 학년별로, 또 학교의 상황에 적합한 방법을 투입해야 한다. 한 예로 고학년의 경우엔 모두의 참여를 이끌어 내기 위한 도구로 설문지를 활용하면 좋다. 설문활동은 자신의 생각을 정리해 보는 기회를 주고 발표의 부담을 줄여 줄 수 있다. 설문 내용은 학생들로 하여금 자연스럽게 학급의 생활 장면을 되돌아보고, 평화에 관심을 기울여 좋은 의견을 제출할 수 있게끔 구안한다.

학생들은 따돌림이나 학교폭력이라는 말을 접할 때 심각한 수준의 폭력을 상상할 수 있다. 따라서 극단적인 내용보다는 학교생활에서 겪었던 소소한 경험을 돌아보도록 하는 것이 좋다. 친구 간의 갈등이나 친해지기 힘든 문제 등 딱히 폭력은 아니지만 각자가 학교생활에서 느끼는 어려움들을 드러낼 수 있는 계기를 주는 것이다. 또한 반대의 질문도 던질 수 있다. 대부분의 학생들이 긍정적인 경험으로 화목한 학급 분위기나, 친구들과 사이좋게 지낸 기억을 꼽는 걸 보면 평화를 바라는 학생들의 마음을 읽을 수 있다.

우리 학급이 어떤 학급이 되길 바라는지 묻는 설문은 학급의 급훈이나 캐치프레이즈를 만드는 데 요긴하게 사용된다. 학급에서 꼭 지켜야 할 것들과 해서는 안 될 것들은 무엇인지에 대한 답변 속에는 이미 평화규칙에 필요한 대부분의 내용들이 들어가게 된다.

규칙을 제정하는 것에서 한 걸음 더 나아가 책임에 대한 고민을 나누는 문항을 설문에 포함시킬 수 있다. 과거에는 교사 개인의 판결과 벌이 한 쌍을 이루었다면 함께 정한 규칙을 지키지 않았을 때의 책임 방법도 학생들이 정하도록 하는 것이다.

설문지를 통해 학생들은 평화규칙의 필요성이나 중요성, 내용 등을 충분히 숙고하게 된다. 학생 개개인이 총체적이고 종합적인 의견을 구성하긴 어렵지만 한 사람 한 사람의 의견을 모으면 그러한 힘을 가질 수 있다.

설문지 활동이 끝나면 본격적으로 전체 회의를 시작한다. 이때 중요한 것은 교사가 사회자 역할을 하면서 학생들의 의견을 듣고 정리하는 과정이다. 설문을 받아 교사가 따로 정리해서 규칙을 제정하는 것이 아니라 학생들의 의견과 발표를 실시간으로 들어 보면서 컴퓨터 화면이나 칠판을 활용하여 매우 현장감 있는 과정으로 만들어 간다.

처음엔 학생들의 발표 내용을 계속 적어 내려가다가, 비슷한 내용이 겹칠 때는 학생들에게 묻고 확인을 받는 과정을 통해 묶어 주거나 빼면서 정리해 나간다. 이때 교사가 미처 생각하지 못했던 학생들의 문화가 드러나기도 하고, 학생들이 주로 사용하는 비속어 등이 공개되기도 한다. 매스컴 등을 통해 시기마다 유행하는 비속어의 표현은 달라지기 마련이다.

이러한 비속어들이 어떤 상황과 맥락에서 사용되는지 공개하여 규칙에 반영할 수 있다. 교사는 학생들이 제출한 생각에 대하여 긍정하고 격려해 주고, 중간중간 설명이 필요한 부분에서 좀 더 정확하게 짚어 준다. 학생들은 '우리 선생님이 학생들의 문화를 잘 알고 계시는구나!'라는 신뢰감을 느낄 수 있다.

학급 생활 약속과 마찬가지로 수업에서 지켜야 할 약속도 역시 같은 방법으로 진행할 수 있다.

교과서 잘 챙기기, 숙제 잘하기, 발표 열심히 하기, 장난치지 말기, 딴짓하지 말기 등 학생들의 의견은 다양하게 제출된다. 그런데 이때 학생들로부터 나오지 않은 내용들은 교사가 제안할 수 있다. 수업 시간에 관계없는 말로 주목을 끌거나, 수업의 흐름을 끊는 학생들로 인해 가르치는 권리를 침해당하는 경우가 많기 때문이다. 수업규칙은 학생들의 학습권과 교사의 가르치는 권리, 수업권을 보장하는 두 가지 측면이 있으므로 교사가 느끼는 어려움 등을 학생들에게 명확하게 알려 주는 것이 중요하다. 규칙이 합의되면 눈에 잘 띄는 곳에 잘 보이도록 게시하여 수시로 확인하고 점검할 수 있도록 한다. 학급규칙은 긴 문장으로 나열하기보다는 짧은 문구로 구호화하여 보기 쉽게 요약한다. 또한 각인하고 내면화하기, 학급 평화 선언식 등의 학급 의식을 치를 수도 있다. 선언서에 각자의 서명을 한 뒤, 자신의 바람을 짧게 써 보거나, 함께 어깨동무를 하고 손을 잡으며 노래도 하면서 단결된 분위기를 느껴 보는 것도 좋다. 새 학기 새마음으로 평화규칙을 잘 마련했다 하더라도 시간이 지날수록 조금씩 무너지는 부분들이 생겨나기 마련이다. 그래서 고정된 날짜 또는 필요할 때마다 우리 학급 평화 점검을 실시하고, 다잡아 나가는 계기를 마련하는 것이 중요하다. 이때 집단적 보상 의식으로 화목놀이 행사를 가져 보는 것도 학생들의 소속감을 높이고, 학급 생활에 대한 흥미와 관심을 일으킬 수 있는 좋은 계기가 될 수 있다.

2부

교육 전환을 위한
일곱 가지 제안

교육 전환을 위한 일곱 가지 제안

대표 집필_이혜미

1. 교사 정체성의 전환: 직업인에서 교육운동가로

시대가 바뀔 때마다 실효성 없는 교육 개혁안들이 휩쓸고 지나간 자리를 버티고, 거칠어진 땅을 다시 매만져야 하는 사람들은 교사이다. 교사 권위의 추락, 곳곳에서 벌어지는 권리 충돌의 문제, 학급의 무질서와 혼란은 교사 집단에 대한 비판의 화살이 되고, 그것은 다시 높은 기대와 요구가 되어 교사를 향해 겨누어진다. 교사의 전문성 부족이 우리 교육을 더욱 큰 위기로 몰아가고 있다고 진단하는 것이다. 학교와 교사가 모든 결과의 원인이 아님에도 불구하고 교육에서 빚어진 모순과 오류를 해결해야 할 당사자는 교사이다. 교사는 쏟아지는 당위와 지침, 사명들 속에서 소진되고, 불안과 우울감을 경험한다.

교사들이 느끼는 불안이나 우울감은 교단에서 가르치는 일의 의미와 보람을 찾지 못할 때 발생하곤 한다. 여기서 말하는 우울이란 약물이나 상담치료가 필요한 신체적 우울이라기보다는 실존적 우울감에 가깝다. 부조리한 교육 현실을 체감하면서도 쉴 틈 없이 수업과 학사 일정을 뒤

쫓아야만 하는 하루하루는 노동 소외의 일상이 되고 만다. 교사에게 주어진 교육 환경이라는 것이 너무나 불친절하고, 오류투성이여서 이 거대한 시스템이 바뀌지 않는 한 교사의 삶이 나아지기 어렵다는 좌절감이 엄습한다. 이러한 좌절감은 때때로 교사들을 영혼 없는 교육으로 이행시키고, 직업인으로서의 삶에 만족하는 개인주의적인 삶을 선택하게 한다.

교사가 바뀌면 학교가 바뀌고, 세상을 바꿀 수 있다는 희망을 전하는 목소리도 있다. 행복론은 어두운 면보다는 밝은 면을 보면서 희망을 갖고 스스로 행복해지라며 교사들을 위로한다. 행복론은 교육 전반으로 뻗어 나가 행복한 학교, 행복한 교실, 행복한 수업이란 말들을 쏟아 내고 있다. 행복의 논리는 교육 현실에 대한 명확한 인식과 성찰 없이 행복이라는 결과를 만들어 내면 된다는 생각을 불러일으키고, 그 몫을 담당해야 할 사람은 결국 교사라는 생각으로 연결된다. 그러나 행복이라는 목표로 가볍게 건너뛰는 것이 말처럼 쉽게 이루어지는 것도 아니고 교사의 실존적 불안과 우울, 노동 소외를 해결해 줄 리도 만무하다.

행복이라는 담론과 맞물려 교사 전문성에 대한 논의는 여타 전문가 집단을 잣대로 삼으며 수업 개선의 문제로 귀결되기 마련이다. 교사라면 수업을 잘해야 한다는 논리는 교육은 곧 수업이 전부라고 한정 짓기 쉽다. 다양한 연수를 쫓으며 수업에 관한 전문성을 차곡차곡 쌓아 가는 일련의 노력은 교육 전체를 통찰하기보다는 새로운 지식과 기술을 습득하는 것에 만족하게 한다. 그러나 지식과 기술의 습득과 적용만으로 문제를 해결해 나가기엔 우리가 맞닥뜨린 교육 현실이 급속하게 변화되고 있으며, 이에 복잡하고 난해한 과제들이 만들어지고 있다. 과거엔 어떤 식으로든 통제 가능했던 교실이 혼란과 무질서의 공간이 되었다.

이와 같은 시대의 변화에 따라 교사들은 학생들을 개별적인 존재로 인식하고 적합한 수준과 방법으로 가르칠 수 있어야 한다고 강조한다. 하지만 대부분의 교사들은 권위를 인정받지 못하고 학생을 통제하는 데 엄청난 시간과 에너지를 소모하고 있다. 이것은 비단 우리 교육만이 아닌 세계 교육이 봉착한 위기이다. 이런 시대적 분위기 속에서 교사의 전문성이 교실과 학급이라는 외부 세계를 변화시키는 힘으로 작용하지 못할 때 결국 더 깊은 불안과 우울의 순환에 빠질 수밖에 없다.

우리는 교사의 전문성을 시대가 원하는 방향에서 재고해야 할 필요가 있다. 교직은 여타 다른 전문가 집단과는 매우 다른 특성을 띠고 있다. 그것은 교육의 대상이 학생 개인이며, 동시에 학생 집단이라는 점과, 그들의 전인적 발달과 성장이 교사와의 일대일 관계에서만이 아닌 집단적 상호 교류와 인간관계를 통해 이루어진다는 점이다. 교사가 접하는 교실은 매 순간 변화무쌍한 집단 역동의 현장이다. 교사가 직면해야 하는 문제 상황, 즉 교육적으로 해결해야 하는 상황은 분류하기 힘들 정도의 수많은 사례와 유형으로 나타난다. 효과적인 교수법 또는 학생 지도 매뉴얼이 있다 하더라도 그대로 적용할 수 있는 경우란 거의 존재하지 않는다. 그런 점에서 교사의 전문성은 교육현장에서의 끊임없는 성찰을 요구하며, 도전하고 실험하는 현장 연구자의 자세를 필요로 한다.

무수한 교육 담론들이 학교교육을 에워싸고 있지만 그것의 진위를 파악하고, 적용하고 개선해 나가는 것은 현장을 살아가는 교사들인 것이다. 그래서 교사들은 더 나은 교육을 개선해 나가는 교육운동가의 정체성을 가질 수밖에 없다. 교사가 단순한 지식 전달자가 아니라 반성적 실천가이자 교육운동가로서의 새로운 전문가가 될 때만이 교사는 가르치는 일의 노동 소외와 깊은 우울과 불안의 실존적 상태로부터 벗어날 수 있다.

2. 교육과정의 전환: 분절적 교과 교육으로부터 유기적 상생 교육으로

새로운 교육의 변화를 요구하며 시작된 혁신학교 운동은 여러모로 주목할 만하다. 교사들이 주어진 것들을 무비판적으로 수렴하는 수동적 존재가 아닌 교육현장을 가장 잘 이해하는 주체이며, 교육의 변화를 이뤄내야 하는 교육 운동의 주체라고 인식한 것이다. 혁신학교 운동은 교사들이 전문적 학습공동체를 통해 서로를 개방하고, 협력함으로써 교사의 전문성을 키워야 한다고 강조하고 있다.

혁신학교 역시 배움의 교실이라는 수업 개선을 교육 개혁의 중심에 두면서 교사들에게 교육과정 재구성, 수업의 재구성, 교육과정-수업-평가 일체화 등의 과제를 요구하고 있다. 그러나 국가교육과정과 입시제도 등이 존재하는 우리나라의 교육 여건에서 큰 틀은 바뀌지 않은 채 재구성이라는 혁신의 과제는 때때로 무리하거나 억지스러운 요구가 되기도 한다. 학교의 형태는 그대로 유지한 채 교사별로 새로운 교육을 만들어 간다는 것 자체가 쉽지 않기 때문이다. 교사들에게 교육에 대한 자율권이나 재량권을 많이 주었는데도 수업이 개선되지 않는 문제를 교사들의 열정이나 교육철학의 부재만으로 치부할 수 없는 대목이라 할 수 있다. 우리와는 다른 교육 체제와 문화를 기반으로 한 외국의 교육 모델을 그대로 끌어와 새로운 것들만 계속 유입시켜 버리는 반복적 현상들은 우리교육이 안고 있는 현실의 문제를 외면한 채 성공 모델을 적용만 하면 된다는 환상을 심어 준다.

혁신교육이 강조하는 학생중심 교육은 새로운 아이디어가 아니다. 해방 직후 이승만 정권 당시, 일제강점기의 주입식 교육을 반대하며 존 듀이의 프로젝트 교수법과 같은 미국식 개발 교육이 들어왔다. 하지만 교실이 무질서해지는 등의 문제들로 인하여 개발 교육이 제대로 뿌리를 내리지 못했고, 박정희 시대 이후 역대의 군사정권은 지속적으로 통제식 교수학습법을 강화했을 뿐이다. 김영삼 정권 이후부터는 열린교육, 자기주도적 학습, 협동학습 등이 떠돌아다녔으며 최근 들어서는 하브루타 수업이나 거꾸로 수업 등의 교수학습법이 유행하고 있으나, 교육사라는 큰 틀에서 바라보면 결국 학생중심 교수학습법과 통제식 교수학습법의 끊임없는 부침이었음을 알 수 있다.

물론 현 시기 교육 상황이 혼란하고 무질서하다고 해서 다시 통제식 교육으로 돌아간다는 것은 시대착오적인 발상일 뿐이며, 가능한 일도 아니다. 우리는 이제까지의 부침을 극복할 수 있는 새로운 전환을 모색해야 한다. 때마다 유행하는 특정한 교수학습법으로 교육의 위기를 극복하거나, 새로운 대안을 마련하고자 했던 계획들은 교육현장에서 거듭 좌초되어 왔다. 이젠 교수학습법에 앞서 학생들의 삶과 생활을 교육의 목표와 내용의 중심으로 고민해야 할 때이다. 학생들의 인지 능력을 키우는 것에만 집중하기보다는 학생들의 실질적인 생활 역량이 어디로 향해야 하는지 공교육 본래의 목표에 관심을 두어야 한다.

우리들의 모델이 되어 왔던 서양의 경우도 공교육의 목적이 무엇인가에 대한 한계에 봉착한 상황이다. 이전에는 어떤 식으로든 공동체라는 틀 안에 있었고, 사회가 공유한 권위와 가치, 질서, 도덕을 통해 통제가 가능했지만 지금은 개인의 다양성과 욕망이 중시되면서 한 집단의 구성원들을 함께 만족시키기가 점점 어려워지게 되었다. 이전에는 전면화되지 않았던 문제들이 지금에 와서 우후죽순 터져 나오면서 교육현장은 공교육의 존재 이유라는 근본적 물음 앞에 서 있다.

통제 불능의 교실이 정상화되려면 교사는 학급 안에서 일어나는 학생들의 집단적 욕망과 역동을 이해하고 그것을 지휘하고 통제하는 일차적 과제를 수행해야 한다. 아무리 그럴듯한 교수학습을 투입한다 한들 학급 분위기가 그것을 수용할 수 있는 상태가 아니라면 적용조차 힘들기 때문이다.

한 예로 학생 간 따돌림과 폭력의 문제는 그대로 둔 채 협동학습을 적용한다면 학습의 효과를 기대하기 어려울뿐더러 종종 학생들의 갈등이 심화되는 계기가 되기도 한다. 협동학습이라는 좋은 취지의 교수학습을 통해 협동적인 학급문화를 만들 수 있을 거라 기대하지만 교수법 자체에만 모든 기대를 모아 내는 방식들은 종종 현실과의 괴리를 만들 수밖에 없다. 그런 이유로 대부분의 교수학습법은 내부에 사회적 기술과 같은 내용을 보충함으로써 현실의 부작용을 극복하고자 하지만 학생들의 생활 역량으로 나아가는 데는 한계를 보인다. 수업을 진행하는 당장에는 무언가 이루어지는 듯 보이지만 상황과 맥락을 벗어나거나 좀 더 긴 관점에서 학급과 학생을 바라봤을 때 표면적 효과나 외적 변화에 지나지 않는다는 사실을 인정하지 않을 수 없다.

집단 안에 모인 구성원들이 평화롭고 화목하게 생활한다는 기본적인 조건이 마련되었을 때 더 많은 상호 교류와 인간관계를 통해 개인적 발달을 꾀할 수 있다. 이것은 개인과 집단을 상생의 관계로 설정하고 같은 비중으로 바라보는 것이다. 요즘 집단지성이란 말이 사회 곳곳에서 유행처럼 퍼지고 있다. 혁신교육에서도 집단지성을 통한 교사들의 전문적 학습공동체를 지향하고 있다. 언뜻 볼 때 집단이나 관계를 중시하는 용어처럼 보이기도 하지만 정확하게는 집단을 통해 개인의 지성을 발달시키는 것에 초점을 두는 생각이다. 혁신교육이 강조하는 배움의 공동체와 협력수업은 비고츠키의 발달교육과정을 근간으로 하고 있다. 이는 기존의 행동주의나 구성주의에 입각한 학생관을 넘어서 비고츠키의 문화·역사적 이론을 통해 학생들의 능동적, 정의적, 사회적, 역동적, 역사적 특성을 인지해야 한다고 강조한다. 교육의 목적은 학생들의 전면적 발달을 꾀해야 하는데 이는 교사와 학생, 학생과 학생의 협력을 통해 가능하다고 본다. 학생이 혼자서 달성할 수 있는 수준과 교사나 친구의 도움으로 달성할 수 있는 수준 사이를 근접발달영역이라 한다. 학습자의 배움이 근접발달영역에서 사회적으로 구성된다는 사실에 주목한다.

비고츠키 심리학은 관계와 협력을 중시하지만 이는 학습 형태에 국한된 개념들이라고 볼 수 있다. 교사와 학생, 학생과 학생의 관계를 학습의 결정적인 요소로 강조하고 있지만 실제적인 관계나 협력의 과제는 논하지 않고 있다. 비고츠키가 살았던 1930년대의 상황과 현재의 상황이 달라졌음에도 불구하고 배움중심 수업 역시 개인의 발달을 주목적으로 집단이라는 학습구조를 활용하는 형태에 집중하고 있다. 다만 협력수업을 하다 보면 학생들이 협력하는 방법을 배울 수 있고, 협력적인 관계를 만들어 갈 수 있을 것이라고 막연히 기대할 뿐이다. 비고츠키 자신의 의도는 무엇이었는지 정확히 알 수 없지만 비고츠키의 교육학은 학생 간의 관계 그 자체에 의미를 부여하기보다는 주로 개인 발달의 수단으로서의 의미를 부여한 것으로 해석되곤 한다.

혁신학교 운동은 입시를 위한 암기식 교육, 교사 위주의 일제식 학습을 비판적으로 성찰하면서 학생중심 교육과정과 배움중심 수업으로 이를 극복하고자 한다. 그러나 배움중심, 활동중심, 학생중심 수업이 대세적으로 요구되는 시대라 해도 행동주의, 인지주의를 밀어내고 활동주의 학습으로 모든 수업을 채울 수도 없으며 그것이 바람직하다고 볼 수도 없을 것이다. 실제 교실에서 이루어지는 학습은 이들이 결합, 절충, 조화를 이루어야 하는데 이를 위해서는 학습론 자체에 대한 전혀 새로운 관점 전환이 필요하다.

평화교육론은 기존의 인지론의 틀로 학생들을 바라보던 관점에서 교류론의 관점으로 교육의 프레임을 전환하는 것이다. 학급이 안전하고 평화로운 공간이라면 학생들은 학급 구성원들과 원활하게 교류를 시도해 나갈 수 있으며, 학급은 긍정적인 집단의 에너지와 역동이 가득한 교류의 공간으로 자리매김할 수 있을 것이다. 이런 기본적 토대 위에서 학생들의 인지와 사고 또한 확장되고 발전되기 마련이다. 인지와 사고의 발달은 교류를 통해 자연스럽게 또는 부수적으로 따라오는 것이다. 학생들의 인지를 중시하는 교육은 지식을 채우거나 사고력을 키울지는 모르지만 실제적인 생활 세계를 살아가는 힘을 키워 주지는 못한다. 굳이 교수학습법에 따라 이야기하자면 교류론의 학습은 개인의 발달에 치중하는 것도 아니요, 개인을 무시한 채 집단의 발달만을 강요하는 것도 아니다. 개인과 집단이 교류를 통해 자연스럽게 어우러지고 성장해 나가길 바라는 상생적 학습을 추구한다고 할 수 있다. 서로 상생한다는 것은 교류를 통해 개인뿐 아니라 집단이 변화하고 발전한다는 것이다. 또한 교사와 학생, 학생과 학생이라는 개별적 연결을 넘어서 다수와의 연결, 집단과의 연결을 통해 학습의 목표와 방향을 세우고 배움의 효율성 또한 극대화하는 것이다.

상생적 교류 학습은 개별 활동, 짝 활동, 모둠 활동, 집단 활동 등 다양한 형태의 학습이 가능하다. 이는 특정한 학습 형태를 의미한다기보다는 학생들이 대화하고 교류할 수 있게 함으로써 서로 가르쳐 주고 배울 수 있도록 돕는 교수학습을 의미한다. 이와 같은 과정을 통해 외부 세계에 자신을 개방하고 더욱 확장해 나가면서 개별 학생들의 실질적인 삶의 역량을 단계적으로 높여 준다. 더불어 학생들 간의 관계를 더욱 풍부하게 이끌어 준다. 학급집단과 개인의 발달과 성장을 동시에 이루어 나가는 것이라고 할 수 있다.

우리는 파편화되고 분절된 교과 중심의 교육과정으로부터 유기적인 생활중심 교육과정으로의 변화를 만들어 가야 한다. 또한 명시적 교육과정을 다루는 교사 역할을 뛰어넘어 잠재적 교육과정까지 끌어안을 수 있는 교사 역할을 고민해야 한다.

그러나 지금까지 학교에서 이루어지는 학급 운영은 교과 교육의 부족한 부분을 채워 주는 정도로 인식되어 왔다. 학급을 효율적으로 관리하는 차원의 소극적인 운영, 또는 다양한 주제들을 이것저것 건드리는 프로그램 나열식으로 진행되곤 했다. 학생들이 지속적인 학교생활과 교육 활동 속에서 평화 감수성을 키우고, 화목한 인간관계를 내재화하기 위해서는 과학적이고 효과적인 학급 운영 방안이 마련되어야 한다.

3. 학습 동기의 전환:
개인의 욕구로부터 사회적 관심과 인정욕망을 중심으로

최근의 혁신학교 운동은 존중과 배려의 생활공동체를 강조하며 교사와 학생의 신뢰관계라는 기초적인 토대를 넘어서 학생과 학생의 신뢰관계를 형성하는 것이 중요하다고 보았다. 그러나 존중과 배려라는 말이 주는 추상적인 느낌과 같이 교육현장의 변화 역시 아직 모호하거나 형식적인 수준에 머물러 있으며, 교사들 또한 이에 대한 자신의 역할 찾기에 골몰하고 있다.

대부분의 교사가 가르치는 일의 한계에 봉착하는 순간은 감당하기 힘든 폭력의 문제를 맞닥뜨렸을 때이다. 그것은 교사와 학생 간의 폭력일 수도 있고, 학생과 학생과의 폭력일 수도 있으며, 동료 교사나 관리자, 학부모 관계로부터의 폭력일 수도 있다. 또는 학급 전체가 폭력이라는 굴레에 갇혀 버린 아수라장과 같은 사태일 수도 있다. 폭력의 문제는 집단 내 인간 관계가 깨지면서 일어나는 현상으로 우리 교육이 안고 있는 모순이 가장 직접적으로 드러나는 장면이라고 해도 과언이 아니다. 이와 같은 폭력의 문제를 바라보며 예방과 대책을 강화해야 한다고 하지만 과학적인 메커니즘이나 대안 제시는 여전히 미미한 수준에 머물러 있다.

한쪽에서는 인간의 욕구 위계설로부터 학교 안의 폭력의 문제를 진단한다. 교사가 학생들의 욕구를 파악하고 채워 주려고 노력한다면 폭력을 예방할 수 있다고 말한다. 학생들의 재미와 흥미가 강조되고 다양한 놀이와 체육 활동을 늘려 가는 학교의 변화된 분위기 역시 이와 같은 생각이 반영되어 있다고 볼 수 있다. 학생들은 고유한 성향과 기질을 가지고 있지만 학생들의 장점을 격려하고 단점을 보완한다면 학생들은 더 높은 수준의 욕구 단계로 이행할 것이라 기대한다.

그러나 이와 같은 시각은 학교폭력의 원인을 개개인의 성향이나 마음의 문제로 바라보고 있다는 점, 탁월한 교사를 가정하여 이야기한다는 점에서 한계와 어려움이 있다.

학교폭력 관련 논문들은 학교폭력의 원인이 매우 복합적이라는 사실에 동의한다. 그럼에도 불구하고 주로 이야기되는 학교폭력의 원인은 발달심리학, 청소년학, 정신분석학 등을 기반으로 한 개인 심리적 요인이다. 욕구불만, 갈등의식, 권위와 규율에 저항하려는 사춘기적 특징에 의해 학교폭력이 발생한다고 보는 것이다. 이 때문에 교육부나 교육지원청에서 내려오는 학교폭력 예방교육이 대부분 자존감, 공감능력, 분노조절, 스트레스 조절 교육과 같은 프로그램들로 채워져 있다고 보인다. 가정적인 요인도 학교폭력의 주된 원인으로 꼽는다. 부모 간의 폭력, 자녀에 대한 폭력적 양육 태도, 가정의 경제 수준 등의 요인이 학생들의 폭력성으로 전이된다는 것이다. 폭력적이고 선정적인 대중매체, 지역사회의 위해 환경도 학교폭력의 원인 중 하나로 이야기된다.

개인의 성향이나 기질, 가정환경, 매스컴의 영향 등 수많은 학교폭력의 원인이 존재한다. 이러한 원인들이 학생들의 어떤 심리 욕구와 결합하여 폭력문제를 심화시키는지에 대한 고찰 없이는 학급 안에서의 예방과 대처는 모호할 수밖에 없다.

인간에게 다양한 욕망이 있지만 사회적 존재로서의 인간에게 가장 결정적인 욕망은 외부 세계로부터 인정받고 싶다는 인정욕망이라 할 수 있다. 학생들은 자신이 타인과 집단으로부터 어떻게 받아들여지고 있는지 끊임없이 의식한다. 독일의 철학자 악셀 호네트는 인간은 누구나 외부의 인정을 통해 자기 정체성을 형성해 나가며, 동시에 자신의 세계를 인정시키기 위해 부단히 인정투쟁을 벌여 나간다고 말했다. 우리는 학생들의 동기에 대해 논의할 때 흥미나 적성이나 소질, 학생들의 발달단계를 주로 이야기한다. 그러나 좀 더 주의 깊게 관찰하다 보면 학생들의 행동에 영향을 미치는 힘이 대부분 인정욕망에서 비롯됨을 알 수 있다. 교사나 어른들이 보기에 이해 안 되는 요즘 학생들의 문화 역시 인정욕망을 통해 대부분 해석이 가능하다. 요즘 학생들에게 가장 중요한 것은 인정욕망이며, 이것이야말로 가장 강력한 동기유발 요소이다.

어떤 방식으로든 아이들은 타인과 집단으로부터 인정받기를 원하고, 그를 통해 자신의 존재감을 확인하고 싶어 한다. 과거엔 학생들이 교사에게 인정받고, 예의범절, 규칙 엄수, 임원 활동이나 성적 등으로 인정받는 것이 중요했다. 반면 요즘 아이들의 인정경쟁은 공식적 영역과 또래관계의 비공식적 영역을 포괄하며 만인을 대상으로 한 인정 총량의 경쟁이 되었다. 공부도 잘해야 하지만 거기에다 체력, 키, 외모, 멋, 스타일, 유머, 쾌락, 힘 등의 모든 요소를 갖춰야 하는 것이다. 학생들의 인정경쟁은 어느 한 가지를 잘한다고 채워지는 것이 아니라 모든 것을 잘해야 되는 경쟁이 되고 있다.

집단 안의 개인의 위치, 영향력, 힘, 권력이라는 코드는 인정욕망과 밀접한 관련을 맺는다. 학생들은 집단 안에서 나름의 위치와 영향력을 갖고자 하며, 때때로 그것은 힘과 권력에의 의지로 바뀌기도 한다. 학생들의 인정투쟁이 무리한 경쟁과 다툼으로 이어질 때 학생 간 폭력의 문제가 발생하게 된다. 인정욕망의 좌절은 때때로 수치심으로 연결되며, 수치심은 타인에게 가해 심리로 이어지기 쉽다. 타인과의 권력 다툼과 집단 내 서열 투쟁, 여론을 통해 타인을 고립시키거나 나보다 약한 고리를 희생양 삼는 따돌림과 괴롭힘 현상은 이와 같은 메커니즘을 통해 현실화된다고 볼 수 있다.

요즘 아이들의 인정투쟁이 도를 넘어서고 있다는 체감은 사회가 그만큼 인정받기 힘든 구조가 되었으며, 인정받을 수 있는 자리가 한정되어 있다는 아이들의 열패감을 반영한다고 볼 수 있다. 경쟁적인 학교 구조가 학생들의 인정투쟁을 부추기고 있다고 해도 과언이 아닐 것이다. 학교와 학급의 문화가 다양한 아이들의 인정을 받아 주는 공간이 되었을 때 과열된 학생 간 갈등, 폭력과 따돌림 문제는 어느 정도 완화될 수 있을 것이다. 그러나 더욱 중요한 것은 학생들의 인정욕망이 폭력이 아닌 평화의 흐름을 좇아 나아갈 수 있도록 교육 공동체로서의 본래적 기능을 회복하는 것이다.

인정욕망은 사회적이며 관계적인 욕망으로서 집단이 무엇을 가치 있다고 여기느냐에 따라 그 양상이 사뭇 달라진다. 인정을 위한 경쟁이 긍정적인 에너지로 흐를 때 집단은 발전적인 성장을 기대할 수 있지만, 부정적인 에너지는 다툼과 폭력으로 변질될 우려가 다분하다. 그러므로 우리는 학생들의 인정욕망이 상호적 권리 존중과 바람직한 집단의 인정 경험으로 채워지는 학급 운영을 해야 한다. 호네트는 그의 책 『인정투쟁』에서 친밀한 사람들을 사랑하는 것이 정서적 존재로서의 개인에 대한 인정이라 말했다. 또한 각자의 생활 방식과 능력에 가치를 부여하며 연대를 형성하는 것이 상호 인정이라고 주장했다. 학급이 인정욕망의 각축장이 아닌 정의로운 공동체로 기능하기 위해서 권력적인 인간관계로부터 우정과 연대가 소중히 여겨지는 인정 넘치는 공간으로 변화해 나가야 한다.

그것은 학급 구조가 평화욕망과 의미욕망으로 전화되는 것을 의미한다. 학생들은 인정받고 싶다는 이면에 평화롭게 살고 싶다는 평화욕망을 가지고 있으며, 의미 있는 삶을 살고자 하는 의미욕망을 가지고 있다. 아들러는 이것을 사회적 관심이라고 표현했다. 학생들의 인정욕망이 건강한 욕망으로 나아갈 수 있도록 사회적 관심을 높여 주어야 한다. 아동중심 교육과정을 이야기하는 사람들은 저학년의 경우 사회적 관심이나 집단의 문제들에 대해 직접적으로 다루기보다는 학생들의 순수한 마음이나 흥미 등에 관심을 두어야 한다고 말한다. 그러나 학생들의 사회생활이 빨라지고, 매스컴 등의 발달로 인해 사회적인 것들을 빠르게 접하게 되면서 어린 연령의 학생 집단에서도 대인관계나 권리, 우정 등의 사회적 관심을 이끌어 내는 교육이 절실하게 요구되고 있다는 점은 우리에게 시사하는 바가 크다고 볼 수 있다.

4. 역량 교육의 전환:
핵심 역량 교육에서 평화 역량 교육으로

우리 사회의 현실은 전쟁의 위험으로부터 안전하지 않으며, 도처에 분열과 갈등, 폭력의 그림자가 드리우고 있다. 독점된 1%가 지배하는 불평등함이 당연시되는 세상에서 자칫 다양성과 자유, 행복의 논리는 1%가 되기 위한 경쟁을 합리화하거나, 잘못된 사회를 바꾸기보다는 외면하고 회피하게 하며, 기존 체제와 질서에 순응하도록 만든다.

안전과 평화는 사회가 유지되는 기본 조건일 것이다. 그러한 기반 위에서 개개인이 인간다운 삶을 누리며 자신의 고유한 영역에서 인정받을 수 있다면 그 사회는 다원적 평등이 실현되는 정의로운 사회라 말할 수 있을 것이다. 마사 누스바움은 역량이란 한 사람이 타고난 능력과 재능인 동시에 정치적, 사회적, 경제적 환경에서 선택하고 행동할 수 있는 기회의 집합을 의미한다고 말했다. 인간이 가진 최대한의 역량을 이끌어 줄 수 있는 사회라면 그것이야말로 우리가 바라는 발전적이며 이상적인 사회의 모습일 것이다.

교육의 역할이 중요한 시점임에도 공교육은 보편적이며 학생들에게 필요한 기본적인 역량 교육에 힘쓰기보다는 여전히 입시를 위한 학력 향상에 중점을 두고 있음을 부인할 수 없다. 학생중심 교육이나 개별화 교육, 맞춤형 교육이란 말은 언뜻 모든 학생들의 성장에 관심을 두는 듯 보이지만 경쟁을 위한 개인의 성공론이나 자아실현론과 행복론에 초점을 두고 있다.

역량이란 말이 유행처럼 번지고 곳곳에서 핵심 역량 교육의 과제를 제시하고 있지만 여전히 추상적이고 모호한 말잔치일 뿐 그것을 위한 구체적인 방안은 부재한 상태이다. 교사가 학생들 개개인의 교육적 요구를 반영하여 다양한 수업을 펼치고, 그에 알맞은 평가에 따라 개선해 나갔을 때 역량 교육은 가능하다고 전망하고 있을 뿐이다. 하지만 이 또한 의례적인 언어 상술로 우리 교육이 안고 있는 모순은 그대로 둔 채 교사에게 모든 짐을 지우는 것과 다름없다.

우리는 이 책에서 공교육 체제에서 초중등 학생들에게 보편적으로 적용되어야 할 역량 교육이 무엇이며 어떤 방법으로 이끌어 줘야 하는지에 대한 구체적인 내용과 방법을 제시하고 있다. 평화교육의 궁극적 목적은 학생들이 평화롭고 화목한 학급에서 함께 어울리는 방법을 알고, 민주적이고 공화적인 시민으로 살아가는 데 필요한 역량을 총체적으로 키우는 것이다. 단지 비폭력적으로 살아가는 것을 뛰어넘어 개개인이 이 사회를 더욱 평화롭고 정의로운 세상으로 만들어 갈 수 있는 능력과 권한, 덕성 등의 유능한 역량을 갖추도록 하는 것이 평화교육이 최종적으로 기대하는 목표라 할 수 있다.

5. 교육 목표의 전환: 행복교육론에서 평화교육론으로

행복이라는 말은 인간의 삶을 결정하는 가장 중요한 가치가 되었다. 이러한 행복이 근래 들어 행복한 학교, 행복한 교실, 행복한 수업이란 말로 교육의 최대 목표가 되고 있다. 그러나 행복은 다분히 주관적이며 추상적인 가치이다. 객관적으로 동일한 조건에서도 사람마다 느끼는 행복의 정도는 다르다. 이렇듯 주관적인 감정인 행복이란 개념을 교육 목표로 삼는 것이 적합한가? 미국의 소설가 나다니엘 호손은 행복을 나비 좇는 모습에 비유하며 잡으려고 하면 오히려 놓쳐 버리는 것이 행복이라고 말했다. 교육은 학생들을 행복하게 해 줄 수 없다. 다만 학생들의 참된 발달과 성장을 이뤄 낼 수 있는 삶의 교육을 통해 행복의 조건을 만들어 줄 수 있을 뿐이다.

개인의 자아실현이 공교육의 주요한 목표가 되었을 때 공교육의 비효율성을 지적받을 수밖에 없다. 공교육이 사교육과 비교되면서 맞춤형 교육, 개별화 교육, 수요자 중심 교육에 대한 끊임없는 요구가 제기되는 이유도 여기에 있다. 우리는 교육과 공교육의 목표를 보다 면밀히 구분해서 바라볼 필요가 있다. 행복이란 감정은 주관적이며 추상적이지만 행복을 이루는 사회적 조건은 다분히 관계적이며 구체적이라 할 수 있다. 공교육의 목적은 행복 그 자체에 있다기보다는 학생들이 행복한 인생을 살아갈 수 있는 기본 역량을 키워 내는 것, 즉 평화롭고 민주적인 사회의 주인공으로 길러 내는 것이라고 볼 수 있다.

학교에 발생되는 폭력의 문제는 해결하지 않은 채 개인의 행복을 이야기하는 것은 모순이다. 학생 간에 이루어지는 센 척, 무시, 모욕, 욕설, 괴롭힘과 따돌림 문제에 깊이 천착하지 않고 재미와 흥미, 성공 위주로 행복을 이야기하는 것은 교육이 안고 있는 상처를 봉합해 버리는 행위에 지나지 않는다.

우리의 교육 현실을 정확히 바라보면서 공교육의 목표를 바르게 세워 내는 것이 시급한 과제이다. 평화는 공교육의 여러 가지 목표 중 하나가 아닌 가장 중차대한 목표가 되어야 한다. 여기에서의 평화는 전쟁이나 폭력이 없는 소극적인 개념이라기보다는 넓은 의미의 평화라고 볼 수 있다. 생활과 학습을 이뤄 내는 교실은 안전하고 평화로워야 한다. 평화로운 교실이야말로 교육공간이 갖춰야 할 최우선의 과제이다. 무릇 교육이란 미래를 위한 준비이면서 동시에 '지금 여기'에서 펼쳐지고 있는 학생들의 생활 세계를 변화시키고 자극하는 힘으로 작용할 수 있어야 한다.

평화교육에서의 평화는 학교폭력을 예방하는 개념에 머무르는 것이 아니다. 그것을 양산하는 우리 교육 전체의 문제들을 포괄하는 적극적인 개념을 의미한다. 평화롭게 산다는 것은 단순히 폭력을 쓰지 않는 것이 아니라 화목하게 살고, 우정을 나누며 평화를 만들어 나가는 적극적인 개념이다.

행복 지수를 측정하는 것은 추상적이고 모호하지만 평화 지수는 공교육 목표의 도달 여부를 측정하는 데에서 보다 객관성을 갖는다. 행복은 주관적인 것이기에 행복의 단계를 설정하는 것이 어렵다. 그러나 학급의 평화는 전쟁단계, 적대적 공존관계, 평화적 공존관계, 영구평화단계 등의 객관적인 평화단계를 설정함으로써 평화 지수를 개발해 나갈 수 있다. 구체적이며 명확한 목표를 세웠을 때 우리는 학급의 현 상황을 점검하고, 지금의 단계로부터 한 단계 높은 목표를 설정할 수 있다는 점에서 평화 지수의 교육적 의미는 크다고 할 수 있다. 평화교육이 행복과 같은 상식이나 당위에 머무르지 않기 위해서는 보다 과학적이고 효율적인 교육의 과정을 마련해 나가야 한다. 우리는 그것을 권리, 평화, 화목, 우정교육으로 보았다.

'너의 권리 나의 권리 우리 권리 꽃핀 세상을'

① 권리교육

평화의 세상

나는 어젯밤 꿈속에서 꽃이 만발한 세상 보았죠
너의 권리 나의 권리 우리 권리 꽃핀 세상을
나는 어젯밤 꿈속에서 꽃이 만발한 세상 보았죠
센 척도 사라지고 갑질도 사라져 평화가 꽃핀 세상을
외롭게 혼자 꾸는 꿈은 흩어져 사라지지만
손잡고 함께 꾸는 꿈은 세상을 바꿉니다.

나는 어젯밤 꿈속에서 꽃이 만발한 세상 보았죠
끼리끼리 어울려도 모두가 사이좋아 화목이 꽃핀 세상을
나는 어젯밤 꿈속에서 꽃이 만발한 세상 보았죠
서로가 아낌없이 믿어 주고 격려하는 우정이 꽃핀 세상을
외롭게 혼자 꾸는 꿈은 흩어져 사라지지만
손잡고 함께 꾸는 꿈은 세상을 바꿉니다.

권리는 현대에 와서 생겨난 개념이라고 할 수 있다. 과거에는 개인의 사회적 역할이나 위치가 어느 정도 정해져 있는 상태에서 의무를 주로 이야기했다. 그러나 기존의 가치나 질서가 급변하는 현대에는 사람들의 권리 다툼과 논쟁이 빈번하게 일어난다. 학교와 교사에 대한 끊임없는 민원, 과거에는 보기 힘들었던 교권 침해의 문제는 더 이상 과거의 인식 틀로 상

황을 해결할 수 없음을 보여 준다. 개인의 권리를 중시하는 자유주의 교육으로부터 공교육 현실에 적합한 권리교육으로의 적극적인 논의를 시작해야 할 시점이다. 학교와 학급에서 학생들의 삶을 통해 구체적인 권리교육이 이루어질 때 우리는 평화롭고 화목한 공동체로의 학급 기반을 마련할 수 있을 것이다.

권리교육은 나의 권리도 중요하지만 타인의 권리도 중요하며, 학급이나 사회라는 집단의 권리 또한 중요하다는 것을 일깨워주는 교육이다. 교사는 학생들에게 개인과 집단의 권리를 지켜 가기 위해 함께 노력해야 한다는 것을 정확하고 자세히 교육해야 한다. 교실에서, 복도에서, 운동장 등 상황과 맥락에 따른 권리와 의무를 알고, 남에게 피해가 되지 않으면 뭘 해도 상관없다는 메시지 대신 평화로운 교실을 만들어 갈 때 필요한 행동이 무엇인지를 더욱 많이 언급해야 한다.

교사가 학생들의 권리를 보장하듯 학생들도 교사의 권리를 보장해야 한다. 교사가 학생들의 학습권을 보장하듯 학생도 교사의 수업권을 보장해야 한다. 학생은 개개인의 권리 다툼과 갈등이 학급 전체에 미치는 영향을 고려해야 한다. 또한 학급 집단은 그와 같은 권리 문제 자체가 교육의 장이 될 수 있도록 논의하고 해결해 가야 한다. 생활과 수업 장면에서 일어나는 다양한 권리 충돌의 문제를 개인과 집단의 권리 지표를 통해 꾸준히 점검하고 입법하고 관리하는 교육적 과정이 이루어져야 한다. 또한 권리 침해를 했을 경우 진정한 사과와 반성, 화해가 이루어질 수 있도록 해야 할 것이다. 권리교육은 수업과 생활, 안전을 위한 선택적 교육이 아니다. 미래 사회의 주인공인 학생들에게 평화롭게 살아갈 수 있는 실질적인 역량을 키워 주는 현대사회의 필수 교육이다.

'센 척도 사라지고 갑질도 사라져 평화가 꽃핀 세상을'

② 평화교육

평화로운 학급을 만들기 위해서는 권리교육만으로는 부족하며 학생들에게 비지배적 평화 감수성을 꾸준히 키워 내는 교육이 함께 실천되어야만 한다. 가시적으로 타인을 때리지 않는 것, 폭력을 행사하지 않는 것만이 아닌 갑질하고 센 척함으로써 타인을 속박하거나 억압하지 않도록 비지배적 관계가 전제되어야 할 것이다.

요즘 학생들의 대화는 비하와 놀림, 무시와 조롱, 은어와 비어, 욕설 등의 지배적 대화가 주를 이루고 있다. 소위 센 척하는 문화가 주를 이루게 되면 학생들의 대화는 더욱 거칠고 격렬해지기 마련이다. 그것은 종종 학생 간 권리 침해와 갈등, 학교폭력의 문제로 확대되곤 한다.

학생들의 대화가 폭력으로 치닫는 현실에 대한 대안으로 다양한 대화교육들이 시도되고 있다. 존댓말 쓰기와 비폭력 대화가 그것이다. 존댓말 쓰기의 경우 일정 부분 대화를 부드럽게 완화시키는 효과가 있을 수 있다. 그러나 단순히 경어라는 형식적 틀을 바꾸는 것이 학생들의 빈곤한 대화를 풍성하게 해 주는 대화 교육으로는 한계가 있다. 비폭력 대화의 경우도 학생들의 전반적인 화행을 다루기보다는 화행의 부분적 측면을 다루고 있다. 또한 감정이나 욕구에 대한 내용을 끼워 넣음으로써 대화 교육 자체가 복잡해 학생들이 일상적 대화법으로 사용하기에 적합하지 않다.

학생들 사이에 대화만 바로잡을 수 있다면 대부분의 학교폭력은 예방이 가능하다. 교사는 평화교육의 일환으로 학생들 간에 비지배적 대화가 이루어질 수 있도록 대화법 교육을 실시해야 한다. 대화는 교류를 목적으로 한다. 그래서 대화는 상대방으로부터 내가 원하는 행위를 이끌어 내기 위한 것, 즉 화행으로 볼 수 있다. 화행은 크게 일상화행과 공식화행으로 나눌 수 있다. 학생들이 일상적인 대화에서는 화목한 관계를 만들어 갈 수 있도록 다양한 비지배적 대화의 사례로 제시하고 그것을 함께 분석하고 해석하는 활동을 통해 바람직한 대화법을 배워 갈 수 있도록 해야 한다. 상대에 대한 예의를 갖추고 최대한 비지배적으로 말할 수 있도록 교육해야 한다. 인사를 나눌 때, 질문할 때, 거절할 때, 부탁할 때, 칭찬할 때, 충고할 때 필요한 대화법을 정확하게 인지할 수 있도록 교육하고, 생활 속에서 대화법의 원리가 적용될 수 있도록 꾸준히 실천하고 점검하는 것이 중요하다.

말의 힘

가는 말 거칠어야 오는 말이 곱다 해도
고운 말 서로 쓰고 먼저 사과해 봐요
주고받는 말 떠도는 말이
어느새 우리 얼굴 만드니까요
뒷담화를 안 하면 외톨이가 된다 해도
놀리고 따돌리는 슬픈 일 하지 않아요
주고받는 말 떠도는 말이
어느새 우리 마음 만드니까요

목소리 큰 사람이 이기는 세상이라 해도
우기고 속이는 건 이긴 게 아닌 걸 알아요
주고받는 말 떠도는 말이

학생들은 주로 대화를 통해 일상적 교류를 해 나가고, 공식적인 화행을 통해서도 학급 집단 전체와 교류해 나간다. 일상화행의 경우는 의례나 절차가 필요 없지만 선언, 약속, 판결, 화해 등의 공식적 화행에서는 일정한 격식이 필요하다는 것을 배우도록 해야 한다. 이와 같은 공식적 화행 교육은 자연스럽게 자신의 주장을 말하고, 선언하는 글쓰기 교육으로 이어질 수 있다.

거의 매일 국어를 배우면서도 평화롭게 대화하는 법을 알지 못하는 학생들의 모습을 보면 국어 교육과정이 얼마나 파편화되고 파행적으로 운영되고 있는지 알 수 있다. 그만큼 분리된 교과 교육들이 자신들의 영역만을 공고히 다질 뿐 학생들의 삶의 역량을 어떻게 길러 줄 것인지에 대해선 대안을 마련하지 못하고 있는 형편이다. 이런 측면에서 다시 한 번 생활 중심 교육과정으로의 이행이 절실하다 깨닫게 된다.

학생들의 감정을 풍부하게 해 주고, 평화로운 감수성을 갖게 하는 예술교육 역시 본래의 목표를 상실하고 있는 것은 마찬가지이다. 많은 학생들이 자신의 감정이 어떤지 설명하는 데 어려움을 느낀다. 학생들이 감정을 모르는 것일 수도 있고, 어떻게 표현해야 할지 알지 못하는 것일 수도 있다. 학생들의 감정 표현은 교류 능력과 연결된다. 학생들은 교류를 위해 대화하고, 감정에 대한 표현을 하는 것이다. 교육은 학생들의 표현 능력을 키워 줘야 한다. 시와 노래, 미술과 음악 등의 다양한 예술 분야를 통해 학생들이 자신의 감정을 정확히 관찰하여 표현하고, 감정을 전환시키고 승화시키는 방법을 찾아갈 수 있다면 세상을 보다 평화롭고 풍요롭게 살아갈 수 있을 것이다. 감정교육은 분노조절 교육과 같이 감정을 누그러뜨리도록 교육하는 것이 아닌 풍부하게 해서 건강하게 줄어들도록 돕는 것이라 할 수 있다.

'끼리끼리 어울려도 모두가 사이좋아 화목이 꽃핀 세상을'

③ 화목교육

권리교육과 평화교육을 통해 학급에서의 가시적 폭력을 예방하고 학생 간 비지배적 관계를 형성하는 데 일정 부분 성공했다 하더라도 학생들 간의 우열 심리나 따돌림 문화를 해소하기 위해 화목교육이 반드시 필요하다. 권리와 평화교육이 규칙이나 법을 통한 권리와 의무에 관한 것이라면 화목은 의무라기보다는 학급 분위기와 문화에 관한 것이다. 학급 내 끼리끼리 어울리는 친구 관계나 소그룹이 있다 하더라도 학급 구성원이라면 사이좋게 어울릴 수 있는 호의적이며 개방적인 학급 문화를 만들어 가는 교육이라 할 수 있다. 권리와 비지배의 가치만으로는 집단의 소속감을 키우고, 협동과 단결로 이어지는 공동체적인 문화를 만드는 것이 충분하지 않다. 교사는 평화로운 교실을 만들기 위해 따돌림을 통해 고립된 아이들은 없는지, 인정투쟁의 과열로 집단이 분열되고 있지는 않은지 살피면서 집단 전체가 화목하게 지낼 수 있도록 시기적절한 교육 활동을 이끌어 가야 한다.

학생들의 욕구를 채움으로써 학생들의 스트레스를 줄이고, 폭력을 예방해야 한다는 논리에는 재미와 흥미 위주의 놀이를 다양하게 채우면 된다는 생각, 최대 다수의 최대 행복이라는 공리주의적 생각이 포함되어 있다. 대부분의 아이들이 재미있어하고, 만족하는 교육 활동이라면 그것으로 충분하다고 보는 것이다. 그러나 이런 논리를 무한히 끌고 가게 되면 학급 집단에서 인정받지 못하거나, 고립된 학생들이 집단 속에 섞이지 못하는 등의 문제들은 뒷전이 되기 마련이다. 때때로 학생 간의 체력이나 지적 능력 차이를 부각시키는 놀이들은 집단 내 서열 의식을 강화시키거나 학생 간 갈등을 심화시키고, 따돌림 문제를 고착시키는 원인으로 작용하기도 한다.

따돌림 문제는 학급 안에 화목한 문화를 만들어 가면서 서서히 해결해 나갈 수 있다. 누군가를 사회적으로 배제하는 것은 타인의 사회적 권리를 침해하는 행위이다. 이에 대한 구성원들의 적극적인 의무를 부여하고, 소외된 고립아들에게도 교류할 수 있는 권리와 의무를 알려 주는 것이 중요하다. 화목놀이는 학급 구성원들이 함께 어우러질 수 있는 놀이의 장을 통해 인정의 경험을 나누고, 학급 구성원이라는 소속감과 협동심을 키워 주는 교육 활동이다. 그러기 위해선 가능한 한 우연적인 효과를 통해 누구라도 놀이 활동에 참여할 수 있는 길을 열어 주는 것이 중요하다.

화목놀이에서는 팀별 경기를 적극적으로 끌어옴으로써 학생들이 서로를 응원하고 격려할 수 있는 집단 화목의 계기를 마련하는 데 의미를 둔다. 친구들의 응원을 경험한다는 것은 학생들에게 학급 생활에 대한 용기와 희망을 주기에 충분한 것이다.

다른 환경과 조건에서 살아온 학생들은 각기 다른 개성과 특성을 지니고 있다. 획일화된 것에 맞서 개성을 외치던 시대도 있었지만 이젠 서로 다른 아이들의 과도한 인정경쟁과 투쟁을 완화하며 어떻게 하면 함께 어울려 살아갈 것인지가 중요한 세상이 되었다. 학생들의 개성을 평준화시키는 것이 아니라, 학생들 간의 긍정적 교류를 활성화시키고, 그를 통해 학생들 개개인의 발달과 성숙을 이뤄 내는 것이 화목교육의 목적이라고 볼 수 있다.

'서로가 아낌없이 믿어 주고 격려하는 우정이 꽃핀 세상을'

④ 우정교육

학생들의 관계를 깊이 있게 해 주기 위해서는 우정교육이 필수적이다. 친구와 우정을 나눌 수 있다는 것은 친밀하게 교류할 수 있는 누군가가 있다는 것이고 그것은 곧 이 세상에서 인정받는다는 뜻이다. 행복이나 성공, 재미보다 학생들이 좋은 인간관계를 맺어 가는 그 자체가 매우 중요하다는 것을 우정교육을 통해 전해 주어야 한다. 우정교육은 권리와는 다른 개념이다. 권리는 합리적인 사고를 통해 평화로운 관계를 맺는 것으로 현대를 살아가는 이들에게는 중요한 개념이다. 그러나 우정은 때로는 자기 권리를 포기하는 것이며, 다른 사람의 권리도 포기시킬 수 있는 것이다. 내가 조금 손해 보더라도 연민을 갖고 누군가를 도와줄 수 있고, 상대의 잘못에 대해 용서하는 마음도 지닐 수 있도록 지도해야 한다.

예를 들어 '친구 사랑 주간' 용어에서 볼 수 있듯이 우리에게 익숙한 개념은 우정보다 사랑일지도 모른다. 그러나 공교육의 목표가 사랑이 되는 것이 과연 적합한가? 곰곰이 따져 볼 필요가 있다. 사랑은 서구를 통해 들어온 근대적인 개념으로 에로스, 플라토닉, 아가페 등과 같이 여러 복합적인 의미를 가지고 있다.

교육에서 다루는 사랑의 개념이 감각적인 측면보다는 정신적 교감이나 헌신적인 희생을 다루는 것이라 해도 추상적인 사랑의 개념이 공교육의 목표와 내용이 되기에 적합한지 되묻지 않을 수 없다.

다양한 경우와 변수에 따라 사람들에게 떠오르는 사랑의 이미지와 느낌이 각기 다르기 때문에 사랑의 개념을 하나로 가르친다는 것엔 어려움이 있다.

물론 교사들이 학생들을 사랑하는 것은 기본적으로 갖추는 마음일 것이다. 그러나 학생들이 맺는 친구 관계에서 많이 다루어야 할 내용은 사랑보다는 우정이다. 교육에서는 사랑이라는 막연한 개념보다는 우정과 같이 이해하기 쉬운 개념을 적용하는 것이 좋다. 교사는 우정의 가치와 의미를 알고, 좋은 인간관계를 만들어 갈 수 있는 길을 안내해 주어야 한다.

학생들이 알아야 할 우정의 영역에는 자기우정과 타자에 대한 우정이 있다. 그리고 우정에 대한 넓은 의미로서 연대가 있다. 좁은 의미의 우정은 친구 관계를 의미하지만 넓은 의미로는 대인 관계를 포함한 사회적 연대까지 넓은 시각으로 세상을 바라보게 하는 것이다. 타자에 대한 우정을 먼저 이야기하다 보면 우정에 대한 깊이 있는 성찰을 이끌어 내는 것에 어려움이 생긴다. 이런 측면에서 자기우정교육은 우정의 방법과 내용을 익히는 데 꼭 필요한 자기 훈련의 과정이라고 볼 수 있다.

자기우정은 자기 스스로를 벗으로 삼는 것을 말한다. 자기애와 자기우정은 다른 개념이다. 자기애라는 것이 조건 없이 자신을 사랑하는 것이라면 자기우정은 자신을 존중하고 사랑하되, 자기 자신을 벗으로 보기 위해 스스로를 객관적으로 바라보는 과정을 포함하고 있기 때문이다.

내가 나를

내가 나를 내가 나를
내가 나를 내가 나를
위로해 줘요 격려해 줘요
내가 일으켜 줘요
남모르게 아파 오면 내가 감싸 줘요

혼자 있어 외로우면 내가 가까이 가요
짓밟히고 억울하면 내가 위로해 줘요
눈물 맺히면 때로는 내가 흐르게 해요
남의 눈물 지워 주려 나의 눈물 그쳐요

남을 이기기 위한 자존심을 싫어해요
나를 이겨서 얻는 자부심을 좋아하죠
쓸데없는 자기 자랑 부끄러워해요
나와 싸워 이기라고 내가 일으켜 줘요
옳은 일에 망설이면 내가 격려해 줘요

자기 자신과 우정을 만들어 가지 못하는 사람이 타인과 우정을 만들어 갈 리 만무하다. 자기 자신과 끊임없는 대화를 나누고 자신을 위로하고 격려하며 때로는 비판할 수 있는 사람은 자기와의 우정을 키워 가는 사람이다. 인간은 자신이 해내지 못할 거라고 생각했던 일들을 해결해 내는 자신을 보면서 자부심이라는 감정을 느낀다. 이런 감정이 쌓이고 쌓이면서 자신에 대한 강한 믿음과 신뢰를 갖게 되는 것이다. 이와 같은 열매를 거두기까지 자신을 격려하고, 위로하고, 충고해 주는 등의 끊임없는 자기대화가 필요한데 이 모든 과정을 자기우정의 실천이라고 할 수 있다. 자기우정교육은 학생들로 하여금 삶을 위해 필요한 나-나 대화 방법을 알려 줌으로써 필요한 때에 각각의 대화를 도구처럼 꺼내서 유용하게 사용할 수 있는 힘을 길러 주는 것이다. 자기와 우정을 나누는 방법을 터득한 사람은 타인과의 우정도 잘 만들어 나간다. 나 자신과 친구를 맺는 것은 타인과 좋은 우정을 맺을 수 있는 징검다리가 되며 나아가 사람들과 연대하며 평화를 일구는 바탕이 된다.

『니코마코스 윤리학』에서 아리스토텔레스는 우정의 조건을 이야기하며 중용을 지키는 군자의 덕이 필요하다고 했다. 지나친 것과 없는 것 사이의 중간을 지키는 군자의 태도를 통해 악덕한 감정에 휘말리지 않으며, 감정의 노예가 되기보다는 이성을 조절할 수 있어야 하는데 이러한 군자의 덕을 갖춘 이들만이 우정을 만들어 갈 수 있다고 보았다. 요즘 학생들은 친구 관계에 절대적으로 매달리면서도 우정을 만들어 가는 방법을 몰라 서로 상처를 주고받는 경우가 비일비재하다. 우정교육이란 친구를 잘 사귀는 방법을 알려 주는 교육이라기보다는 우정이라는 주제를 통해 자신의 내면을 깊이 성찰하면서 올바른 인간관계의 상을 만들어 갈 수 있도록 돕는 교육이라 할 수 있을 것이다. 단지 외로워서, 내게 도움이 되어서 친구를 사귀는 것이 아니라 친구와 좋은 감정과 덕을 나눌 수 있다는 것이 얼마나 소중한 일인지를 알고 우정을 만들어 나가는 것이다.

6. 학급 운영의 전환:
소외와 개별화에서 총체성의 이야기(서사) 학급 운영으로

인간은 태어날 때부터 죽을 때까지 이야기와 함께 살아간다. 우리들의 경험세계는 서사화되기 전까지 무의미한 사건들의 나열이다. 그러나 사건들의 연결 또는 재구성이라는 서사화를 통해 우리는 그 속에서 자아를 구성하고, 인간관계를 구축하며, 세계를 해석해 나감으로써 삶의 의미를 발견해 나간다. 그래서 인간은 서사를 통해 세계와 교류한다. 서사화된 자신의 인생각본으로 사고하고, 행동한다.

교류분석 이론의 창안자인 미국의 정신의학자 에릭 번은 인간은 누구나 인생의 이야기, 즉 '인생각본'을 가지고 있다고 말한다. 인간은 승리하기 위해 이 세상에 태어나지만 모든 사람이 승리자의 각본으로 살아가는 건 아니다. 패배자의 각본이라는 불행한 패턴에서 벗어나지 못하기도 하고, 밋밋하고 평범한 각본, 지루한 각본을 되풀이하며 살아가기도 한다. 학생들의 인생각본에 영향을 미치는 서사의 단위를 나열해 보면 가족 서사, 인생 서사, 인간관계 서사, 학급 서사, 공동체 서사의 순서로 확장되고 발전된다고 볼 수 있다. 똑같은 환경에서도 다른 적응력을 보이는 개인의 고유한 주체성을 무시할 수 없지만 개인에게 강력한 영향을 미치는 것은 가족 서사라는 게 보편적인 인식이다. 가족 서사는 이후 학교나 사회 등의 집단 경험을 통해 수정되고 변화되는 계기를 만나게 된다. 가족 서사가 아무리 좋더라도 공동체 서사나 인간관계 서사를 통해 인생각본은 비극적으로 바뀔 수도 있고, 그 반대의 경우도 가능하다.

그렇기 때문에 학생들이 생활하는 학급의 서사와 인간관계 서사가 학생들이 기존에 가지고 있는 자연발생적인 인식의 틀, 가족 서사, 인생각본에 보다 긍정적인 영향을 미칠 수 있어야 할 것이다. 학급 안의 인간관계가 왜곡되어 있고, 학급 구조 자체가 폭력적이라면 그것은 학생들의 인생각본 형성에 악영향을 미칠 수밖에 없다. 그래서 평화는 학급 운영의 목표일 뿐 아니라 이야기의 주제로서 학급의 일들이 서사화되는 데 직간접적인 핵심 요소로 작동할 수 있어야 한다.

아무런 주제 없이 다양한 프로그램을 나열하는 백화점식 학급 운영이나 삶을 쪼개어 분절적으로 다루는 파편적인 프로그램 운영은 학생 입장에서 무제의 콜라주가 되기 쉽다. 교사가 평화를 학급 운영의 목표로 세우고 다양한 프로그램을 투입한다 해도 그것이 기계적인 연결일 뿐이라면 서사화되기엔 어려움이 생긴다. 이야기 학급 운영은 학급에서 일어나는 사건과 에피소드를 권리, 평화, 화목, 우정의 교육 활동과 유기적으로 연결시켜 나감으로써 총체적인 시각에서 학급의 평화 서사를 구축해 나가는 것이다.

학급의 이야기는 다양한 요인에 의해 변화 가능하며 정해진 결말이 없다. 그러므로 학급의 이야기가 평화의 방향으로 나아갈 수 있도록 집단 구성원이 관심을 모아 꾸준히 점검하는 것이 중요하다. 학급 서사는 교사와 학생이 함께 만들어 가는 것이지만 보다 적극적인 주체는 교사라고 할 수 있다. 교사는 이야기 학급 운영을 통해 학급 이야기를 어떻게 시작할지, 학급 이야기가 어떻게 진행되고 있는지, 앞으로 어떻게 전개되길 바라는지 진술함으로써 학급의 평화 서사를 이끌어 나가야 한다. 때때로 학급 이야기가 밋밋하게 반복되거나, 갈등 상황으로 나아갈 때 과학적이고 효율적인 평화교육 활동을 투입함으로써 학급 안에 새로운 전환의 계기를 마련해야 한다.

학급을 하나의 무대로 보았을 때 교사는 무대를 관장하는 연출가의 역할을 수행하는 것이다. 연출가란 모름지기 무대의 극과 흐름을 조망할 수 있어야 하고, 이야기가 위기에 봉착하거나 중단되었을 때 창조적인 서사 능력을 보일 수 있어야 한다. 따라서 교사는 학급이란 무대에서 시시각각 벌어지는 인물들의 갈등과 이야기 전개를 정확히 분석하고 파악할 수 있어야 하며, 이야기를 이끌고 만들어 가는 일에 보다 적극적인 주체로 설 수 있어야 한다.

학급에서 펼쳐지는 매일매일의 무대는 시시각각 변화되어 간다. 권리, 평화, 화목, 우정이라는 학급의 평화 서사를 함께 써 나가는 과정은 학생들에게 새로운 삶의 길을 안내해 줄 수 있다. 학급문집 등의 서사화 작업이 이루어지게 되면 이는 학생들의 기억에 오랫동안 남을 것이며, 학생들이 앞으로의 인생을 승리자 각본으로 만들어 가는 데 강력한 힘이 되어줄 것이다.

이야기 집

내 사는 집을 짓듯 우리는 이야기를 만든다.
폭력물 오락물 공포물 감동물 뭐든지 만들어
누가 누가 등장할지 인연과 사연을 만들어
헌집 허물고 추억과 보람으로 새집을 짓자

우리는 이야기를 이야기는 우리를 만든다.
흐린 날, 맑은 날, 좋은 날, 나쁜 날 뭐든지 만들어
어떻게 시작할지 어떻게 끝날지 만들어
헌집 허물고 추억과 보람으로 새집을 짓자

좋은 이야기 만들지 못하면 절망을 만든다.
인연도 사연도 새로운 의미도 만들 수 없다네.
그렇고 그런 인생 뻔한 세상 만들어
헌집 허물고 추억과 보람으로 새집을 짓자

7. 교육철학의 전환:
자유주의에서 평화적 공화주의 교육으로

한 혁신학교에서 학생들에게 '존중과 배려의 공동체를 어떻게 만들어 나갈까?'라는 설문조사를 했다. 당신은 언제 존중받지 못한다고 느끼는가? 학생들은 학급에서 겪는 다양한 사례를 적어 냈는데 주로 학생들 간의 존중 문제가 제기되었다. 사소한 무시와 장난, 따돌림, 비난, 거친 대화 속에서 학생들은 자신이 친구들로부터 존중받지 못한다는 생각이 든다고 했다.

근래의 학교교육은 존중의 문제를 인권이라는 일반적 측면에서 다루고 있다고 보인다. 누구나 태어나면서부터 천부 인권을 부여받았고, 내가 타인으로부터 인권을 존중받듯 나 역시 타인의 인권을 존중해야 한다는 것이 학교 인권교육의 주요 내용이다. 공공연하게 이루어지는 학급 안에서의 분쟁과 소란, 권리 다툼, 폭력의 문제들을 지켜볼 때 학생들은 자신의 욕망을 곧 자신의 권리로 이해하는 모습이다. 요즘 학생들의 이기심, 공격성의 원인을 타인 수용에 관한 공감능력 부족이라고 진단하면서 공감 교육의 필요성을 강조하고 있다. 그러나 공감이란 단어를 유행어처럼 수식할 뿐 그에 대한 뚜렷하고 효과적인 교육 매뉴얼과 가이드는 어디에도 보이지 않는다.

공감과 함께 중요하게 다뤄지는 건 배려라는 개념이다. 배려 교육은 모든 학생들에게 다뤄져야 한다고 하지만 현실적으로는 약자들에 대한 권리 보호를 전제로 하고 있다. 학교에서 존중의 문화가 뿌리내리기 위해서는 학생이 가진 육체적 열세나, 약점, 인간관계의 미숙함 등 인간관계에서 쉽게 상처받는 아이들의 권리 존중을 위해 구성원의 배려가 필요한 것이다. 이러한 측면에서 접근하는 배려 교육은 사실상 동등한 인간관계로 서의 적극적인 교류를 촉진한다기보다는 배려의 대상을 타자로 바라보게 하거나, 에티켓이나 양보와 같은 개개인의 인성을 함양하는 차원에 머물기 쉽다. 그래서일까? 배려라는 말은 교사의 일방적인 당부 내지는 잔소리에 머무르기 십상이다. 배려하는 아이들은 항상 배려해야 하고, 배려를 모르는 아이들은 자기만 알고, 배려를 받는 아이들은 배려라는 틀 속에서 약자라는 타자의 위치를 벗어나지 못하게 된다.

요즘 학생들이 자신의 감정과 분노를 조절하지 못하고, 왜곡된 인간관계와 위축되거나 고립된 인간관계의 틀에서 벗어나지 못하는 것에 대해 자기 존중감이 낮아서 발생하는 문제라 진단하곤 한다. 자기 자신이 이 세상에서 얼마나 소중한 존재인지 알고 자신을 긍정하고 사랑할 수 있다면 올바른 자아상과 인간관계상을 확립할 수 있다는 것이다. 자기 존중 감 역시 인권의 보편 원리에 충실한 당위적 개념으로서 자기 존중을 수반하는 객관적 근거나 과정을 과학적으로 설명하지 않는다. 대부분의 폭력 가해자가 타인의 수치감이나 모욕감에 대한 공감능력이 뛰어나며, 높은 자기 존중감을 가지고 있다는 연구들을 우리는 어떻게 바라보아야 하는가? 당위 교육은 이러한 의구심에 대해 선한 자존감이야말로 진정한 자존감이라고 부연할 뿐 자기애가 이기심으로 왜곡되거나, 자기 기만으로 나아가지 않도록 무엇을 어떻게 교육해야 할지에 대한 과학적이고 합리적인 계획을 가지고 있지 않다.

인권 존중, 배려, 공감, 자기 존중감 등의 개념들은 학교폭력이나 왜곡된 관계 문제에 대한 해답으로 거론되고 있다. 학교폭력의 메커니즘에 대한 과학적 이해 없이 인권교육이나 상담학 등의 특수한 맥락에서 교육적 대안을 끌어오고, 각각의 이론 안에서 다시금 학교폭력을 설명하다 보니 결국 학교현장과의 괴리가 발생하게 된다. 학교폭력 예방교육의 방법과 내용이 이와 같은 개념들을 중심으로 이루어지고 있지만 학급 집단의 문제를 해결하는 데 가히 효과적인 개념인지 냉정하게 되짚어 볼 필요가 있다.

한편에서는 민주시민교육을 통해 학생들의 자치 교육을 강화함으로써 학교가 안고 있는 문제들을 해결해 나가야 한다고 주장한다. 기존의 자유민주주의가 현대사회가 갖는 문제를 해결하는 데 한계에 봉착하면서 자유주의에 비해 상대적으로 약화된 민주주의를 발전시키는 다양한 방법들이 제안되고 있지만 여전히 절차적인 부분에 관심이 집중되고 있는 것이 사실이다. 학교에서 실시되고 있는 민주시민교육의 내용과 방법 역시 그와 다르지 않다. 민주주의의 주요 정신인 주권의식과 공정성의 과제를 해결하기 위해 다른 측면에서 전개되었던 논쟁들을 검토해 나감으로써 민주주의라는 고정된 프레임을 새롭게 전환해 나갈 필요가 있다.

공화주의란 집단 구성원들에 의한 공동의 정치 형태로 사적 이익보다는 평등을 목표로 한 공적 이익, 공동선을 중요시하는 도덕적 철학이다. 공화주의는 자기 내부에 집단의 목표와 명예, 영광을 강조한다. 교육현장이나 교육제도에서 요구되는 공화주의는 평화적 공화주의로서 평화롭고 화목하게 살아가는 그 자체를 집단의 목표와 명예로 추구하는 것이며, 외부 세계와의 평화적 연대를 향해 나아가는 것이다.

집단 구성원들의 이해와 욕구, 인정욕망이나 영향력을 적절히 나누고 견제하면서 평화를 위한 비지배적 문화를 함께 만들어 감으로써 정의와 평등, 우정과 연대라는 인간의 가치를 실현해 나가는 것이 평화적 공화주의 학급의 목표라고 할 수 있다. 여기에서 정의는 약자의 편에 서는 공공선과 공적 이익을 실현하는 것이며, 평등은 획일적이고 일률적인 평등이라기보다는 모든 이들이 자신만의 고유한 영역으로부터 사회의 인정을 획득할 수 있는 다원적 평등을 의미한다.

한편에서는 성적으로 학생들을 한 줄 세우기보다는 학생들의 다양성을 인정할 수 있는 여러 줄 세우기가 필요하다고 말한다. 여러 줄 세우기가 틀린 것은 아니지만 한편으로는 한 가지만 잘하면 성공할 수 있다는 그릇된 관념을 심어 준다. 공부하는 아이들은 공부만 하고, 운동하는 아이들은 운동만 하고, 노래하는 아이들은 노래만 하는 식으로 자신의 성공에 직접적으로 도움이 되지 않으면 그것이 필수적인 배움이라고 하더라도 쓸모없는 것으로 바라보는 것이다.

개별화 교육이나 맞춤형 교육을 강조하는 까닭 역시 이와 같은 다원주의적 사고를 전제하고 있다. 그러나 공교육에서 필요한 것은 보편적이며 기본적인 역량을 키워 주는 것이고, 그것이 부족할 경우 개별 지도를 통해 보충해 주는 것이지 개인의 성공이나 자아실현을 위한 개별화 교육이 우선이라고 볼 수 없다. 개별화와 맞춤형 교육 논리를 따라가다 보면 공교육은 사교육이나 1:1의 홈스쿨링 교육을 결코 따라갈 수 없으며, 이와 같은 현실은 결국 공교육의 사교육화 논리로 흘러가기 마련이다.

미국의 정치철학자 마이클 왈쩌는 인정이 소수에게 독점되는 사회가 되지 않는 것이 중요하며, 그것을 위해서는 지배가 필요하다고 하였다. 여기에서의 지배는 자의적 권력이 아닌 법과 규칙을 의미한다. 개인의 행복과 욕망을 우선하는 자유주의자들은 법과 규칙을 최소화해야 한다고 말한다. 그러나 법과 규칙이 힘을 잃은 사회에서는 행복과 욕망을 독점하려는 자의적 폭력과 지배가 발생하게 되고, 개인의 자유는 억압받게 된다. 이런 측면에서 법과 질서, 권위와 원칙은 자유를 파괴하는 자의적 권력을 막아 주는 장치로 기능하기 위해 필요한 것이다.

필립 페팃에 따르면 공화주의적 자유는 비지배적 자유로서 자유는 공동체의 법과 규칙을 통해서 자의적 권력에 의한 지배를 배제하는 것을 의미한다. 개인의 행복과 욕망을 우선하는 자유주의자들은 법과 규칙을 최소화해야 한다고 말한다. 그러나 법과 규칙이 힘을 잃은 사회에서는 행복과 욕망을 독점하려는 자의적 폭력과 지배가 발생하게 되고, 개인의 자유는 억압받게 된다. 이런 측면에서 법과 질서, 권위와 원칙은 자유를 파괴하는 자의적 권력을 막아 주는 장치로 기능하기 위해 필요한 것이다. 페팃은 비지배적 자유를 위해 법과 규칙이 필요하고, 그것이 개인의 욕망과 자유를 억압하는 권력이라 볼 수 없다고 이야기했다. 마이클 왈쩌는 모든 위계적 질서를 부정하는 평균적인 평등주의를 비판하면서 독점을 부정하는 다원적 평등주의를 주장하였다. 독점은 돈이나 권력 또는 학력 등 재화 중의 하나만 가지고 있어도 모든 것을 지배하고 모든 면에서 일등이 될 수 있음을 뜻한다. 즉 각각의 영역은 독립되어 있고 그 각각의 영역에 맞는 원리에 의해 위계질서가 이루어지는 것을 다원적 평등이라고 보았다. 왈쩌가 이야기하는 다원적 평등은 독점을 합리화하는 신자유주의 논리에 반대되는 주장이라고 볼 수 있다.

혁신학교에서 이야기하는 학교와 학급이 윤리적 생활공동체가 되기 위해서는 인간과 인간 사이의 최고 윤리가 무엇인지에 대한 명확한 상을 그리고 있어야 한다. 집단 구성원들이 서로의 권리를 알고, 지켜 주며 화목과 우정을 바탕으로 연대할 수 있을 때 우리는 그것을 윤리적 생활공동체로 명명할 수 있을 것이다. 함께 어울리며 평화롭고 화목하게 살아가는 방법을 체득하는 것이야말로 공교육 속에서 습득해야 할 과제이다.

따돌림사회연구모임은 평화롭고 화목한 학급을 위해 권리, 평화, 화목,

우정의 교육이 필수적이라고 보았다. 각각은 고유한 목표 및 내용과 체계를 가지고 있지만 평화교육이라는 목표를 위해 따로따로 분리될 수 없는 유기적 연결 개념이라 할 수 있다.

삶의 행복을 꿈꾸는 교육은 어디에서 오는가?

미래 100년을 향한 새로운 교육 | 혁신교육을 실천하는 교사들의 필독서

▶ 교육혁명을 앞당기는 배움책 이야기
혁신교육의 철학과 잉걸진 미래를 만나다!

한국교육연구네트워크 총서

 01 핀란드 교육혁명
한국교육연구네트워크 엮음 | 320쪽 | 값 15,000원

 02 일제고사를 넘어서
한국교육연구네트워크 엮음 | 284쪽 | 값 13,000원

 03 새로운 사회를 여는 교육혁명
한국교육연구네트워크 엮음 | 380쪽 | 값 17,000원

 04 교장제도 혁명
한국교육연구네트워크 엮음 | 268쪽 | 값 14,000원

 05 새로운 사회를 여는 교육자치 혁명
한국교육연구네트워크 엮음 | 312쪽 | 값 15,000원

 06 혁신학교에 대한 교육학적 성찰
한국교육연구네트워크 엮음 | 308쪽 | 값 15,000원

 07 진보주의 교육의 세계적 동향
한국교육연구네트워크 엮음 | 324쪽 | 값 17,000원

 08 더 나은 세상을 위한 학교혁명
한국교육연구네트워크 엮음 | 404쪽 | 값 21,000원

 혁신학교
성열관·이순철 지음 | 224쪽 | 값 12,000원

 행복한 혁신학교 만들기
초등교육과정연구모임 지음 | 264쪽 | 값 13,000원

 서울형 혁신학교 이야기
이부영 지음 | 320쪽 | 값 15,000원

 혁신교육, 철학을 만나다
브렌트 데이비스·데니스 수마라 지음
현인철·서용선 옮김 | 304쪽 | 값 15,000원

 혁신교육 존 듀이에게 묻다
서용선 지음 | 292쪽 | 값 14,000원

 다시 읽는 조선 교육사
이만규 지음 | 750쪽 | 값 33,000원

 대한민국 교육혁명
교육혁명공동행동 연구위원회 지음 | 224쪽 | 값 12,000원

한국교육연구네트워크 번역 총서

 01 프레이리와 교육
존 엘리아스 지음 | 한국교육연구네트워크 옮김
276쪽 | 값 14,000원

 02 교육은 사회를 바꿀 수 있을까?
마이클 애플 지음 | 강희룡·김선우·박원순·이형빈 옮김
356쪽 | 값 16,000원

 **03 비판적 페다고지는
세상을 변화시킬 수 있는가?**
Seewha Cho 지음 | 심성보·조시화 옮김 | 280쪽 | 값 14,000원

 04 마이클 애플의 민주학교
마이클 애플·제임스 빈 엮음 | 강희룡 옮김 | 276쪽 | 값 14,000원

 05 21세기 교육과 민주주의
넬 나딩스 지음 | 심성보 옮김 | 392쪽 | 값 18,000원

 **06 세계교육개혁:
민영화 우선인가 공적 투자 강화인가?**
린다 달링-해먼드 외 지음 | 심성보 외 옮김 | 408쪽 | 값 21,000원

 대한민국 교사, 어떻게 가르칠 것인가?
윤성관 지음 | 320쪽 | 값 15,000원

 아이들을 어떻게 가르칠 것인가
사토 마나부 지음 | 박찬영 옮김 | 232쪽 | 값 13,000원

 모두를 위한 국제이해교육
한국국제이해교육학회 지음 | 364쪽 | 값 16,000원

 경쟁을 넘어 발달 교육으로
현광일 지음 | 288쪽 | 값 14,000원

 독일 교육, 왜 강한가?
박성희 지음 | 324쪽 | 값 15,000원

 핀란드 교육의 기적
한넬레 니에미 외 엮음 | 장수명 외 옮김 | 456쪽 | 값 23,000원

 한국 교육의 현실과 전망
심성보 지음 | 724쪽 | 값 35,000원

▶ 4·16, 질문이 있는 교실 마주이야기
통합수업으로 혁신교육과정을 재구성하다!

통하는 공부
김태호·김형우·이경석·심우근·허진만 지음
324쪽 | 값 15,000원

미래교육의 열쇠, 창의적 문화교육
심광현·노명우·강정석 지음 | 368쪽 | 값 16,000원

내일 수업 어떻게 하지?
아이함께 지음 | 300쪽 | 값 15,000원
2015 세종도서 교양부문

주제통합수업, 아이들을 수업의 주인공으로!
이윤미 외 지음 | 392쪽 | 값 17,000원

인간 회복의 교육
성래운 지음 | 260쪽 | 값 13,000원

수업과 교육의 지평을 확장하는 수업 비평
윤양수 지음 | 316쪽 | 값 15,000원
2014 문화체육관광부 우수교양도서

교과서 너머 교육과정 마주하기
이윤미 외 지음 | 368쪽 | 값 17,000원

교사, 선생이 되다
김태은 외 지음 | 260쪽 | 값 13,000원

수업 고수들 수업·교육과정·평가를 말하다
박현숙 외 지음 | 368쪽 | 값 17,000원

교사의 전문성, 어떻게 만들어지나
국제교원노조연맹 보고서 | 김석규 옮김 392쪽 | 값 17,000원

도덕 수업, 책으로 묻고 윤리로 답하다
울산도덕교사모임 지음 | 320쪽 | 값 15,000원

수업의 정치
윤양수·원종희·장군 지음 | 280쪽 | 값 14,000원

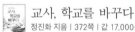
체육 교사, 수업을 말하다
전용진 지음 | 304쪽 | 값 15,000원

학교협동조합,
현장체험학습과 마을교육공동체를 잇다
주수원 외 지음 | 296쪽 | 값 15,000원

교실을 위한 프레이리
아이러 쇼어 엮음 | 사람대사람 옮김 | 412쪽 | 값 18,000원

거꾸로교실,
잠자는 아이들을 깨우는 수업의 비밀
이민경 지음 | 280쪽 | 값 14,000원

마을교육공동체란 무엇인가?
서용선 외 지음 | 360쪽 | 값 17,000원

교사는 무엇으로 사는가
정은균 지음 | 292쪽 | 값 15,000원

교사, 학교를 바꾸다
정진화 지음 | 372쪽 | 값 17,000원

마음의 힘을 기르는 감성수업
조선미 외 지음 | 300쪽 | 값 15,000원

함께 배움
학생 주도 배움 중심 수업 이렇게 한다
니시카와 준 지음 | 백경석 옮김 | 280쪽 | 값 15,000원

작은 학교 아이들
지경준 엮음 | 376쪽 | 값 17,000원

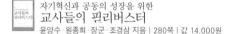
공교육은 왜?
홍섭근 지음 | 352쪽 | 값 16,000원

아이들의 배움은 어떻게 깊어지는가
이시이 준지 지음 | 방지현·이창희 옮김 | 200쪽 | 값 11,000원

자기혁신과 공동의 성장을 위한
교사들의 필리버스터
윤양수·원종희·장군·조경삼 지음 | 280쪽 | 값 14,000원

대한민국 입시혁명
참교육연구소 입시연구팀 지음 | 220쪽 | 값 12,000원

함께 배움 이렇게 시작한다
니시카와 준 지음 | 백경석 옮김 | 196쪽 | 값 12,000원

교사를 세우는 교육과정
박승열 지음 | 312쪽 | 값 15,000원

함께 배움 교사의 말하기
니시카와 준 지음 | 백경석 옮김 | 188쪽 | 값 12,000원

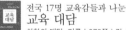
전국 17명 교육감들과 나눈
교육 대담
최창의 대담·기록 | 272쪽 | 값 15,000원

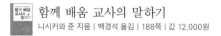
교육과정 통합, 어떻게 할 것인가?
성열관 외 지음 | 192쪽 | 값 13,000원

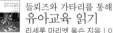
들뢰즈와 가타리를 통해
유아교육 읽기
리세롯 마리엣 올슨 지음 | 이연선 외 옮김 | 328쪽 | 값 17,000원

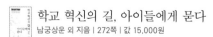
학교 혁신의 길, 아이들에게 묻다
남궁상운 외 지음 | 272쪽 | 값 15,000원

학교 민주주의의 불한당들
정은균 지음 | 276쪽 | 값 14,000원

프레이리의 사상과 실천
사람대사람 지음 | 352쪽 | 값 18,000원

혁신학교, 한국 교육의 미래를 열다
송순재 외 지음 | 608쪽 | 값 30,000원

페다고지를 위하여
프레네의 『페다고지 불변요소』 읽기
박찬영 지음 | 296쪽 | 값 15,000원

노자와 탈현대 문명
홍승표 지음 | 284쪽 | 값 15,000원

선생님, 민주시민교육이 뭐예요?
염경미 지음 | 244쪽 | 값 15,000원

어쩌다 혁신학교
유우석 외 지음 | 380쪽 | 값 17,000원

미래, 교육을 묻다
정광필 지음 | 232쪽 | 값 15,000원

대학, 협동조합으로 교육하라
박주희 외 지음 | 252쪽 | 값 15,000원

입시, 어떻게 바꿀 것인가?
노기원 지음 | 306쪽 | 값 15,000원

촛불시대, 혁신교육을 말하다
이용관 지음 | 240쪽 | 값 15,000원

라운드 스터디
이시이 데루마사 외 엮음 | 224쪽 | 값 15,000원

미래교육을 디자인하는 학교교육과정
박승열 외 지음 | 348쪽 | 값 18,000원

흥미진진한 아일랜드 전환학년 이야기
제리 제퍼스 지음 | 최상덕·김호원 옮김 | 508쪽 | 값 27,000원

교육과정, 수업, 평가의 일체화
리사 카터 지음 | 박승열 외 옮김 | 196쪽 | 값 13,000원

학교를 개선하는 교장
지속가능한 학교 혁신을 위한 실천 전략
마이클 풀란 지음 | 서동연·정효준 옮김 | 216쪽 | 값 13,000원

공자뎐, 논어는 이것이다
유문상 지음 | 392쪽 | 값 18,000원

교사와 부모를 위한
발달교육이란 무엇인가?
현광일 지음 | 380쪽 | 값 18,000원

교사, 이오덕에게 길을 묻다
이무완 지음 | 328쪽 | 값 15,000원

낙오자 없는 스웨덴 교육
레이프 스트란드베리 지음 | 변광수 옮김 | 208쪽 | 값 13,000원

끝나지 않은 마지막 수업
장석웅 지음 | 328쪽 | 값 20,000원

경기꿈의학교
진흥섭 외 지음 | 360쪽 | 값 17,000원

학교를 말한다
이성우 지음 | 292쪽 | 값 15,000원

행복도시 세종, 혁신교육으로 디자인하다
곽순일 외 지음 | 392쪽 | 값 18,000원

나는 거꾸로 교실 거꾸로 교사
류광모·임정훈 지음 | 212쪽 | 값 13,000원

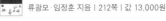

교실 속으로 간 이해중심 교육과정
온정덕 외 지음 | 224쪽 | 값 13,000원

교실, 평화를 말하다
따돌림사회연구모임 초등우정팀 지음 | 268쪽 | 값 15,000원

▶ 남북이 하나 되는 두물머리 평화교육
분단 극복을 위한 치열한 배움과 실천을 만나다

10년 후 통일
정동영·지승호 지음 | 328쪽 | 값 15,000원

분단시대의 통일교육
성래운 지음 | 428쪽 | 값 18,000원

한반도 평화교육 어떻게 할 것인가
이기범 외 지음 | 252쪽 | 값 15,000원

선생님, 통일이 뭐예요?
정경호 지음 | 252쪽 | 값 13,000원

김창환 교수의 DMZ 지리 이야기
김창환 지음 | 264쪽 | 값 15,000원

▶ 교과서 밖에서 만나는 역사 교실
상식이 통하는 살아 있는 역사를 만나다

 전봉준과 동학농민혁명
조광환 지음 | 436쪽 | 값 15,000원

 남도의 기억을 걷다
노성태 지음 | 344쪽 | 값 14,000원

 응답하라 한국사 1·2
김은석 지음 | 356쪽·368쪽 | 각권 값 15,000원

 즐거운 국사수업 32강
김남선 지음 | 280쪽 | 값 11,000원

 즐거운 세계사 수업
김은석 지음 | 328쪽 | 값 13,000원

 강화도의 기억을 걷다
최보길 지음 | 276쪽 | 값 14,000원

 광주의 기억을 걷다
노성태 지음 | 348쪽 | 값 15,000원

 선생님도 궁금해하는
한국사의 비밀 20가지
김은석 지음 | 312쪽 | 값 15,000원

 걸림돌
키르스텐 세룹-빌펠트 지음 | 문봉애 옮김
248쪽 | 값 13,000원

 역사수업을 부탁해
열 사람의 한 걸음 지음 | 388쪽 | 값 18,000원

 진실과 거짓, 인물 한국사
하성환 지음 | 400쪽 | 값 18,000원

 교과서 밖에서 배우는 역사 공부
정은교 지음 | 292쪽 | 값 14,000원

 팔만대장경도 모르면 빨래판이다
전병철 지음 | 360쪽 | 값 16,000원

 빨래판도 잘 보면 팔만대장경이다
전병철 지음 | 360쪽 | 값 16,000원

 영화는 역사다
강성률 지음 | 288쪽 | 값 13,000원

 친일 영화의 해부학
강성률 지음 | 264쪽 | 값 15,000원

 한국 고대사의 비밀
김은석 지음 | 304쪽 | 값 13,000원

 조선족 근현대 교육사
정미량 지음 | 320쪽 | 값 15,000원

 다시 읽는 조선근대교육의 사상과 운동
윤건차 지음 | 이명실·심성보 옮김 | 516쪽 | 값 25,000원

 음악과 함께 떠나는 세계의 혁명 이야기
조광환 지음 | 292쪽 | 값 15,000원

 논쟁으로 보는 일본 근대교육의 역사
이명실 지음 | 324쪽 | 값 17,000원

 다시, 독립의 기억을 걷다
노성태 지음 | 320쪽 | 값 16,000원

▶ 평화샘 프로젝트 매뉴얼 시리즈
학교폭력에 대한 근본적인 예방과 대책을 찾는다

 학교폭력 어떻게 만들어지는가
문재현 외 지음 | 300쪽 | 값 14,000원

 학교폭력, 멈춰!
문재현 외 지음 | 348쪽 | 값 15,000원

 왕따, 이렇게 해결할 수 있다
문재현 외 지음 | 236쪽 | 값 12,000원

 젊은 부모를 위한 백만 년의 육아 슬기
문재현 지음 | 248쪽 | 값 13,000원

 우리는 마을에 산다
유양우·신동명·김수동·문재현 지음 | 312쪽 | 값 15,000원

 아이들을 살리는 동네
문재현·신동명·김수동 지음 | 204쪽 | 값 10,000원

 평화! 행복한 학교의 시작
문재현 외 지음 | 252쪽 | 값 12,000원

 마을에 배움의 길이 있다
문재현 지음 | 208쪽 | 값 10,000원

 별자리, 인류의 이야기 주머니
문재현·문한뫼 지음 | 444쪽 | 값 20,000원

▶ 더불어 사는 정의로운 세상을 여는 인문사회과학
사람의 존엄과 평등의 가치를 배운다

밥상혁명
강양구·강이현 지음 | 298쪽 | 값 13,800원

도덕 교과서 무엇이 문제인가?
김대용 지음 | 272쪽 | 값 14,000원

자율주의와 진보교육
조엘 스프링 지음 | 심성보 옮김 | 320쪽 | 값 15,000원

민주화 이후의 공동체 교육
심성보 지음 | 392쪽 | 값 15,000원
2009 문화체육관광부 우수학술도서

갈등을 넘어 협력 사회로
이창언·오수길·유문종·신윤관 지음 | 280쪽 | 값 15,000원

동양사상과 마음교육
정재걸 외 지음 | 356쪽 | 값 16,000원
2015 세종도서 학술부문

교과서 밖에서 배우는 철학 공부
정은교 지음 | 280쪽 | 값 14,000원

교과서 밖에서 배우는 사회 공부
정은교 지음 | 304쪽 | 값 15,000원

교과서 밖에서 배우는 윤리 공부
정은교 지음 | 292쪽 | 값 15,000원

동양사상에게 인공지능 시대를 묻다
홍승표 외 지음 | 260쪽 | 값 15,000원

한글 혁명
김슬옹 지음 | 388쪽 | 값 18,000원

좌우지간 인권이다
안경환 지음 | 288쪽 | 값 13,000원

민주시민교육
심성보 지음 | 544쪽 | 값 25,000원

민주시민을 위한 도덕교육
심성보 지음 | 500쪽 | 값 25,000원
2015 세종도서 학술부문

교과서 밖에서 배우는 인문학 공부
정은교 지음 | 280쪽 | 값 13,000원

오래된 미래교육
정재걸 지음 | 392쪽 | 값 18,000원

대한민국 의료혁명
전국보건의료산업노동조합 엮음 | 548쪽 | 값 25,000원

교과서 밖에서 배우는 고전 공부
정은교 지음 | 288쪽 | 값 14,000원

전체 안의 전체 사고 속의 사고
김우창의 인문학을 읽다
현광일 지음 | 320쪽 | 값 15,000원

카스트로, 종교를 말하다
피델 카스트로·프레이 베토 대담 | 조세종 옮김
420쪽 | 값 21,000원

대구, 박정희 패러다임을 넘다
세대열 엮음 | 292쪽 | 값 20,000원

일제강점기 한국철학
이태우 지음 | 448쪽 | 값 25,000원

▶ 창의적인 협력 수업을 지향하는 삶이 있는 국어 교실
우리말 글을 배우며 세상을 배운다

중학교 국어 수업 어떻게 할 것인가?
김미경 지음 | 340쪽 | 값 15,000원

토닥토닥 토론해요
명혜정·이명선·조선미 엮음 | 288쪽 | 값 15,000원

어린이와 시
오인태 지음 | 192쪽 | 값 12,000원

토론의 숲에서 나를 만나다
명혜정 엮음 | 312쪽 | 값 15,000원

인문학의 숲을 거니는 토론 수업
순천국어교사모임 엮음 | 308쪽 | 값 15,000원

수업, 슬로리딩과 함께
박경숙·강슬기·김정욱·장소현·강민정·전혜림·이혜민 지음
268쪽 | 값 15,000원

▶출간 예정